我的心愿

一位上海诚信红娘的自传

■ 红梅老师口述　周世忠执笔

上海科学技术文献出版社
Shanghai Scientific and Technological Literature Press

图书在版编目（CIP）数据

我的心愿：一位上海诚信红娘的自传 / 红梅老师口述；周世忠执笔 . —上海：上海科学技术文献出版社，2023
ISBN 978-7-5439-8797-5

Ⅰ . ①我… Ⅱ . ①红…②周… Ⅲ . ①红梅—自传 Ⅳ . ① K828.5

中国国家版本馆 CIP 数据核字（2023）第 078786 号

责任编辑：孙　嘉
特约编辑：宋世涛
封面设计：程善筠

我的心愿：一位上海诚信红娘的自传
WODE XINYUAN: YIWEI SHANGHAI CHENGXIN HONGNIANG DE ZIZHUANG
红梅老师　口述　周世忠　执笔
出版发行：上海科学技术文献出版社
地　　址：上海市长乐路 746 号
邮政编码：200040
经　　销：全国新华书店
印　　刷：三河市中晟雅豪印务有限公司
开　　本：710mm×1000mm　1/16
印　　张：21.25
字　　数：306 000
版　　次：2023 年 6 月第 1 版　2023 年 6 月第 1 次印刷
书　　号：ISBN 978-7-5439-8797-5
定　　价：128.00 元
http://www.sstlp.com

序一

上海各行各业的先进人物，写自传的并不少见。但红娘写自传的，几乎还是第一次、第一人——这位自传中的主人公，就是梅园婚恋交友中心的创始人红梅老师。

我主持市民政局婚姻处工作以后，慢慢了解到：红梅老师在上海婚恋行业很有名气，她的创业路程和性格都很有特色。细究起来，她是上海改革开放以后，从事婚恋服务的首批红娘之一。如今，那一批红娘或半途改行，或退休养老，继续留在这个行业里打拼的，她可能是目前唯一的一位。

红梅老师1998年10月创办婚介所，她和梅园婚恋所经历的这25年，几乎是上海婚介行业一个阶段性的缩影。其间，开设了社区婚恋服务“窗口”、街道群团婚恋工作室，实体商厦中的“爱情长廊”，以及专为老年人提供咨询以帮助其子女脱单的服务点。还联络、携手工会、社区等单位，成立了致力于“婚恋关怀”的上海鹊桥联谊汇。这一系列创新之举，是上海婚介服务机构的突出范例，几乎记载了上海20世纪90年代末以来，婚介领域的一段历史。

上海的婚恋服务行业，是随着改革开放的进程，不断发展起来的。婚介这个行当，上海从开埠以来一直就有，然而鲜有专门研究的资料。新中国成立以后，人们的择偶与婚姻，主要通过组织安排，同事、亲友、邻里间的介绍，或通过自由相恋来实现。这样一来，婚介行业在相当一段时间就基本“沉睡”了。

20世纪70年代末、80年代初，国门渐渐打开，受发达国家影响和市场需求诱发，尤其是受深圳开发开放的推动，上海一批婚恋机构开始涌现出来，90年代形成了相当的规模，进入21世纪的第一个10年，更达到了很大的量级。

从深层次考察，婚恋行业的发展，首先源于经济社会的发展，也与青年一代学历和文化程度的提高、独立精神的凸显、多元观念的影响密切相关。老一辈的凑合型婚姻已被他们摒弃，女性依赖男性，并通过婚姻改变自身命运的需求也已被极大削减。在外貌、学历、家境大致相当的“硬件”匹配基础上，越来越多的青年人追求心灵相通、性格相融、志趣相投、三观相应。传统的亲友、邻里介绍等小范围撮合，已经不能满足他们的内心意愿，也不能“对表”他们对另一半的真情向往。可见，婚介服务行业的蓬勃兴起，已经具备了充分和必要的时代条件。

当然，婚恋行业在发展过程中，也出现了很多令人痛心的情况。比如，不诚信、不安全、不尽心，捞一把就走……在实际运行中部分婚介机构仍投诉不少、口碑欠佳，必须引起高度重视。

我跟我的同事们也经常谈到，在新中国成立以来的70多年里，上海还真没有一本专写红娘的书，更没有一本由红娘自己写的传记。而现实情况是，近年来全国乃至上海结婚率的持续下降，适龄婚恋的风气尚未真正形成，都迫切需要正向的价值导向，为上海婚恋行业的新发展摇旗呐喊，将美满姻缘注入美好生活，以此提高上海城市的软实力和人民群众的幸福感。

这本自传的另一个亮点，就是梅园坚持宣传正确的婚恋观念，包括适龄婚恋，择偶时合适比优秀重要，青年人要实现“恋、婚、育”一体化规划等，跟管理部门的要求完全吻合。近年来，国家出台一系列措施鼓励生育，印证了这位红娘表达的期望。还有，在与民政、工青妇群团合作开展公益性婚恋服务的过程中，她提出的“婚恋关怀”，不仅恰到好处，而且极具生命力。

在婚姻管理工作实践中，我深深地感受到：扶持优秀的婚介企业，弘扬诚信红娘的精神，已经成为整个行业面临的重大课题。

千百年来，世事变迁，三百六十行反复演进。然而，为什么婚介这个行业、红娘这个职业始终没有消失，还有新的发展？我想，究其基本原因，就是家庭延续、人口繁衍、社会发展和民族兴旺不能缺少这个十分重要的“环节”。在网络进一步发展的将来，婚恋服务虽会以新的经营方式和业态出现。然而，线下的服务、男女面对面的约见和交往，却是任何其他方式都无法替代的。

最后，我祝愿梅园婚恋的事业再上台阶，祝愿红梅老师的事业后继有人，祝愿上海的青年人都能在适龄阶段找到心仪的伴侣——实现有情人终成眷属、缔结美满姻缘，建立幸福家庭的美好愿望。从而，让国家和民族的未来欣欣向荣，生生不息。

沈家观

2023年3月1日

（作者为上海市民政局婚姻管理处处长）

序二

感谢上海婚姻介绍管理协会副会长楼琼莉，她向我推荐了一部即将出版的书稿《我的心愿——一位上海诚信红娘的自传》，并请我作序。我认真阅读之后，抑制不住自己的欣喜之情。因为据我所知，婚恋领域还没有这样一本书，而社会恰恰需要这样一本书。

红梅老师的这本《自传》，暖意融融，抒写了她对世界、对生活、对人间真情的质朴心怀。爱情是现代社会最难相遇的美好，在阴晴风雨的人生路上，有无数路口，让人迷离，看不清爱与被爱的方向。这本《自传》以细润的笔触，春风化雨般渗入情感天地的驳杂，从盘根错节的杂乱中，梳理出一系列至关重要的选择性问题，以自己的生命和职业体验，做出了真诚而睿智的回答。

因此，我想说，在急速转换的生活中，这本书会让机械的脚步停留片刻，与作者心灵对话，看一看滚滚大潮的五颜六色，听一听内心最深的呼声，问一问自己：生存、追梦与寻求归宿，能不能像作者一样多些思索，做自己生命价值的第一责任人？一切改变来自发现，发现既往的沧桑，发现情感之路的甘苦，发现遥远的未来之光。读一读这本书，会忽然发现多了一位前行路上的朋友，不经意间，字里行间现出暖心的微笑。这源于作者的朴素，源于她对生活、对青年一代真挚的母爱之心。这是一本值得细读的书，在静静的体会中，淡淡的时光仿佛为你点起了一盏夜灯。

从本书中，人们尤其可以看到上海改革开放以后的第一代红娘，与跟随其后的婚恋工作者，以及单身青年的父母们，对一代代青年婚恋问题的高度关注乃至焦虑，对婚介、对相亲和与之密切相关的缔结姻缘的实践。

网络时代社会的快速发展，必然引发婚恋观念的急剧变化。其中，男女双方相处方式的多元化，同样令人眼花缭乱。这种变化有其进步价值，但也为社会的正常运转和家庭的和谐生活带来了新的课题。然而，无论个体对婚恋如何理解，会采取什么模式与行动，在可以预见的将来，婚姻在人类情感依恋、生育抚育，家庭延续等方面的基础性地位都不会改变。

正是从这个意义上，红梅老师的这本《自传》，给行业、给社会提供了清醒的思索路径，提供了婚恋服务和行业运行方式、方向的重要启示，也给众多向往爱情、婚姻和家庭的青年人，施以格外的呵护与温暖。

我祝贺红梅老师的《自传》问世，也希望《自传》的出版，能成为上海婚恋行业在新时代蓬勃发展的一个象征。

梁永安

2023年3月5日

（作者为复旦大学教授，作家）

引子

在熟悉我的一代人中，常会有人问：红梅老师，您原来做服装生意，自己服装的牌子也小有名气，风生水起的。可后来，怎么一下子跑进了婚介行业？浑身不搭界呀！您入行后，很快就把婚介服务做得红红火火，越做越大，在上海出了名，真是神了！啥格路子、啥格道理呢?

我当然有话要说，当然有自己的答案。只是这么多年来，总是忙于业务，无暇解释。

现在，有了理想的接班人，红娘团队和日常业务日益稳定，心也能够慢慢放下，是说说自己的时候了。

那么，怎么把真实的自己、真实的经历，以及自己真实的想法说清楚呢?想来想去，就想写一本书，一本回顾自己的传记，记录已经跨过的大半生。其中的重中之重，就是回答大家提出的问题：我为什么要从事婚恋服务?

因为，我在自己的择偶过程、婚姻生活中，更从我们一代人普遍的婚姻状态里，看到了不少夫妇有缺陷、不圆满、少幸福，看到了抱怨、痛苦、悔恨，看到了凑合和勉强等诸多不尽人意；我也了解到女儿择偶中遭遇的不愉快、不容易，很多婚介只认钱，不负责——这种种现状和思考堆积起来，让我深深地感到了自己肩上的责任。

正是从以上两个方面出发，我真心想让更多人，尤其是一代一代青年人，不要重蹈覆辙，从而拥有比父母一辈更高质量、更坚固扎实的婚姻和家庭幸福。

一些关系密切的亲友，听了我的想法，开始都不理解。反复提示我：这不是要将“老三届”一代人年轻时的泪痕和苦恼，亮给下一代看吗?再说,40后、45后和50后们的婚姻，虽然配置低了点，多为凑合型的。但每个时代的婚姻，都有其形成的社会经济基础。你说这些，有什么意义呢?

对此，我真诚、认真地表白：这正是我的初衷。不如此，不足以说明我的所思所虑，不足以让青年人引以为鉴，不足以将上一代人婚姻上的无奈，化为当下有情人的指路牌，化作新时期婚恋领域的繁花似锦。

我创办梅园婚恋25年，始终提倡母爱型服务。如果一个母亲，无比地热爱着自己的孩子，那她最需要做的是什么呢?不是留一大笔财富、留好几幢房子，而是应该将一生中最重要、最宝贵的经验教训告诉他们，并且提供寻缘择偶的良好社会氛围、行业准则以及相应的条件，帮助他们走好人生中最核心、最关键的一步：找到百年好合的连理之喜和伉俪之情。

还要说明，很多采访过，或特别了解我的新闻媒体记者、编辑，都对我给予了很大的支持，赋能我莫大的力量。他们常常这样提醒我：红梅老师，您为什么不总结一下自己从事婚恋服务的经历，写一本书呢?这对社会，也是一种贡献呀！他们告诉我，写红娘的书，尤其是红娘写自己的书，几乎未见先例。

显然，这些热情的鼓励对于我，无疑是极其宝贵、极具启发意义的。

如今，我在朋友帮助下，推出一本自传，所抱持的，就是一颗母亲的爱心，一个红娘的信念和使命，一种放不下的责任，一份促进未来所有姻缘更加美满的期许和心愿。

目录

第一章

童年的记忆

我儿时在浦东东昌路一带生活居住时的印象

01

“外婆，小时候，谁最喜欢你呀?”十多年前，外孙这样问我。那时，他还在幼儿园。如今他已经是一个健壮挺拔的小伙子了。

“最疼我的呀，是奶奶。”“哇，骗我，骗我，为什么不是外婆呢？”

童真的思维，是直线的。我最喜欢外孙，也让他形成了一个思维定式：最喜欢宝宝的，肯定都是外婆了。

小时候，我们一直跟爷爷奶奶住在一起，我是大孙女，是第一个为两位老人家带来绕膝之乐的第三代，被特别宠爱，顺理成章。凡有亲友们来，奶奶就会拉我去见个面，并告诉人家：“伊拉这一代，比阿拉有福气啊！伲大孙囡，刚生下来，上海就解放了，全国也解放了。”

我生在上海，后来一直生活在老浦东的东宁路，这条路紧靠着东昌路。在童年的印象里，东昌路是一个蛮热闹的地方。老一代居民都知道，东昌路是浦东地区最繁华的一条商业街，被戏称——甚至被尊称为老浦东的南京路。

说东昌路有名，还因为这里建有三栋高层建筑：东昌大楼、邮电大楼和消防瞭望塔。早年，这些“地标”孤零零的，从黄浦江对岸就能朦朦胧胧地看到。在这一片区域，往北、往西，是一江东折，形成一个几近90度的黄浦江拐角。这个三角区，就是今天名震全球的陆家嘴。沿江边往东、往南的几公里之外，就是一片片的农田了。夏天，男孩子们扛着竹竿到田野去粘知了，不需要走多少路。东昌路渡口上的东东线（东昌路到东门路），曾经是黄浦江上最繁忙的一条过江线路。原浦东川沙、南汇、奉贤等东片区的广大民众，几乎都要由此经过，才能前往上海市区。

儿时记得最清楚，也是最开心的，就是跟着爸爸、妈妈，或爷爷奶奶，过江到浦西去玩，那里才是真正的上海啊！在轮渡上，可以看到江边大片大片摇曳的芦苇。我们几个孩子，常吵着让大人折几枝，放在手里摇晃。还可以远眺外滩万国建筑群。到了晚上，两边区别就更大了，江对面，灯火璀璨；我们这一边，则是沉睡似的寂静。居民家的灯，像点点萤火，在东昌路一带深远的暗夜里，闪着淡然的光。

如今，东昌大楼还矗立在东昌路和浦东南路口，不过显得矮小了，像一位历经沧桑的老人。我每每经过，总会心潮起伏。在陆家嘴全球性高度、世界级繁华的背景下，更就会想起小时候的很多往事，多么亲切而遥远啊！

岁月不留情，像日夜不息的浦江水。随着光阴的流逝，我已变成外孙和外孙女眼里慈祥可爱的外婆了。

02

我是家里老大，有两个弟弟、两个妹妹。那时，在一起奔来跑去的“小巴辣子”们，就是相互最好的玩伴。做“老鹰捉小鸡”游戏时，我是理所当然的“老母鸡”。不过，谁当老鹰，很有讲究。这是个很神气的角色，借着我的关系，这个位置常常被两个弟弟分别抢了去。

父母要上班挣钱养活一家老小，家里就由爷爷和奶奶管护。爷爷比奶奶大四岁，日常话语少，管孙辈的事，主要由奶奶操持。奶奶从小第一个把我带大，自然更喜欢我。平时，家里有点水果、点心让小囡们吃，她就让我来进行分配。这培养了我的责任心和初始的组织能力。从家务活来讲，我做的不多。不少杂务，奶奶、妈妈都让大妹做，但我呢，事情要就不做，做起来十分干净利落，而且一定会设法做好。这些从小养成的习惯，对我今后的生活、工作和创办的事业，都起到了良好的正面作用——最能体现这种好处的，就是我的那股韧劲。

小时候，最盼望的，就是春节，母亲对子女的“分别心”，这时也看得最清楚。记得有一年的大年夜，母亲将长生果（花生）、油枣、牛轧糖和云片糕等，均分成五份，放在桌上，让我们五姐弟捧走，放在各自的枕头下。到了正月初五迎财神那天，我发现枕下的糖果少了。经

“侦察”，原来是大弟弟在偷偷“蚕食”。我拉着他到母亲那里告状。母亲低头把大弟的鼻涕擦干净，只轻轻说了句：“你是大姐，他是弟弟。”就在那个瞬间，我窥见了母亲的偏心。

多少年后，在大弟弟结婚的喜宴上，我曾提及这一段，大弟弟接口：“重男轻女嘛！不怪老娘，只怪传统思想。”满桌的人都笑个不停。可是，老母亲早已离我们远去了。

我们这些“小把戏”玩得最多的游戏，还有一个，叫“过家家”。我当仁不让成了导演，游戏开始前的角色安排，就由我这个大姐姐指导和确定。邻家有个老太，胖胖的，看到我们组建小家庭时，会笑眯眯地凑过来，讲着浦东话：“侬特（给）伊拉（他们）配夫妻，配得斜（很）好。以后大了，你就做个‘月老’。”

“阿奶，啥叫‘月老’呀?”

“‘月老’嘛，就是媒人。”“啥叫媒人呢?”

“哈哈，侬这个小丫头！媒人就是红娘。”

“那，啥叫……”老太摸摸我的头，转身走了。

回家后，我把老太的话说给奶奶听，让她解释。奶奶很高兴，对那位邻家老姐妹的话十分赞同，还补了一句：“侬晓得伐，红娘介绍三对成功，胜造七级浮屠。”“啥叫……”我睁大了眼睛，如闻天书。

奶奶笑笑：“去白相吧，侬以后大了，就晓得了。”

03

童年岁月的某一个时段，有两位老太太在一个小女孩的心田里，不经意地埋下了一颗种子。这颗种子，又在几十年之后，顽强地开花结果，长成了一棵大树。

这是不是冥冥中的宿命，进而是“命里有”产生的外溢，谁讲得清呢?反正，几十年来，我对介绍男女对象这类事情，一直很感兴趣，甚至还有一种与生俱来的亲和力与责任感。在自己成为专职红娘以前，做业余介绍人的好处，无非是最后吃几粒喜糖，可只要给人家介绍成功了，成就感就会溢满心胸；不成功，就像欠了人家多少债似的，长时间堵在胸口。

上海地区，对生活中的业余红娘一直是很尊重的。所以，民间有个说法，介绍成功后，新人要送介绍人“十八只蹄髈”，以示真心地感谢和极大的敬意。我从来没有吃到过人家送上门来的蹄髈。但他们送来的喜糖，已经足够让我的容易满足的心，甜蜜得不得了。

1998年，我在浦东梅园新村创办婚介所时，看到老人陪着孙辈来注册做会员，我就会不由自主地想到弄堂里的那位老阿奶，想起我自己的老奶奶，想起她们对我的赞许和鼓励。也许，老太太们只是随口说说吧。年纪老了，阅历多了，言出如佛，也是正常不过的事情。

如今，透过岁月的苍茫，我回忆童年时代的人和事，常常问自己：有宿命这件事吗?

没有人回答我。中国人相信“三岁看到老”这句老话。作为家里的老大，回望从童年走过来的历程，我告诉自己，我来到人世间，一定肩负着某种使命吧。

第二章

青少年时代

我（后排右二）和小学同学、老师（后排右一）的合影

01

小学里的很多过往，记不清楚了。最出彩、最忘不掉的，有这样几件事。

第一件，我就读的那所小学，叫东宁路二小，我在那里度过了6年学习时光。而且，这个信息后来被挖掘，出现在2021年建立的小学同学群里，成为我们这些老小孩们晚年的情感纽带。

第二件，由于我的语文功课成绩好，语文老师一直很喜欢我。有一次，这位老师让我站起来，读了自己写的一篇作文，目的呢，就是给全班同学一点“启发”，树立一个榜样。这是语文老师经常表扬我的一次“集中体现”。

第三件，我被选为大队委员。这得益于我的性格活泼，热心班上的卫生工作和集体活动。其中，语文成绩出色也有一定的贡献率。想想看，在那个年代，一个小女生，每天上学，戴着红领巾，左臂衣袖上别着“三横杠”，那该有多神气、多荣耀啊！

小学毕业后，我考进市重点中学——洋泾中学。小学班主任曾在课堂上讲，洋泾中学上课，连一根绣花针掉在地上都听得见，可见纪律之好，同学们热爱学习的风气之佳。这在我心里刻下了深深的烙印，争取考进这所中校，成了我小学时代的梦想。

那天，邮电员将通知送到我家的时候，我站在妈妈身边，忐忑不安看着她拆开信封。没等我看清，妈妈已经搂住了我：“小红，考进洋泾了，为家里争了气了！”想不到，我就这样非常轻松地考进了梦寐以求的中学！

消息一出，隔壁邻居的阿姨、爷叔看到我，就会把我拦下来，几乎众口一词地问我："哎，你阿爸、姆妈给你什么奖励了?""起码，给你买辆自行车，是不是啊?"

我不吱声，对谁的问话都不予回答，也没法回答呀！家里经济条件差，我是清楚的。爷娘（爸妈）拿不出什么奖励，也是他们的无奈。可是，这毕竟是一种酸楚。每听到这样的问话，我都会迅速转身离去，回到家门口，泪水也会不由自主地滴落下来。

大女儿的这个成就，让父母亲有"家出才女、旗开得胜"的自豪。从此以后，他们在弄堂里走路，头颈也好像比以前抬得高了。最神采飞扬的是爷爷和奶奶，而且奶奶尤其神气。我还没到学校报到，她老人家已经通过各种途径，让所有亲戚朋友都知道了这个喜讯。而对家里的经济困难，奶奶一直不当回事，经常跟我说："小红啊，娘家穷不算穷，娘家穷不要紧。女孩子嘛，还要投一次胎呢。以后，嫁个好人家，啥啥都好啦！菩萨会保佑你的！"

奶奶的话以后落空了。我娘家固然不富裕，可后来嫁到婆家，发现婆家的经济状况，比我家还要拮据。我也不知道，这命运的安排里，是不是有什么地方搞错了?

也许，"关上一扇门，再开一扇窗"，才是老天爷的本意吧！

02

进入中学，我从小学就养成的好习惯——喜欢阅读课外书籍的习惯进一步保持下来，文科名列前茅的优势进一步显示出来。平时，我很注意文字的积累，总是边阅读，边摘录精彩的词语。有一次，学校组织优秀词语比赛，我还得了名次。喜欢写写弄弄，也对自己后来从事婚恋服务，起到了非常大的作用。

一天上课，语文老师手里拿着一本作业簿，往上空扬了扬，又放到讲台上："小红同学的这篇作文，很有真情实感。今天不念了，已经刊登在黑板报上了。"一下课，同学们都呼一下围住墙上的黑板，边看边赞边点评，有的同学还读出声来。我被几个女同学簇拥着，有点被当成"公主"的感觉——这是我一生中，最早在"公开媒体"刊登作品。多少年后想起来，还有点扬扬得意。

有意思的是，这种文字表现欲，好像就此被激发出来，成为一种追求和爱好。后来，梅园婚恋在报纸上做婚介广告时，我也爱在广告前面的一小块空档里，写上几句，或表达观念，或表达情感，或借此引导，想由此给青年人的“脱单”努力给予鼓励。

在梅园婚恋的仓库里，仍保存着大量剪贴下来的报纸广告。我留在上面的那些“红梅絮语”，有的是从报章上抄来的，大多则是自己在工作中积累下来的感悟，像一小段溪流，像一小片树叶，像一小朵花瓣……至今读来，心里还会荡漾起一股股情感的涟漪。

另外，我也很喜欢英语，有的英语单词至今还能背出来。难为情的是，我不喜欢数学，在数字和方程式前，常有迷糊的感觉。有一次，数学考试不及格，好多天都是低头走路，不愿跟老师和同学们对视，怕人家问起这件事，来一个“那壶不开提那壶”。

后来，经过努力，我的数学成绩慢慢提升了，可在班上还是排名靠后。

03

中学，也是我在政治上进步很快的一个阶段。当时，学校团组织很关注我。初一年级时，根据我的小学基础和现实表现，吸收我加入了共青团组织，成为一名光荣的共青团员。一年中，会有不少周日，同学中的团员在门外一叫，早准备好的我，就会像燕子一样飞出家门，到学校参加各项活动。从小学的大队委员，到中学的共青团员，很像两片风帆，一直牵引我走好人生之路。

刚进中学，已经有了“小姑娘苗条才好看”的意识。所以，早饭呢，我就有意少吃点。我家离学校有四站路，母亲每天给我1角钱来回坐车。那时，这可是一笔很大的零用钱。为了达到既能减肥，又能锻炼身体，还能解馋饱肚的三重目的，我把车钱省下来，去东昌路弄堂口的糕团店买双酿团，边走边吃。这团子，比起大饼油条，几乎是高档品种和奢侈享受了。我百吃不厌，一口咬下，是淡褐色的赤豆沙，再咬一口，是喷香的黑洋酥……一路上，会引来很多学生羡慕的目光。

性别的区分，像两座对视的山脉。我小时候，就有明显的女孩意识，进入中学以后，这个意识更加强烈——爱美、爱干净，洗脸毛巾都和家里人分开，而且还不让别人碰。对容颜和服饰美的追求，几乎是植根于我的灵魂的，喜欢打扮，总希望能得到一件好看的衣服。可母亲，很烦我在服装店挑来拣去，对我买衣服的要求总是推三阻四。现在想想，也对，小时候家里经济状况不好，我下面还有两个弟弟两个妹妹，母亲要把她的爱，均衡地分给她的每个孩子呀！

还要再提一提我的奶奶。她从不掩饰对我的偏爱，老会惹得弟妹们噘起小嘴或斜起眼睛，表示不满。也源于偏爱，奶奶不让我多做家务，若有什么需要跑腿出力的，总是差我的大妹。

我父亲去世早。家里大大小小的“外交”事务，奶奶都会让我去处理：家里和隔壁邻居发生矛盾啦，或者弟弟妹妹在学校发生什么事啦，她都让母亲带着我去解决。正是因为这类机缘，我从小就锻炼了交往、交涉和办事的能力。

04

直到2020年，我还一直以为，我和小学、中学的那些老同学，不会再有什么联系。浦东改革开放以后，市政建设天翻地覆，大部分原址已不复存在，老城区的居民都搬走了。中学毕业以后，我到崇明工作，很多同学上山下乡，天各一方。大返城以后，大家分别忙着自己的生活与生存，忙着婚恋、生育和孩子的抚养，也没有时间、精力、经济条件乃至心绪，来找人叙旧。

谁也想不到，随着社会经济的大发展，电视机的普及，特别是以后互联网时代微信社交平台的出现，完全改变了这一切。当然，还有一个重要因素，就是大家都退休了，开始恋旧了，想找老同学聚聚餐，到国内外去走一走、看一看。最初遇到的情况是，有零星的同学，通过电视节目、报纸的新闻报道知道了我的情况，有人就循着这些信息，找到梅园婚恋来。2021年，有几个热心的小学同学，经相互辗转寻找，建立了东宁路小学同学群，起了个群名叫“小朋友”。2021年11月25日下午，我们在普罗娜广场举办了退休俱乐部梅园婚恋服务点、上海鹊桥联谊汇“双启动”仪式。当天，就是好几个小学同学前来参加。当时那个亲热呀，想想，真是开心得不得了！

2021年12月31日晚，大家在“小朋友”群相互问候，举办了一个线上“跨年聚谈会”。我因梅园业务没有参加。群里的聚谈，其中的一个重点，就落在我这个“成功人士”身上。比如，有个女同学说，曾在上海电视台“我们退休啦”节目里看到了我。在微信群里，她说：观看许久，猜测这个红梅老师，就是曾经与我们同窗6年的班干部小红。她又在群里跟我讲：“记得当年您梳着两条辫子，衣着整齐干净。文静、秀气、漂亮的外表，给大家留下了非常深刻的印象……没想到，阔别60多年，您依旧那么出色，不仅岁月无痕，容貌年轻又靓丽，而且善于抓住机遇，自主创业，干得风生水起，得到政府领导支持、同行首肯，享誉全市婚恋行业，成为众口称好、口碑极佳的婚恋专家。您所倡导的真实、真诚、真心服务宗旨，为广大单身青年，为千千万万抱孙心切的50岁及以上人群带来了福音，带来了希望！”

有一个男同学在微信群里说：电视上，曾多次见到有关红梅老师的报道。她的样子，和她小学、中学的长相、面容，气质和谈吐，都似曾相识，都令人刮目相看，向红梅老师致敬！

还有的同学说：有红梅老师，我们谁家的孩子如果没有“脱单”，就可以找她，让自己的子女早结连理，生育后代！

第二天是元旦。我看到群里那么热闹，同学们给我那么好的评价，十分感动，即予回复。我在群里说：昨晚跨年聚谈，好热闹！大家如能见面畅聊，一定会乐开了花，沸腾炸了锅！看来，分手一个甲子，大家心态仍似当年小朋友，纯真，纯情，纯朴。愿我们携手相伴，永远年轻，永远健康快乐，共同迎接未来！真诚欢迎你们到梅园来，也期待一起欢乐相聚！

有趣的是，我们这些老同学们，还将小学时的合影照片从家中箱底翻出来，放到群里去，让大家相互猜猜“谁是谁”，一派童真——年过古稀的我们，真是享了社会和时代进步的大福祉啦！

第三章

爱情来敲少女的心

小说《林海雪原》的封面

01

一朵浑圆、五彩的肥皂泡泡，落到一个青春期女生的手上，会生发出怎样的联想，激发出怎样怀春的向往呢?

也或者，一道彩虹突然降临到她头上，到底是让她惊喜，还是令她眩晕得不知所措?

这些感觉，在我的想象世界里一直挥之不去，缘于自己第一次与爱情的相撞。只是到现在，我也没有就此跟别的女性交流过，不知道她们会有什么感觉。

1968年，初中毕业前，学校安排我们到工厂里去学工。别以为那是到生产企业去玩玩的，其实，那可是实打实的劳动锻炼。老师把我们同学领到厂里，厂领导站在我们全班前面，讲了一番学工的意义。然后，就把大家分成几个小组，插到车间工人的班组，列入车间的“三班倒”。不过，我们毕竟是半大的孩子，所以每个班次的工作时间，要比正式职工少做两个小时。

车间里，有个机电维修工，比我大两岁，身体结实，很有大哥哥的风范。在我们一起被安排到车间做助手的小弟弟、小妹妹们中，他格外照顾我。稍有重一点的活计，他就让我闪到一边，自己来；我有点技术上的疑问，他就热心地指点，手把手地教我。

那时，哪里晓得，在我俩之间起关键作用的，是一个大小伙子体内的荷尔蒙，是他用心中的“丘比特”之箭，虔诚地朝我射来。工作的间隙，他常常会向我投来深情的一瞥，有意无意地问一点似乎不经意的事情。比如，你们是什么学校啦，你家住在哪里啦，你爸爸妈妈做啥格工作啦，有几个兄弟姐妹啦……有一天，他在下班前，突然把我拉到一边，把一本厚厚的小说捧在我面前：“哎，小红同学，这本小说看过伐?《林海雪原》！”

“好看吗?侬看过啦?”“我没看过，我的同学看过了，我跟他借的。他说，很精彩，杨子荣闯到威虎山，跟座山雕斗智斗勇，蛮惊险的！”

我有点不理解：“那你看呀！”

他突然扮了一个鬼脸：“就是要让你看。我同学说，少剑波是里面的主角，他跟卫生员白鸽谈朋友，老有劲的！”

就这样，我把《林海雪原》带回了家。女孩子嘛，对剿匪斗争的内容一扫而过，对少剑波和白鸽的恋情描写却格外留意。那个年代的小说，对爱情的描写是含蓄的、淡雅的，却足够让一个从未接触过男女情感的青春期女生心旌摇动。也许，正是这部小说起到了无言无形的催化作用。

后来，我和这位车间大哥哥一道看过一场电影，逛过几次马路。

回想起来，我俩在一起，没有爱情的感觉，可周身却有被大男生陪伴的踏实感和安全感。

02

三个月的学工快要结束的时候，事情的转折，也急速地到来了。

那天回家，刚踏进家门，就被妈妈拦住了：“小红，你谈男朋友了?”看我睁大了眼睛，一脸茫然，妈妈就跟着告诉缘由：“你们学工的那个厂，来了一位女工阿姨，她说，厂里的那个做维修的小伙子，老喜欢你老喜欢你的，希望跟我们订个亲。”

什么叫定亲?用现在的说法，就是不光要确定恋爱关系，也大概率地确定今后所要缔结的姻缘。这个重磅消息，让一个毫无恋爱、婚姻和夫妻观念的我，大大地蒙了一下，好像在生活的某一个拐角被突然撞了一下；或者，突然从天上掉下一个人来，兀自站到你面前，试探地问：哎，我这里准备了一个花轿子，请你上来吧！

我被惊得半天说不出话来。等定下神来，才轻轻地问：“姆妈，侬怎么跟伊讲的?”

“我讲，阿拉女儿还小，谈朋友还早着呢！”姜还是老的辣。我的一颗心，虽然放下来了，可疑惑还在：“两个人有点要好，就是谈朋友吗?”我反过来问一句。我告诉妈妈，他因为读书成绩不好，早早就进厂工作了，有技术，对我挺有帮助的。

妈妈没有再吱声。后来奶奶跟我说：“侬姆妈讲，女儿才十六七岁呢，谈什么谈！不过，小姑娘漂亮，有人喜欢，总归是好事。”妈妈似乎很为此得意。

那天，直到晚上睡觉前，我心中被激起的波澜，似乎也平复了，而且冷静地想好了“善后”的措施。第二天上班，我找到他，看四下没人，就把那本《林海雪原》，还有五角电影票钱，一并还给他，连着谢了他两声。他显然很失望，轻轻地、反复地呢喃着：“我文化是不高，不过呢，但我有社会经验，我有技术。我们以后在一起，一定会好的，我会对你好的……”我没有吱声。而内心，有一丝内疚，有几许自得、有诸多不解，更多的却是迷糊和朦胧。似有神助，一句自认为得体的话，此时飞出了口：“你帮助我老多的，我一直把你当哥哥的。”

我扭头走了，躲到一座厂房的转角，偷偷地回头看他。他拿着《林海雪原》和五角钱，站立在那里，好一会，才慢慢向更衣室走去。

我的心里也一阵轻松，好像把一块石头放下了。

03

没过多少时间，初中毕业，我被分配到崇明的红旗开关厂。这期间，他给我来过几封信，我都没有回。他的字写得歪歪扭扭，语句也不通顺，让我看不下去。

每次拿着他寄来的信，我就会有恍惚感，好多好多彩色肥皂泡飘过来，破灭了；飘过来，又破灭了……多少年后，我还会问自己：“这是你的初恋吗?”我一会点头，一会又摇头，始终不置可否。不过，少剑波和小白鸽的形象，长久地留在了我的心里——男的要帅气有英雄气，女的要可爱漂亮点，成了我对恋爱模式的最初认知。

后来，从事婚恋服务，我曾反复咀嚼过这件事。心里，也渐渐升腾起一种诗意的理解——

只要有青年男女的地方，就一定会有爱意的碰撞。有的，因为缺少某种条件，会很快熄灭；有的点着了，因为一方或双方的原因，经不起风吹雨淋；有的燃起了大火，因为年轻无知，却把双方都烧伤了。

那么，有没有好的结局呢?有，当然有！而最理想的那种是，他们用自己对对方的爱，点燃了一把火炬。然后，各用一只手臂，共同举起来，向着目标走去，一直走到夕阳照耀，一直走到白头偕老。

第四章

飘逝于海上的粉丝巾

20世纪70年代的吴淞码头

我（左一）跟崇明红旗开关厂女工友合影

01

20岁那年，我被分配到了崇明堡镇上海红旗开关厂，做了一名车间工人。从初中毕业到分配工作，其间的三年多时间，糊里糊涂被荒废过去了。

在这以前，我一直守在父母身边，现在一下子要跑到上海的边缘——隔着长江相望的海岛上去，心里是慌慌的，没了着落。

1968年，政府取消了升学考，学校对毕业生进行直接分配。按我家子女的情况，以及我是家中老大的因素，我获得了一个可以分配到“小三线”的名额。这类名额的分配指向，以前多为贵州、甘肃、四川等边远地区的工厂。当时，“小三线”属于“工矿”，比起上山下乡，要好上很多，可以拿工资吃饭，无需面朝黄土背朝天，长年累月吭哧吭哧“修地球”。可是，比起直接分配到上海市区的企事业单位，崇明就有点“边远乡村”的味道了。

真是比上不足，比下有余。我们这批同学的去向，介于外地企业和上海企业之间——它的落脚地是“祖国第三大宝岛”。这家红旗开关厂，隶属于上海电气公司，从行业而言，那可是响当当的铁饭碗。所以爸妈很高兴：“跟人家到大西南、大西北比，跟人家上山下乡相比，要好多少呀！”

那天一早，从十六铺码头坐船去崇明，爸爸和弟弟送我到了码头。我们从一条长长的走道，来到一座高低起伏的铁索浮桥前。就要上船了，我们一起站定，爸爸和弟弟把行李放在地上，又合力让我扛上肩头。我踏入码头浮桥，晃晃悠悠地走到船的甲板上，第一次感到生活的担子，突然压上了自己单薄的肩膀。我站在船的入口处，向爸爸和弟弟挥挥手，眼泪巴拉巴拉地落下来。然后掉转头，顺着拥挤的人群，脚步沉重地挪进了船舱。

在轮渡船上，大约用了三四个小时。下了轮渡，坐上厂车，又乘了两三个小时，来到开关厂，已时近黄昏。一车的青年人，拖着行李到食堂吃饭，再分配宿舍，一直折腾到夜半时分，人也累得连眼皮都快抬不起来了。

当时，分到该厂的上海青年男女，共有二十多位，年龄大都20岁左右，正值青春年华。我被分配到机加工车间，做仪表车床的配件。住在集体宿舍，8个人一间，放着上下铺4张床。

从此，这条长长的路，拉长了我青春疲惫的影子：在浦东东昌路码头，坐东东线的轮渡船，摆渡到对面的十六铺码头，乘65路到老北站鸿兴路下车，转乘51路到吴淞码头。再下车，转乘轮渡到崇明堡镇，再坐厂车……每半个月或每一个月，可以放假回市区一次。每次两天的假期，有一天时间，要完全奔波、耗费在颠簸的路上。

02

现在的大学生毕业后择业，工资往往可以和单位谈上一谈。可那时，在严格的计划经济下，工资的三六九级和行业区分，都是极其明确的，清清爽爽，细化到几角几分。到厂里，前三年是学徒期，第一年是17.84元，第二年月涨2元，第三年跳了一跳，月涨3元，算下来达到22.84元。每次回上海市区前，总想买点土特产回家，可也是掰着手指算了又算的。倒是回厂，母亲会把藏在大橱里的一点饼干，塞进我的背包。有时还放上一个熟鸡蛋，那就算是奢侈了。

进入崇明工厂，开始的日子，虽然辛苦，但一切都还是新鲜的。我对自己的长相也还是蛮有信心的，所以很活跃。不久，我这个“人才”被厂宣传科发现了，兼职当了广播员。厂里如有什么大型会议、庆祝活动，我会被邀请到临时剧组，上台表演节目。从很多男生专注我的眼神里，我会不时看到闪烁着的爱慕的光亮。

一晃，两三年过去。同招入厂的男女青年中，不时会传出谁跟谁谈朋友的“小道消息”，让我有所思索、有所触动。别说，自从有了学工期间的“恋爱启蒙”，我在这方面的意识以及敏感度，真有了不小的提升，也从那些信息中，触碰到了爱情似有若无的暖意。想想看，一个女孩子，二十上下的年纪，要跟恋爱扯上一点关系，不是很正常吗！

上海市区分配到开关厂的学生，有的比我大，有的比我小。其中有好几位小伙子在追求我，我尽管意识到了，但是真的没有来电的感觉，没有想接触的冲动。不过，一个在科室做管理工作的大学生，让我心动，跟我好上了。他大我4岁，好像从某个阶段开始，他就不断有意出现在我的视野里，展示他的存在：先是找机会跟我搭话，后来就直接关心我，老在厂区一个路口，等我一起到食堂吃饭。每次厂里放假，更是他必须抓住的机会。清晨，他总是早早等在车站，帮我拎上包，上车找座位，跟我一起坐车回上海。而且，在第一次得到我的默许后，以后就依惯例，一直将我送到东昌路的家门口。

03

如果说，学工期间，曾有满怀爱意的彩色泡泡向我袭来。那么，这一次向我飘来的，是一条实实在在的粉红色丝巾。

那个年代，如果恋爱关系没有双方家长的点头，特别是没有得到女方父母的认可，是不被承认的，自然也不会相互走进对方的家门。因此，他把送到家门前，就会不由自主地站下来，跟我挥挥手，返身走出弄堂，走向东昌路乘轮渡，再赶回杨浦区的家里。这样的恋爱苦旅，大概持续了七八个月。每次，他送我到家，父母亲都会在窗帘后面观察。

“长得高高的，有1米8左右吧?”待我将旅行包放进屋里，妈妈就会假装自问自答，等着我来接口。

老爸会从另一个角度评价：人倒是蛮文气的，面善，有大学生的腔调。

显然，父母对我们的相恋，还是接受和喜欢的。大学生，在当时的人口中，比例小、数量少不说，还是公认的有发展前途的“精英阶层”。还有呢，我知道妈妈对未来大女婿的身高，是有期待的。我们家的人，个子都不高，她希望自己未来的孙辈，长得高大一点。

大概就在1972年5月，父母“批准”他可以上门，只是表达得很含蓄：“让伊来吃顿饭吧！”对那个时代的上海人而言，男生如果上门，送了相对体面的礼品，并在女生家吃了一顿饭，就等同于确定了最初的恋爱关系。那个意义，有点像传统意义上的“订婚”。

那天下午，是我青春史上牵手爱情，并由父母，也包括我的四个弟妹，对我正式的初恋进行检阅的“高光时刻”。他进入家门时，手里拎着两瓶酒和两包点心。虽然有点手足无措，也还是得体地叫了一声“叔叔、阿姨”，并对着我的四个弟妹微笑。然后，他就进了屋门，在一个方凳上坐下，没有说什么，也不知道要说点什么。

晚餐的饭桌上，比日常来得丰盛，除了蔬菜沙拉，还有一碗红烧鱼和红烧肉。爸爸破例开了一瓶啤酒，给我和他各倒了一杯。一张八仙桌的四个边，两个边坐着四个弟妹，一个边坐着爸爸妈妈，一个边坐着我和他。气氛呢，隆重而又拘谨。还有奶奶呢，她老人家唠叨着：“你们谁也不要让我，我会在厨房吃，我喜欢在厨房吃……”可她的脚，却没有被自己管住，老会凑上来，给未来的孙女婿劝菜：“多吃一点，你不要客气的。多吃一点……你是大学生，有见识、有水平，以后要多帮助小红……”

晚饭后，我送他到东昌路码头。这是自他送我回家之后，我给他的第一次“回送”。江面上，闪动着两岸倒映的灯火，恍恍惚惚的，有点像我们的爱情，迷离、晃动，有美感，可是还没有最终的稳当感和确定性。

轮渡贴着岸边停稳了。在甲板的铁栅栏向两边打开时，他盯着我的眼睛，张开双臂，轻轻地拥抱了我，然后松开，又用两只手握着我的双手，放上了一团柔柔的丝织物。再挥挥手，向前走，踏上了轮渡的甲板。

晚上，坐在床前灯下，我细看着、抚摸着那方丝织物——一条粉红色的丝巾。我在脖子上戴好，拿了一面小镜子端详。他知道我喜欢粉红色。多年后，在梅园婚恋运转的20多年里，粉红色一直是我们logo的主色调。

04

自从他上门拜见我的父母高堂，我们在厂里的关系就公开化了。一日三餐，只要凑得齐，就一起到食堂，同桌来吃。说到伙食，早上馒头、粥、酱菜；中午和晚上是米饭，青菜、萝卜、番茄或茄子什么的，偶尔狠狠心，他会买一个菜底大排骨，两个人分享一点荤腥。尽管如此，有爱的日子，总是弥漫着淡淡的甜蜜。晚上呢，到厂里的绿化区边走边聊天，放松而有情调。有时，他会跟他的师傅借一辆自行车，用后座带着我，在厂区外面的镇上转转，我靠着他的后背，感觉一个青年男人的厚实和忠诚。

甜蜜的日子，有时会被莫名其妙地卡住，甚至来一场暴风雨。一天清早，在我匆匆赶往车间的路上，看到其他车间的一个女工，好像有事等在前面。待我从她身边走过，她“呸”的一声，向我吐了一口唾沫，还恶狠狠地冒出一句：“不要脸！”我受此一击，站在那里，楞了一楞，想问她一个明白，她却头也不回，气冲冲地走掉了。

如此这般，发生了好几次，看来绝不是一个偶然事件！开始，我含着泪，跟要好的女同事诉说，并请她们分析缘由。打听下来，不得了，真如五雷轰顶：她，是他以前的女朋友。而且她在同事中放风说，他和她本来谈得好好的，就因为我不要脸，插了一脚，抢走了她的男朋友！只要我继续跟他好，她就不会罢休！

唉，要不要跟厂里领导反映呢?向工会干部求助也行呀！我生性就不是泼辣、厉害的那种。再说，一个婚前的姑娘，哪有那么厚的脸皮来表达和争取?既然拿不出办法，不敢跨出可以跨出的步子，那只好逃避和忍让了。只是，唉，忍让就好比有毛病不看医生，问题没有解决呀！

夜里，我有时会突然惊醒，耳边会响起“呸、呸、呸”令人心悸的恶声恶气。

慢慢地，我到了忍无可忍的地步：来之不易的爱情受到了伤害，却没有有效的求救途径；自尊心受到了极大的伤害，也没有有效的自疗之策。思来想去，解铃还须系铃人——我把他约到厂外的小河边。

当时，我是愤怒的、委屈的，不过没有、也不会大喊大叫，只能站在那里无声地流泪。

他是紧张的，也似乎是内心有愧的，反复搓着左右手，一个劲地说：那是老早的事了，我早就跟她说清楚了……你不要睬她，你不要睬她！

他们曾经谈过朋友，这已经被坐实。然而，我是在他们中止关系后，进入了他的生活，并无不妥；还是如那个女工所言，是插足于他们的关系，成了第三者?对这两个关键问题，又有谁来说一句公正的、评判的话呢?

当时，我脑子乱哄哄的，也说不出话来。可是无限委屈的心，却逼着我转身往厂里走。他跟在后面，一直跟着走到我的宿舍前。见我无意回头、态度决绝，才不声不响地离开了。半个月后放假回沪，我早早赶到车站，避开与他同行。到上海市区后，我躲在家里，用半天时候，写了一封“中断恋爱书”，在信封上写了厂址和他的名字，贴上邮票，到东昌路邮局寄了出去。

写绝交信的时候，我的内心翻江倒海。可用词和语气，其实也很简单、很苍白。我拼命在脑子里搜寻有关对爱情定义、理解的句子，对恋爱被冲击、被玷污表示无比痛恨的句子……然而，几乎没有结果，也没有带着冲击性的语句，在心头蹦出来。

本来嘛，从小到大，除了《林海雪原》之外，专讲爱情的小说、理论书籍压根没有看到过，说到爱情上的方法指导，更是整个社会和时代的欠缺，并不只有我是当时的“小白”。课堂上，跟爱情相关的字样几乎是读不到的。小学时候，奶奶收听电台里的戏曲节目，里面倒有才子佳人对爱情表白的只字片语，可我不熟悉，也用不上。爸爸妈妈对我谈对象，也不曾有过系统的说辞、引导，只有“人要好呀”“谈归谈，结婚前，不要惹出事来呀”等等的叮嘱。

此时此刻，面对爱情危机，似乎只有中断一途。也许，因为对人生、对感情、对爱情没有什么深刻的理解与认知，谴责也只能浮浅而无力，只能用很多问号和感叹号表达感情。

最后一句我记得很清楚：“我们不要谈了！你不要再来找我了……

从此各走各的路吧！”

05

回厂后，我在上海市区寄出的信，他已经收到了——他手里拿着我写的信，几次找我，希望好好谈谈，以扭转局势，弥补感情，从头开始。然而，我的心死了。我当然不予理睬。我是受损害的一方，理直气壮，这些在信里已经说清楚了！

又迎来了一个月的假期，我和几个女同事走到长途汽车站，发现他早就等在那里。他给我找位子，给我买票，似乎一切如常。到了吴淞码头，他依旧和我一起乘坐51路、65路公交、轮渡船……一直送到我家。在我家门口，他把包放在门口，静了静神，整理了一下衣服，径直走进门去，站到我父母面前，认真而急促地跟他们解释。由于我已经将情况详细告诉了父母，父母不希望女儿受委屈，也不情愿我一直在崇明工作，转而希望我今后能在市区找个男朋友。因此，两位家长对他的请求，给予了冷漠的处理。

记得，当时我妈说："小红都讲了，她提出分手的原因你也知道了，能怪谁呢?"

彼时彼刻，他已经看到了事情的无望的结局，不再说话。只是，他低下头，仍一动不动地站在原地，两行黄豆般大的泪珠，像断了线似的，从他的脸颊上滚落下来。

爸爸一直没有忘怀这件事，没有忘记这个情景。爸爸去世前，我还曾听他不经意地、带着心疼的意思说出来："我从来没有看到一个大男生的泪珠，会那样大，会那样叶、叶、叶地掉下来。"直到今天，想到那一幕，我的心仍会痛楚不已——那些硕大的泪珠，其实一直打在我的心上。

山盟海誓很感人。可为什么，常常并不能在生活中成为现实?因为还有其他各种因素或力量，在撕裂认真表白所展现的完整，也让想象中的完美蒙上灰尘。

忍不住套用一句经典：世上美满的爱情都是相似的；不成功的爱情

各有各的原因和悲情。

06

时光倏忽，不可复还。多少次回望昨天，我一直在心中确认：学工时的那种懵懵懂懂，仅仅是被爱慕撞了一下腰，而崇明工厂的这段经历，正是我的初恋。只能怪青年无知，只能怪眼光短浅，没有被我好好抓住。

初恋，就那样如烟消散，无可扭转；又那样如石上刻花，永不磨灭。

那个年代的青年男女，初恋就成终身之恋的，我不知道是多是少。我经历了失败的初恋，几乎直接奠定了此后“一谈就成”的基础。

对于初恋，应该追悔，还是无所谓？以今天的阅历和理解，单纯如当时的我的女生们，都不要过分自责和悔恨。正如季令不到的青苹果，无须责怪自己的青涩。

最后，还要说到那条粉红色的丝巾。在他第二次到我家，跟我父母表白争取无果之后，我用手绢包好丝巾，托一个年长的女同事还给了他。我曾无数次地设想，他会如何处理这条丝巾呢？

那天晚上，我在梦中，看到他站在崇明的海堤上，扬起手臂，将那一团丝织物抛向江海之上——粉红色的丝巾展开来，飞舞着，慢慢地飘逝而去，悄无声息地消失在海天一色的远方。

第五章

我们这一代的因缘际会

20世纪70年代的结婚照，里面有我们一代人的影子

01

“人海茫茫，为什么是他（她）？”

“什么是缘分，这就是缘分吗?”

多少年来，青年恋人、盛年男女和耄耋老者，都问过同样的问题，谁能来好好解释一下呢?

从事婚恋服务工作以后，也常有会员这样问我。仔细想想，也真是这样，人的一生中，最奇妙的，可能就是难以预知、不好假设的各种缘分，尤其是姻缘。其始，不知其所以来；其尾，不知其何以去，也往往无法预料结局。然而，上了年纪，回头审视，似乎每一代人由缘分牵引的婚姻，大致地，就该是那个样子。

青梅竹马的缘分从幼时起，并不自知。而缘分最初的感知，有时从少年时代就会出现。学工期间，“爱的萌芽”夭折，在我的心底里留下了清晰的记忆，有隐隐的美，但没有痛感，更无所谓揪心——那时年少，还幼稚。

可初恋，就完全不同了。初恋的失败，对于一个刚刚踏入社会的半大的姑娘，则构成了一次沉重的打击，也为人生的一次再造提供了契机。

这都是以后意识到的事情了：如果处理不好，包括没有长辈的帮助、导师的指点和正确观念的引导，对男女双方，均可能造成一辈子的伤害。

02

我一直把跟厂里那位大学生的恋爱，认定为自己的初恋。其实，那时年龄仍小，在不知不觉间，走进乱花迷眼的乐园，出现问题时，逞一时之气，一走了之。初恋失败的启蒙，也促使我自觉不自觉地思考起婚姻这件大事来了。当时，加上父母、亲友等流行说法的影响，我看准了两个找对象的“落脚点”，务实，成了最为重要的特征——

找一个在市区工作的人。这样，我有希望调回上海城区，跟家人生活在一起。我爸爸过世早，48岁就离开了我们。因此，妈妈尤其是奶奶对我的恋爱、结婚更为期盼。毕竟，长期在崇明岛工作和生活，绝非自己的本意，长期奔波劳顿的辛苦，也让自己心生厌烦和畏惧的情绪。

找一个没有坏习惯的人。在那个时代，人们对这一点，特别是家长对于这一点，是格外看重的。原因嘛，一是经济，抽烟花费大，一个月30多元工资，若抽烟、喝酒用掉十块、二十块钱，这日子还过不过了?而对健康的损害，那时还没有列入坚决反对的理由中。

其实，母亲比我还着急。中国父母，就像张着翅膀的“老母鸡”，不想让子女跑得太远，何况我是家中老大，可以帮助料理家事、照顾弟妹。妈妈托来托去，让一个要好的邻居上了心。这位邻居，跟我母亲还是一个单位的，彼此关系亲热，对我家也知根知底。不久，她辗转介绍了一个小伙子。所谓辗转，是她通过另一个跟小伙子家庭相熟的亲友串联，沟通了“上下家”的关系。小伙子的爸爸在造船厂工作，是一位工程师。知识分子家庭，这是很大的一个亮点。

——倷（你们）看看，家境不错噢！岁数嘛，就比小红大4岁，这个年龄差距，顶好顶好了。哎，对的，天造地设、天造地设。“团团头”呢，在市区工作，不抽烟不喝酒，是一个标准的老实人、好男生。

——真是谢谢侬（你）了！谢谢侬对阿拉小红的关心。有了这个落脚地，小红以后想办法调回上海，就有跳板、有条件了呀。小红跟阿拉爷娘，会一辈子记得侬的恩情！

——谢啥个谢呀?都是自家人。我跟对方爷娘和“团团头”讲了，“小姑娘长得漂亮，以前学习好，现在在厂里厢，表现也老好格，人机灵得来，打了灯笼找不到！”

介绍人可靠，小伙了的情况也符合我的意愿。放假回家，母亲一说，我就点头了。

03

那时介绍对象，通常的情形是，男女两头都有介绍人，宛如“隔河相望”。相亲时，好比由“两艘小船”划到河道当中，双方碰头打招呼，很有年代感，很有趣味，画下来，就是一幅世俗人情图。生活就是这样，很少有介绍人，两边的家庭都很熟悉。而且，两个青年又要年龄、家境和其他条件都差不多，才能牵扯到一块去。中间的周周折折、兜兜转转，并不少的，真心不容易啊！

那天，在浦东东昌路电影院门口，两个介绍人分别带着一男一女按时碰头。相互介绍之后，他们又各自关照了几句，就撤退了，留下我们两个青年人。

像这样的局面，蛮尴尬的。我稍稍抬头看他，个子不高，长得也不帅，但样子还端正，更何况，不抽烟、不喝酒，完全符合当年好男生的标准。

曾有90后问过我的：你们那时候怎么谈朋友的?我笑笑：简单来西的，俗称“轧马路”或叫“数电线杆”，就是两个人肩并肩，在马路的街沿上闲逛。边逛，边有一搭没一搭地说些无关紧要的闲话——那时，没有悬殊的贫富差距，没有私人公司和大宗房产，无须查户口似的，用直接、间接或“钓鱼”等手法来打探底细。

那天，我俩就沿着马路，漫无目标地走着，有话时就多说，没话时就不说，双方事先都没有设计什么话题，反正呢，风气就是这样的……等到双方感到“轧马路”轧得差不多了，而且也没有不想谈的意思，就会约定下次见面的时间。

相亲后，回到家里，我照实汇报，简述了约会的过程。虽讲不出多少名堂，可脸上没有反对的神情，父母是看得出的。既然女儿接受了，他们的心也放了下来。说到底，父母的要求也不高，都是工人家庭出生，家家户户的经济状态都是半斤对八两的，只要差不多，就“OK”了。

交往了大半年后，我没有压制不住的喜悦，没有飞扬起来的激情，也没有从内心生出的抵触，没有不想继续的讨厌和不爽。毕竟，他符合我最初设定的两个条件，一切，就这样在传统筑就的轨道上滑行起来。

04

每次从厂里放假回市区，也往往是我们约会的日子。

一次，我突然心血来潮，决定考他一考。

“哎，我问你一个问题。你晓得伐，武则天是谁，能不能讲讲她的故事?”

话一出口，我自己也大吃一惊。这个问题，是当初大学生考我的，他肚子里的墨水比我多好多，我曾从他那里学到好多东西。这会儿，我“批发”过来，脱口而出，竟作了考题，自己的脑子也空白了好一会。潜意识里，这是拿大学生做标尺，希望他能够达到那样一个高度，起码有个说得过去的表现。

“武则天，武……嗯，是你们同学吗?照你说的这个名字，应该是个男的吧?”

想笑，没笑出来。摒了一会儿，我就将答案告诉了他。他一脸的无所谓，让我有丝丝的失望涌上心头——多年以后，我也没想明白，这一幕细节里，是不是隐藏着什么象征性的意义?不过以后，我对他的知识水平、求知热情，不再有奢望。

大概谈了七八个月，双方家长一合计，就让我们奔着结婚去了。到各自单位开出结婚证明，再到黄浦区民政局（那时东昌路一带属于黄浦区）领了结婚证。然后，便稀里糊涂地结了婚：没有奢华的婚礼，先是在邻里、亲眷中发了点喜糖。然后，由男方在家里烧了一桌比平时好一点的家常菜，将我的奶奶、爸妈和四个弟妹请了去，双方家庭所有成员在一起吃了顿饭。

婚后，我们的婚房，就设在他父母家靠南头的小房间里。

还想说：那时候的小夫妻，一旦进入法定的婚姻，离生孩子就不远了。不到一年，我生了一个可爱的小女孩。生育假，共计56天。等到坐完月子，我就带着孩子去崇明上班了。

我们母女俩第一次奔赴崇明的情景，终生难忘。我生得瘦小，没多少力气，既要拿行李，又要抱孩子。一路上，我用斗篷兜着孩子，抱着抱着，两双手臂实在撑不住，一恍惚，差点让孩子从那头钻出去，掉到地上！幸好一个激灵，发现不对，马上蹲下来，才让孩子免去了一场灾祸。每次回想起来，都会心生后怕。

在崇明厂里，一个女工带着一个需要喂奶的孩子，还要上班、住集体宿舍，吃食堂的三顿饭菜，现在的年轻人，谁能想象呢?

至于宿舍，可不是那种宽敞、舒适、配套齐全的。一个大间，住3个大人和3个吃奶的宝宝，到了晚上根本不能入睡，不是这个哭，就是那个叫。大人肚子饿了，想热点吃的，只能点煤油炉。于是，煤油的气味弥漫开来，呛得大人和孩子一起咳个不停。

折腾了一个晚上，第二天一早喂好奶，把孩子送到托儿所，马上直扑车间，赶去上班。上午喂奶，加上大人吃中午饭，规定只能用1个小时。时间一到，我就连奔带颠地跑到托儿所。时间来不及，怎么办?那可没人管你，反正不能迟到。最担心的是，自己奔到托儿所，孩子还在睡觉。叫不叫醒孩子?硬生生叫醒，做娘的，心里“肉疼”煞；不叫醒她，时间一分一秒地溜走，急死人啊！这样一来二去的，自己的午饭就不能好好吃了。

就这样，苦苦熬到女儿10个月，我就给她断奶，然后送到上海，交给她爸爸。她爸爸每天上班前，把女儿送到靠近我母亲家附近的一户人家，给一位阿姨带。一次我从崇明回到市区，丈夫说女儿被送街道医院检查身体时，发现严重缺钙，让我害怕得哭了好几天，连回单位上班都神思恍惚。

05

事情说到这，还没有说完。产后返崇，第一次放假回市区时，发现家里房间被调包，已经“老母鸡变鸭”了——婆婆把我们赶到另外搭起来的小间里。这个小间，就是如今所谓的“违章建筑”，只能放上一张床，其他什么都不能放。大热天，热得实在受不了，还要到屋顶上浇水降温。

最可怜的，还是小小的女儿啊。从此，这个仅可容纳三个人且几乎转身不得的“违章建筑”，就成了我们娘俩回市区度假时的“行宫”。因为跟着妈妈奔波，回家又要挤在“屁股大”的灶披间里，孩子太受苦，经常生病，发气管炎，导致咳嗽不止。

冬天冷、夏天热，如今想起来，真是两眼泪汪汪，止也止不住。

后来，婆婆家的老房子，遇到市政建设，政府部门前来拆迁。至此，我们一家三口分到了一间几十平方的小房子，这样的苦楚总算缓解了。

进岛难，回家亦难。因此，我在带孩子上班期间，很少回上海市区。有一次，算算时间长了，怕我的母亲、奶奶想宝宝，怕公婆和老公怪罪，我决定回一趟家。谁料一路颠簸，抱着孩子，筋疲力尽回到家里，公婆未见踪影，连老公也不在家。一个新妈妈，要给孩子喂奶，特别容易饿，回家又很晚了，可是家里竟连一点吃的都没有，那种凄凉，向谁倾诉啊！

我们一结婚，婆婆就叫我们分开吃，并声明今后不带孩子。所以，公婆是指望不上的，可左等右等，老公也一直没有回来。隔壁阿姨实在看不下去，盛了一碗饭过来，让我吃下。

我捧着碗，用筷子扒拉着饭米粒，大颗大颗的泪滴，也扑簌簌打在饭碗里……这一碗饭，让我至今感恩不已，也至今难以忘怀！

06

我一直说，我的婚姻很平淡，缺少幸福的色彩。这些说法，都是现在的回味和咀嚼。自省自检地概括起来，这一切，都是我当时设立的核心标准，出了偏差，就是对象要在市区工作，好让自己也能调回来；就是不抽烟不喝酒，能够勤俭过日脚，其他还有什么更重要的，几乎想不到，也不曾去想。比如，我对双方在性格、脾气上的和谐，在志趣观念上的相融，几乎没有任何考虑。而正是在这些带本质性的问题上，出现了“牛头不对马嘴”的情况。

最让我痛苦的，是我们夫妻之间缺少共同语言。我有时跟丈夫说：

我俩一年说的话，可能没有人家夫妻一天说的话多。随着阅历的增加，特别是进入服装行业以后，我对自身婚姻的不满意不断增加。开始，我陷入了莫名的苦闷。后来，我在跑服装展销过程中，跟不少同行姐妹的交往多了，知心话多了，尤其是对相互婚姻感受的交流多了，才慢慢发现，我们这一代人的姻缘中，很多方面非常相同相似。如今，对这些状态和实际进行反思，对提高我们子女的婚姻质量，大有好处。

在我们跑服装展销的群体里，小林因为长得娇小，被大家叫着“林妹妹”。她是跟我最要好的、相互帮衬最多的闺蜜之一。那晚在常州一家旅馆，她先请我到饭馆吃了饭，然后回住处，一定要跟我讲讲她的老公。而且事先就声明：就想让侬看看，“我老公的贼腔”。

跟我一样，林妹妹有点文字功底，所以一坐下来，就先拎了拎她的观点：“我现在认识到，找男人，需要重点注意的，就是人品！我不是‘掼榔头’，我用具体的生活细节来告诉侬！”

林妹妹先跟我讲了储蓄卡丢钱的事。现在存款、理财，都用手机，而跟不上形势的高龄老头老太，才会坐到银行里排队。可那时，收入少得可怜，积蓄的方式也很原始，就是贴花。小一辈大多没听说过。就是办一张储蓄卡，每个月拿出点钱，去买一张几元的“印花纸”，贴到卡上去。林妹妹说：侬晓得的，当时我们的月工资都是36元。开始进单位以后，每个月，除了补贴父母，我都会拿出4元钱买银行的贴花。

这一笔钱，慢慢攒起来，就多了，按现在的币值，应该值到几万元。这成了林妹妹当年经济上的“压舱石”、精神上的“定盘针”，平时舍不得动，也舍不得用。“后来结婚了，生了儿子，我就想，现在有家了，有了丈夫、有了孩子，就把这些保家、保命的储蓄都带到小家庭，用于生活和未来的建设。想不到，有一个星期天，我打扫卫生时顺便查看，竟发现储蓄卡上所有贴花纸都没有了！”

倾诉到这里，林妹妹的神情严肃起来：“当时，我非常紧张和焦急，马上问老公，哎，放在大橱抽屉里的储蓄卡，上面的贴花怎么都没了呢?”说到这里，她的眼里涌出泪花：“红姐，侬晓得吧?我老公他居然一脸无辜，不屑地摇摇头，还晃着二郎腿，轻飘飘地讲，我不晓得！”

当时，林妹妹就跟老公吵：“侬、侬，肯定是侬……这是憨大也看得出来的！啥人晓得，他不搭理我，到弄堂里散步去了！”林妹妹还告诉我，下岗后，她跟着一位同事做服装生意，货物存在家里，也时不时会发现，哎，又少了几件羊毛衫什么的。“其实，我心里老有数的，也问过几次。可我老公脸皮那个厚啊，照样脸不红、心不跳，爱理不理的，让我寒心、寒心啊！”

那个晚上，我们姐妹俩一直谈到深夜：一个诉苦，一个劝慰；一个流泪不止，一个不断递上热毛巾。让我想不到的是，这样的场面，后来又出现了一次。而这个后一次，竟然涉及了离婚这个问题。

07

我和弟妹开出“三弘”服装厂以后，有一个下家小老板叫丽丽，在上海百货一店摆摊位，跟我也是无话不谈。突然有一天，她提出要到我厂里来，一方面参观一下，另一方面，还有要紧的事情请教。

那天，她一上午就到了厂里。我领她先在厂里转了一圈，然后在办公室坐下来。她似乎很急，一开口，就让我吓了一跳：“红姐，我想跟迭个‘赤佬’离婚，但是……！”我还没有反应过来，丽丽就急急地开讲了：“先跟侬讲讲伊格的清洁卫生！我多少爱清爽啦，房间再小，我都要收拾、整理干净。侬看看伊，简直就是一个甩手干部！对的，我跟侬讲讲细节，每天，我把洗碗的抹布搓干净了，他拿来一用，洗也不洗，就朝桌子上一扔。有时，他也洗碗，可没洗干净，他就朝碗橱里一放了事。菜锅、饭锅呢，用水一冲，就放到柜子里……不要发霉吗?我最不能接受的是，他每次用家里的抽水马桶小便时，只掀外盖，不掀坐盖。我每次抓住他的现行时，他都不理不睬，只用鼻子哼一声：“好了，好了，知道了，知道了！”

我边听边劝：都是鸡毛蒜皮，就不要计较了。夫妻道理，睁只眼闭一只眼，就过去了。

丽丽喝一口水，调整了一下思路，仍急急地叙述，又像开了闸的水：“好，好，这种小事体不讲了。哎，前几年，伊下岗了，半年多无收入。我的单位也不好，常常一个月只做十几天，就没活干了。嘴巴不能吊起来不吃不喝呀！经同事介绍，我去做保姆，踏着时点，轮流到好几家人家去做生活，起早贪黑，一心多赚点钞票。等到下班回到家里，就不想动了，累得倒头就睡。我就跟老公提出，让他托人找家私企谋个事体，或者到人家公司去做个保卫，增加一点收入，也减轻我的经济压力。啥人晓得，他死活不肯，说丢人丢到太平洋去了……我在商厦里摆摊卖服装，让他去站站台，调调我，伊也不肯！”

听到这里，我也有点来气了：太不像话了，不行的话，跟你阿婆阿公说，大家开个家庭会议，让他写个保证。不行，找居委、找妇联，给他一点教训！”丽丽低下头，不吱声了。好一会，她才有气无力地开口：“唉，都去过了，没有用。所以，我前几天跟他摊牌：离婚！啥人晓得，伊坚决不同意，还以死威胁，讲啥，你要离可以的，我死给侬看！”

办公室静下来，我俩都不说话了。我不知道该如何提出可行的办法，她呢，已经气得不行了，缓了一口气，继续开始：“儿子虽然还小，老听我们争辩、争吵，也听明白了。那天，在我们交火时，小家伙突然大叫一声，妈妈你别走，你走了以后，我就没有妈妈了……我要妈妈，我要妈妈！把我的心揪疼了，我马上软了下来，抱住他，眼泪把小囝的头发也哭湿了！”

几年以后，我创办了梅园婚恋。一天，丽丽突然登门找我。当时，我一愣，第一个反应就是：丽丽离婚了，现在想再找一个靠谱的男人，她毕竟才50岁不到，晚年还是有个伴的好呀。不料，她讲的情况，再次让我陷入沉思。“红姐，你晓得吧。那天，我听了你的劝，回到家里，我抱着儿子睡，耳边老是响着他的哭叫声。“你们离婚，我就没有妈妈了，我要妈妈……让我一夜困不着。”

“还是不离好，我们女人不念家、不念孩子，念个啥呢?”我转忧为喜，为丽丽高兴。

丽丽唉口气，接着说：“睡不着，一边念着儿子在我们离婚后可怜，一边又想起了丈夫的好处。由于常年辛劳，我的身体一直单薄多病，胃部尤其不好。有一段时间胃病发作，他为了替我挂专家门诊，多次凌晨两点就去中医医院排队。嗯，对的，他的动手能力比较强。水龙头坏了、灯泡要换了，他手起事成。我爸爸在这方面，差了他好大一块呢……为了孩子，为了丈夫的那些情分，为了他还有亮点，为了家庭的完整，我终于忍下了。”

08

林妹妹和丈夫的关系紧张，丽丽想跟丈夫离婚又下不了决心，我自己跟丈夫少有共同语言的不咸不淡的生活，慢慢让我在内心形成了一个概念。我们这一代的婚姻，大多是凑合型和低质量的。带着很大的勉强成分。我的想法，后来，又不断被一次次证实了。

我做服装生意时，有一天，摊位上来了一个女士。正想给她介绍衣服款式，一抬头，竟发现是我中学的女同学！当年，我分配到崇明，她去了安徽插队，待了两年，吃不了苦。为了改变境况，她听从了父母的安排，到浙江农村老家找了一个农民结婚，把户口办了过去，仍享受“知青待遇”。大批知青返城时，他们离了婚。她顶替父亲在公交公司的位置，回上海做了售票员。“唉，怎么说呢，为了办回来，曲线返城，我毫不犹豫地嫁给了一个根本不熟悉、不喜欢的乡巴佬。你知道吧，农民呀，思想观念、生活习惯根本对不拢的呀！”这位女同学的付出，让我感到惊心动魄。

还有一位中学的女同学，在我创办婚介所后，她辗转找上门来，要为女儿找个对象。她说：自己已经跟老公离婚了。离婚的原因是，夫妻双双下岗后，老公赖在家里混日子，就是不肯出去找事做，连摆个摊头都不愿意，全靠做老婆的开个小饮食店赚点钱。他买断工龄、提前退休后，整天搓麻将，把退休工资全搭进去了，跟他吵没用，跟他打也没用。没有路走了，就坚决离婚了！

说着说着，老同学抹起了眼泪。她还悄悄告诉我：自己不能老把女儿带在身边，造成女儿跟自己不太亲……“我们现在离婚了！这个气不能再受下去了！我现在最大的心愿，就是让女儿找个对心思，有共同语言，豁达有能力的丈夫，不能再犯我以前的错误了！”

这以后，还碰到过两对夫妻，一对到内蒙古，一对到黑龙江，都是农场的。他们在那里恋爱结婚，返城回沪时都带着出生不久的孩子，那种落魄、苦楚，都远甚于我们去崇明的这一批。考察他们后来的生活，因为双方有共同的经历、有真诚的爱恋，感情一直很好。改革开放后，国家经济好转了，他们的工作境况优化、收入提高，购买了商品房，生活也逐渐走向小康，变得安宁而幸福。

09

慢慢地，我从自身和同时代人的不同境遇中，悟出了不少道理，而功利心是婚姻不匹配、造成凑合型婚姻的原因之一。我们年轻时，主要体现为“生存下去”。而如今，不少姑娘要找大款，最好家有亿万，进入了追求“终身富贵”层面。这一类女生的婚姻，出的问题也最多。

社会发展到今天，基本的生存已经没有任何问题了。男女双方能够在更平等的状态下，寻找硬件大致相当，心灵更为相通的人生伴侣，那种为了某种功利，一方委身另一方的凑合型、面子型等等低质量、潜藏着各种危机的婚姻形态，应该远离一代又一代的青年男女。而在寻找具体对象时，男人有责任心和勇于担当，至为重要；那种对家庭不负责任、说谎，夫妻间不能开诚布公的，最不为女生接受；而女性的爱心和明理以及顾全大局，也最为男人所看重。

婚姻是家庭的核心，是社会生活的重要组成部分。世界有多复杂，婚姻就有多复杂。不过呢，经验是可以总结的，规律也是可以探索的。作为过来人，我希望子女后代们，在这个人生大事上，想得比我们明白，做得比我们正确，姻缘和际遇的前景比我们更加光明。

这种思考和情感在我的内心发酵时间越长，我想从事婚介、做好婚恋服务的责任心就越重。

后来，很多人看我做婚介做得很成功，以为我是有商业眼光，是我正巧撞进了时代的“风口”。可我想告诉大家：帮助青年人不要重蹈我们这一代人的覆辙，才是我当年的初衷。

第六章

瞎碰瞎撞的返城之路

20世纪80年代的杨浦工厂区

01

女儿两岁的时候，我常年往返于崇明和市区之间，又要工作，又要带小囡，实在太难了。怎么办?就和丈夫商量，决定找人对调工作，以求实现“返城”的目标。

“返城”，是一个特定的词汇，是一个特定时代、特定群体的特定经历。我们的后代，一般不会理解，也不可能重复。较之到外省市插队落户，或到市内外农场去的知青，我们在市郊工厂返回市区的路径，总归要容易和方便很多。

在计划经济时代，工厂员工的数额都是被规定死的，企业之间的流动极为困难。唉，怎么才能调回市区工作呢?平头百姓，想通过社会关系实现这一目标，想也别想。那么，就一点办法都没有了吗?也不是。正如上海人讲的，蟹有蟹路，虾有虾路。当时，流行一种办法，叫企业和企业之间相互对调。条件嘛，双方都是同样的国有编制或集体编制，即必须国有对国有、集体对集体，或国有降格到集体，但不能由集体升格到国有，不能搞乱了。

如何操作呢?坐困愁城，总不是办法，我们决定试试。虽然过程繁难之极，却也有成功的例子。无权无势的老百姓，就通过这样的途径、这样的顽强，达到自己纾困解难的目的。

从1977年女儿十多个月大，我只要放假回市区，就跟老公一起，抱着孩子，摆渡过江，来到浦西，在杨浦区几个工厂集中连片区域，沿着马路，一家一家地走，逐一向门房间的门卫人员说明意图，打探消息。这个经历很难描述，不是乞讨，不是散发通知或广告，而是去撞大运，宛如大海捞针。碰到态度差的，给我们几句调侃的话；碰到好心的，给我们几句同情，给我们往水壶里添加点开水。初春，乍暖还寒，两人轮流抱着裹上了小毯子的宝宝，累得直喘气。有时风太大或者下雨了，只好央求门卫让我们躲一躲。夏天似乎爽快些，走累了，放下孩子在街沿上歇一歇。孩子实在闹了，就买四分钱一根的棒冰，哄一哄，让她缓口气、落落汗。

02

一个月、两个月，五六个月过去了，仍毫无头绪。正当我们越来越失望的时候，希望的拐点突然出现了。

那天，我们来到江浦路上的上海窗纱厂。看到门卫师傅正在门房里听着半导体、打着瞌睡，就敲了敲门，轻轻问了声：师傅，您好……跟您打听一件事！

那师傅在椅子上挺了挺身，揉揉眼睛："今天厂休，找不到人啊。"

"有个事体，要麻烦师傅。""啥个事体呀?"工厂的大门就在路边，常有问路的人，那师傅似乎也习惯了。

"我们想问问看，你们厂有没有想调到崇明工作的?对的、对的，我们想对调！就是，我调过来，他调过去！"我急急地讲着。他似乎捕捉到了什么，又不太相信："侬讲啥?侬再讲一遍。"老公抱着孩子，又凑上去，重复了一遍。

这下，那师傅完全听明白了，居然一下子跳起来："哇，天下竟有这样的事，送上门来了！"他把我们请进门房间，拖过椅子让我们坐下，叙述了自己激动的原因。原来，他们厂里有个员工，是崇明人，老婆、儿子在崇明堡镇的村里种田，一直想调回崇明的工厂，好一家团聚。因找不到合适的对调人，常年唉声叹气，无精打采，所以就广托亲友关心，帮助寻找物色。"我在门房间工作，见的人多，他也托了我，还三天两头，问我有啥好消息！"

真是踏破铁鞋无觅处，功夫不负苦心人。我们自是千谢万谢，留下了家庭地址、家附近的公用电话，连我自己和老公单位门房的电话号码也留下了，以作全面"布防"。不久，收到了纱窗厂这位工人的一封信，按他的约定，在一个月后的一个星期天上午，我们又来到纱窗厂的门房间，跟他见了面，商谈了对调事宜和具体操作程序。

03

调入上海纱窗厂后，我被分配到车床加工车间。车间里，到处是粉尘，环境很差。第一天上班操作，手指就被划伤了。好在每天可以下班回家，日子毕竟比以前轻松了很多。夫妻关系也比以前和谐了不少。

北方有句话，叫“树挪死，人挪活”。这次历尽艰辛、瞎碰瞎撞的工作对调，不光是地理上的变化，在经历、性格上得到了丰富和磨炼，也似乎蕴藏着命运上的某种转机。

1989年，因市场突变，纱窗出口受阻，厂子陷入困境，我也成了一名下岗人员。每月领点基本工资，只能回家吃老米饭了。

有了上次对调工作的经历，我的韧性有了明显增强，脸皮也厚了，对运气也有了一种莫名的信奉。哼，下岗就下岗，那我就自谋出路吧！

由于公有制多年来形成的惯性，在国有、集体单位工作的人员，捧着一个“饭碗”，不到迫不得已，通常不肯有饭不吃，贸然“下海”。可一旦下了海，就会发现，无论如何，自个儿在市场上打拼，总比被捆在工厂、企业的体制里要好。尽管体力付出会多，劳动量会大，但收入则会增加不少，在跳槽择业的选择上，也有了相对的自由。

当时流行一个顺口溜，这样讲：“造导弹的，不如卖茶叶蛋的；做教授的，不如摆小摊的。”这话真实反映了改革开放初期下岗工人通过灵活就业，在自谋出路中获得的实惠。而这种实惠，在计划经济体制下是无法想象的。

本来，我将终身坐在一辆国有单位的“列车”上，依照惯性行驶在固定的轨道上，直至退休，饿不煞、富不了，一切如常。这下好，先是“返城”，这是自己寻找的机会；后是下岗，这是社会和经济发展带来的坎坷，让我站在了人生的十字路口——总之，我换了一辆车，前行的方向也完全变掉了。

从此，我不再是原来的那个自己。只是，这不仅是自己的胡乱扑腾吧。在改革开放的大潮之下，是国运为我们的个人命运，带来了历史性的转机。

第七章

“三弘”服装与“火鸟”电动车

改革开放初期的上海服装市场

01

1990年以后，伴随着浦东开发开放的脚步，人们最显著的变化，首先是思想解放了，心思活络了，眼睛里有了对商机的观察和捕捉。那种跃跃欲试充满活力的心理状态，为经商致富的实践做了最好的铺垫。本来，不敢想、不敢试的所谓“下海”，即“自家做生意、赚钞票”的事情，不但可以被接受了，而且风起云涌，彼此影响，彼此推动。在我的周围，有越来越多敢吃螃蟹、善吃螃蟹的“先行者”，都发了财，出现了不少“万元户”，让人眼红心热。正是由于时代的裹挟，让我也成了其中的一员。

这些感受，是以历史的眼光“回头看”。对我来说，当时的敢想敢干，最原始的动力，就是要把家庭维持下来，能够生活得滋润一点，手头活络一点，女儿在人家面前更自信一点。从厂里下岗后，经自主联系，我到市场打的第一份工，就是到饭店洗碗洗盘子。那些日子，苦是苦，但收入是有保证的，而且工作期间的伙食不花钱。这样，净收入比在厂里有了明显增加。

在饭店干了一段时间，由于总在后厨干活，跟社会的接触太少，我善于跟人沟通的能力也得不到发挥，感觉实在太沉闷了。后来，我又在浦东东昌电影院附近找了一个摊位老板，就帮他卖牛仔裤。说真的，我从来没有做过销售。但一上手，哎，我的微笑、我的诚实，我的谦逊的态度与柔和的语音，引来了不少回头客。做了一个月不到，产品卖得火，让老板夫妻俩非常满意。

那天，老板娘笑眯眯地跟我说：“我看侬啊，真的老会做生意的……侬再帮我挑挑大梁！”就这样，她把我安排到了南京东路时装公司的6

楼，去卖服装，这里是她赚钱的另一张“王牌”。

那天，到了时装公司6楼才发现，好热闹啊，柜台一个挨着一个，全是个体户，像进了农贸市场，眼花缭乱的。我本来喜欢打扮，将店里最时髦的女装往身上一穿，加上嘴巴甜，跟女性顾客沟通时，能针对对方的年龄、身材，以及在询问时流露出来的喜好与倾向，用柜台里的服装进行针对性推荐。哎，别看噢，柜台上的生意一下子红火起来，真的是如鱼得水。

02

我这边的生计落实，收入有了保证，心里有了底气，在家里说话自然也更有分量了。于是，我就主动跟丈夫商量，让他到外面找一份工作，以增加家里的收入，让女儿的生活和学业更牢靠、更有保障。可想不到的是，他竟死也不肯接受，公婆也表示反对：“亏侬想得出来，伊老实来西的，脸皮朝什么地方放?他找不来的！”想想，真的很苦恼啊，我出去摆摊头就不塌台吗?但是，我这边的力量小，他们抱着团呢！所以，也只好不了了之。谁能绑着他，逼他去为私人老板打工呢?

就在这个当口，又发生了一件事。行内小姐妹来找到我，说：“小红姐，你做服装蛮有天赋的，给人家做，不如自己做。”

我听出了弦外之音：“开店哪，哪来的资本?”

她一笑，道出窍门：“不用，不用，开店啊，那个风险大。你自己买一批货，跟着召集的大老板，到江苏、浙江、安徽和江西一带，去展销卖服装。辛苦是辛苦，能赚到钱呀！比以前在厂里的收入，比你给人家站柜台，要翻交关倍呢！”

看我犹豫，她又补充了一句：“站柜台，侬给老板赚钱。跑展销，挣到的，全到自己口袋。这笔账，侬自己好好算算！”很快，我找了一个借口，向老板娘辞了站柜台的活，一脚踏进了展销服装的队伍。

凡是看上去美好的东西，进去以后，才会真切地发现，其中会有瑕疵，也会有艰辛、有苦恼，并不完全像表面或想象的那么光鲜和鼓舞人心。有时候，跑一次展销会，货品没有全部卖出，只好再打包托运回来。等新一轮展销来了，再托运过去继续卖。

这个过程，累呀，就像现在网络上说的，累得像条狗！可盈利呢，却并不特别多。为啥?没有做过的人不知道它的繁难：先要把两大包衣服托运到外地。我一个人打包，再到火车站或长途汽车站托运。自己乘火车或坐长途汽车到达当地后，第一时间到车站取货品，再马不停蹄地送到现场，布置摊位。展销会一开始，自己旋即成了营业员，开启了“叫卖”模式。不管是卖春夏服装，还是卖秋冬毛衣毛裤，一天到晚就是大呼小叫地揽客、推销，不到展销会结束，嗓子早就叫哑了。

再说说吃的吧。在外展销的十多天，顿顿吃的，都是速泡面，既方便，又便宜。直到现在，我看到速泡面就恶心，胃里就会反射性地冒酸水。就这样，一次又一次，长年累月的，很苦。真要找个人诉说诉说，又有谁愿意听呢！

不过，在这个奔波劳顿的过程中，我也渐渐滋生出一些小小的骄傲：生意做得比别人好，而且竟然没有一次亏损过！对这个问题，有的同行向我打探“窍门”，想偷点“真经”，我总是连连摆手，以示谦虚，不肯将心得泄露出去。

其实，这多赚、少亏的业绩里，是有门道可总结的。最核心最关键的一条，就是去批服装时，节令、款式都要看准踏牢。毕竟，苏、浙、皖、赣等周边省市，服装的流行要慢上海几拍，把这个关节点捏住了，基本上就亏不了。然而，由于经商者越来越多，商品流通的速度越来越快，个体营销的大环境已大不如改革开放初期那么宽松。所以，我虽然占了一点“先机”，但盈利却不像预期的那么多。

花无百日红，这一段好机遇，算是到头了。

03

长年奔波，使我长了见识，积累了人脉，心思也活了，经常有意识地在服装行业内“东张西望”，与人探讨。这个动向，被一个谈得来、在业内有点资历的小姊妹窥见了心思。

那天，她约我到咖啡馆，开门见山，给我出主意：“红姐，我看您合适做服装。就是呢，我实话实讲，路子不对。”

“唉，是呀，我也觉得不满意。”我叹了一口气。

她笑我：老是跑展销，聪明人被累糊涂了。你给人家老板站过柜台，拿点提成，钱虽不多，经验倒是有了。我看，不如到商厦租个柜台，冬不冷、夏不晒，赚到的，刨去柜台租金，剩下的都是自己的。

听君一席话，胜读十年书，更何况站柜台，我有过不错的业绩！说干就干，在这位小姊妹介绍下，我到长寿路大自鸣钟商圈租了个柜台。一开始，只想少出点柜台费，就找了一个角落头。“出征”以前，我就反复到各个商场踩过点、打过样，加上以前的经验，心里有了谱：出样的衣服、包包，样式一定要时尚、新潮；挂出的价格要略高于别的柜台。还有一条噢，自己每天要换上一套柜台有售，亮眼、新潮、适合自己身材的衣裤。哎，不要小看了这几条，小战术、小技巧还真的发挥了大作用。好多顾客在商场里转了一圈，没有满意的，转到我这里时，往往眼睛开始放光。我先从自己的穿着介绍起来，再把对方的容貌、身材夸奖一番，往往就能做成一笔生意。

光讲战绩了，也有“滑铁卢”。后来，我转到南京东路华联商厦摆柜台时，因家里事多，只好请短工帮忙。等我再回来，竟找不到原先的柜台了。原来，这些商厦不收柜台费，只按销售量提取扣率。一旦谁的生意下去了，管理方就会毫不客气地将他的柜台移挪到边角上去——这种方法，有点像“末位淘汰”制。

以后，这些经历让我形成了不少商场认知：做大生意要路子对头，做小生意要亲力亲为；做大生意要善于操大心，做小生意要整天操碎心；赚多少钱烦多少心，不赚钱、虽清贫，却可享个清清静静。

也是，上天有眼，从来公平。

04

说句笑话：“野心”是慢慢膨胀的。常年在商场里摸爬滚打，我自己也渐渐积累了不少体会：钱赚多了，具备了物质条件，心里的目标就会大起来；钱没多赚，可眼界开阔了，具备了心理素质，做大的心也会得到滋长。自从入行搞了服装销售，一点一点摸出门道，积攒了一点小钱，“翻身感”也与日俱增。

终于，我将眼光提上了服装行业的一个高度：自己开厂！想法一露头，同行里、亲友中，不看好的多，劝我不要折腾，小打小闹过过日子，不是蛮好吗?在这个节骨眼上，我的犟脾气起了作用。既然跟外面人合作麻烦，就找弟妹一商量，搞个服装厂，自产自销，“肥水不流外人田”嘛，弟妹们一起干，齐心协力，挣了钱共同分享。当时，弟弟家经济条件最差，没让他出资，言明让他多出力。资金嘛，就我和小妹妹两个人凑。

那天，姐弟三人找个饭店吃了一顿饭，经过“头脑风暴”，给未来的服装厂起了个大名：“三弘”——后来到工商局注册，正式定名为“三弘制衣有限公司”。接下来，找厂址花了不少脚力。中心城区，租金贵，想也不敢想；城郊结合部，脏乱差不说，交通也不方便。一大圈转下来，在普陀区一个街道找了一个地下室，租金不高，离我小妹家也近，管理起来会方便很多。

05

1994年5月，一个小小的服装厂在连续的鞭炮声中开张了，开始投入运行。

我这个人，有追求完美的心理倾向。厂子开办起来，规模虽然不大，但还真配置了个“五脏俱全”，什么打样工、裁剪工、缝纫工……一个角色不缺，很像那么回事。开服装厂，进面料是件大事。经过打听、考察，就到浙江柯桥去进货。那时候，浙江地区的“小狗经济”很发达，一家一家的小厂，遍地都是，原料的挑选余地大，价格也比其他地方便宜不少。

第一批服装做什么?也颇费了心思。正值晚春，我的第一感觉告诉我：做夏装，而且是女式大花的连衣裙！请设计师太贵，赚到的钱还不够人家工钱，只能找来一大堆大开面的服装设计书籍，把几个工人叫在一块，我们一起边看、边琢磨、边商量……一批成衣做好了，我们反而紧张起来。要知道，成败在此一举啊！要是打败了，钱还是小事，信心、面子、名声都将付诸东流，一旦垮塌，再想重塑形象，难上加难哪！

那个晚上，我们三姐弟，在一起开了会：怎么销，到哪销?商量来商量去，还是我拿主意：联系南京路上的商厦和柜台，把衣服放到那里销售。不同的是，以前我管柜台，进人家的货；现在我送货上门，靠人家来卖。瞧瞧吧，我成了供货的上家，也算是“历史的进步”吧！

厂里的生产进入正轨后，外勤基本由我承担。为了送货，也为了上班方便，我特地买了一辆“火鸟”牌电动车。在车水马龙的南京东路送货，蛮危险的。记得有一次，车的后架上放了一大叠衣服，一辆公交车要靠站了，它的车身正好碰到我的电动车，我把持不住，连人带车倒向街沿一侧——真是万幸啊，没有摔进大客车的底下。

骑“火鸟”上下班和送货，每天要横跨上海好几个行政区域，辛苦尚可接受，一个夏天下来，大腿皮晒得一层层脱下来。要知道，我从小就爱美，保持皮肤的白皙，是我一直坚守的底线。可是。为了创业，这些所谓“原则”，都被舍弃了。

在厂里空下来，就是联系业务。我每天不停地接电话、打电话，一天下来，嗓子“冒烟”。为了工作，我吃饭总是有一顿、没一顿，搞出了严重的胃病。

当然，成功是有喜悦的。苦吃惯了，当时似乎不觉得有什么苦。反过来，回想当年，可以作为笑谈、调侃的东西也不少。进入九十年代，有了最时髦的联系手段：大哥大和BP机。我舍不得买砖头般的大哥大，就买了一只BP机。大家不妨想想看：一个时髦女性，穿着出挑的西装短裤，一只BP机在短裤的口袋里一插，开着“火鸟”电动车，别人一口一个某老板、某厂长，风光不风光啊?“火鸟”行驶在马路上，拉风着呢！

多年以后，我学会了开轿车。有时开着开着，看着路上一辆一辆电动车被甩到身后，就会不由自主地想到当年骑着“火鸟”，在马路上穿行的情景。

真是“俱往矣”啊。从身边流过的，是记忆，是经历，是岁月，也是无尽的感慨。

第八章

为女儿找对象

我的70后女儿找对象时，街头已有这样简陋的婚介所

01

不知道60岁以上的家长，是不是都有过这样的经历：不远不近地跟在女儿或儿子的身后，偷偷地观察他们相亲的情况?

这一幕，一直留在我的脑海里，以至于此后每每忆起，总是轻轻一笑，有点酸楚，有点好玩，有点自嘲。

1995年左右，我的服装生意稳当了，有了点积蓄，业务上也做顺了。这时候，我的心开始被另外一个大事缠绕：女儿的婚事。当时，女儿22岁，真的不小了。一开始，还是走传统的老路子，仗着自己在商场上有点人脉，托了不少亲朋好友。

然而，反馈的情况并不乐观。介绍过来的，有的年龄相差太大，女儿听了就摇头；有的是跟着父母做生意的，家里攒了点钱，但几乎没有什么学历，还沾染上了抽烟、酗酒的坏习惯；有的呢，人的长相说得过去，国有企业的，比较稳定，但家里根本没有房子，要结婚只能借房子了；有的长得比我女儿还要矮一点；还有的……我们一边谢着人家，一边对实在说不过去的，婉言加以谢绝。若听下来还可以，就动员女儿去见一次面。但后来扳手指算一下，能让我们有点信心，前往见面的，才一个半人。

曾有朋友问，这一个半人，你是怎么算出来的?说给大家听，也蛮滑稽的：一个呢，跟我女儿见面后，聊了一个多小时，第二天介绍人来，说对方不肯谈，也没有讲清原因，我们也不便追问；另一个呢，由介绍人陪我女儿来到约见地点，对方介绍人倒是来了，但却是只身前来的，一见面就抱歉地说，小伙子不想谈，临阵放弃了！

儿女的婚恋，从来是悬在父母心头的一桩大事。然而，提供匹配资源的路径，自古以来是一个难题。中国古典戏剧里，多有媒人形象，多要托人撮合……熟人亲友间的提亲场面，在我们这一辈的头脑里，还真的占有不少空间。所谓门当户对、才子佳人，还真的有点根深蒂固。小辰光看过或听过不少老戏，也听奶奶讲过一些实例。到了为女儿考虑时，几乎没有人来指导，头脑里能翻腾且可用于实际的，就是这些老旧的观念和方式，以及相关的京剧、昆剧、越剧或淮剧的戏剧场面。

02

时至今天，我们也不得不承认，作为一种沿袭，亲友介绍在婚姻领域仍占一定比例。但这种方式，仍以“拉郎配”的为多。作为“烤”在火炉上的父母亲，他们会在自己的亲友、同事圈中打听、托付。而被托付的一方，只要年龄差不多相符，或为亲情，或碍情面，或另有所求，就会想办法居中撮合。成不成，他们把握不了，也没有什么心理压力。介绍给我们的一个人次——通常也只是介绍一个人次，在完成一个托付、留下一个人情之后，人家就罢手了。能理解吧，这世上，介绍对象，既是积德行善的事，也是棘手麻烦的活。

这样大概折腾了一年，我决心改弦易辙——找婚姻介绍所去。其中，有亲友介绍不成功的因素，也有自己婚姻不如意的阴影。不是嘛，女儿的婚姻，必须比我称心，这已经成为我的一个夙愿。

20世纪90年代初期，上海的婚介服务已经有了初期的萌芽。那些婚介所，通常规划规模小、人手少、档次低，大致状态是，商业型的不旺，公益性的不热。

我先做功课。第一个动作，就是向熟人打听，然而得不到什么反响。人们对此好像并不热心，也不在意。就翻看报纸吧，这是当时获取信息的最佳方式。终于，我在一张周报的中缝里，看到一家婚介所的广告，地点在一家废弃老厂新设置的园区里。丈夫对此也很上心，我们就一起去打前站。

走进婚介所的时候，因为不知深浅，心里有点怯怯的。这可是我们以前不曾接触过的行当噢。

“阿姨、爷叔，你们是儿子还是女儿?”一个女性工作人员手里拿着一张登记表，跟我们打招呼，蛮热情的。

“女儿，女儿。”我们应声回答，怯怯地坐到一张老旧的长沙发上。

边问、边答、边写之后，那位女工作人员抬起头来：“你们女儿的情况不错，蛮好的。有照片吗?”她收下女儿的照片：“人家男孩子总归要看看小姑娘长相的。漂亮的，要的人就多。”

“你们有男生资料吗?我们可以看一看吗?”“当然有，我们正规来西的。”她捧来一个大大的相册，让我们自己一页一页地翻看。

终于看中了一个，搞技术工作的，长得也很帅。“阿姨、爷叔，不是我讲，你们真的蛮有眼光的，看中这个男小团的真不少。你女儿也蛮漂亮的，真的郎才女貌……让伊拉对对眼。”

别说，这位女工作人员的嘴还真是甜，说得我和丈夫有点晕乎乎的。就在这个节骨眼上，她又开口了：“你们这个档次，属于中上的，价钱嘛，300元。”

见我丈夫有点迟疑，她又追加一句：“小囡的婚恋，大事体呀。价钱也不高的。先看起来、谈起来，你们说呢?”

03

女儿是娘的心肝宝贝肉，娘也是女儿的“定魂药”。我跟女儿一说，她就答应了：“姆妈，侬的眼光肯定不错。”还做了一个鬼脸。

那天，腰里的BP机响了，婚介所的红娘有消息了。女儿约见男生的时间，定在一个星期天的下午两点，地点是婚介所。上午，我着实把女儿打扮了一番。陪女儿到达婚介所，把女儿交给红娘后，我和丈夫就在附近闲逛。约莫3点不到，女儿和一个小伙子走出了婚介所，进入逛马路模式。小伙子1米75左右，蛮精神的，穿着也时髦，头发涂了摩丝，闪着光亮。我们不紧不慢地跟在后面。半小时后，他们分手，等男生走远，我们追上女儿。看看女儿的脸，就感到“苗头”不足。

女儿说：“人样子还好，说话也蛮有头绪的。就是呢，好像没有什么热情，有点应付我。”

三天后，我找个工作空档赶到婚介所，向那位女工作人员询问情况。“小伙子可以吧?你女儿怎么说的?是不是还可以?”

她先发制人。然后，沉默了一会，突然加了一句：“不过，人家对你女儿没感觉。”她用右手夹一支圆珠笔，在指间翻弄着：“侬晓得的，找对象，不能强迫的，不好揿着牛头吃草的。”

“你们再安排下一个见面吧。”我识相地退一步。

她站起来，伸个懒腰：“好的，好的，你等我呼你好了。”第一次接待我们时的热情乃至巴结的腔调，早就不见了踪影，取而代之的是淡漠和无所谓了。也许，她心里想的是，反正费用入袋了，管他去。真是天晓得，后来，我的BP机倒是整天响个不停，却都是有关服装生意的，婚介所没有一个信息发过来。好几个晚上，我跟女儿一起“过电影”，总觉得婚介所在玩假的。那个小伙子，很可能就是一个“婚托”。呸！我真的想往那个红娘的脸喷上几口。这样的婚介，不是蒙人、骗钱吗?

下一步怎么办?跟老公一商量，又来到浦西一家叫“爱情帮你办”的婚介所，付了380元会员费，这个价格在当时是蛮高的。哎，别说，没几天有了名堂，他们介绍了一位男生，是个“海归”啊！我听了很激动，就劝女儿去碰头。说好，先到婚介所碰头，双方有意思，再到外面去聊。那天，我和她爸也去了，等他们出了婚介所，就远远地跟了一段路。我们看那个男生，个子高高的，穿得也蛮挺括，心里自然生出盼头来。想不到，我们到家刚一会儿，女儿也回来了，问她怎么这么快？她说：就兜了一圈，实在没话说就分手了。后来这家婚介所一直没来过电话。等我们再去，门上已贴了关门的告示。

可是，就这样作罢吗?看着丈夫不想继续的神情，我不服气，准备再试一次。几经打探，我们来到浦西一处街道婚介所。负责人是个男性，戴着一副金丝眼镜，蛮斯文的。听了我们的来意，马上提出，你们就登记一下吧。并解释说：“我们这里主要是公益性的。只要交20元报名费，有合适的对象了，我们就会通知的。”而给我们看的资料，都是垫着复写纸手写的，十分粗糙。资料簿上的男女，都是社区企事业单位的单身者，收入一般都不高。我突然意识到，喔，他说的公益性原来是这个意思。唉，报什么名、交什么费呀！我拉起丈夫，头也不回就走了。

一连串的碰壁和失败，让我想了很多：其一，一些婚介，为啥要搞那些花头经，是生意难做吗?其二，我们希望女儿早结连理，一大批家庭也有同样的需求。其三，对这种现状，人们肯定蛮痛恨的，我能不能成立一家婚介公司，来一次改变呢?

04

在为女儿寻找对象的过程中，我隐隐地感到了时代的变化。比如，我们自己年轻的时候，千家万户的经济条件是一样的，加上政治的影响，只要双方都有工作，收入差不多，对方家庭的父母、祖上在家庭成分上没有什么严重的问题，一男一女相亲后，介绍人给点关心和美言，这事儿就成了。可是，到了我女儿——70后这一代，情况已经发生很大变化，他们大都普遍完成了高中学业，读大专、大学的比例明显上升，改革开放已形成不可逆转的大势。因此，他们的观念、思想和思维方式，跟父母一辈已经完全不同。

再以自己为例吧。因为“下海”经商、开办服装公司，家中的经济条件已经发生重大变化，我们家长对子女的婚姻，也已经有了新的要求。对方个人和家庭情况如果不能上一点层次，我们自然也会皱眉摇头的。想到自己择偶时的困顿、窘迫和由此留下的心理阴影，我对女儿的婚姻大事更上心了——底线就是，起码不能像我那样，为了改变一点生存现状，牺牲了好多标准和追求，留下了那么多大不如意的感慨！

对我们这一代婚姻状态的思考，对我女儿找对象的不容易，一直在我的脑海里翻卷，成了我的“心病”。如何消除这个郁结于心的块垒呢?我后来决意开办婚介所，就是我内心对现实状态的一个回应。

婚介的历史，到了我可以打进去参与的时候。

第九章

大胆吃下了一只“大螃蟹”

梅园婚恋创办初期我（右二）和四位红娘合影

01

女儿到婚介所找对象，没有结果。然而，在这个过程中，我倒学到了不少东西。看到很多客户从婚介所进进出出，我也从中了解了市民需求，了解了行业的大致情况，产生了“心有所动”的感觉。

我关注这个行业，首先缘于我女儿的终身大事，也跟我对自己这一代婚姻状态的思考有关，同时还跟我天生的亲和性紧密相连。无论在崇明的开关厂、杨浦的纱窗厂，还是在做服装产销的过程中，女人们在一起，就喜欢交谈恋情轶闻，多喜欢给人牵线搭桥。我也给厂里的青年男生，老工友的子女介绍过，有的成功，有的不了了之，有的还因为一方不领情，反而让一方或双方留下了怨气——也算是初尝酸甜苦辣吧。

这回，有了女儿在婚介所择偶未果的刺激，我就想：对呀，我为什么不能办个婚介公司呢?给人家介绍对象，不是跟生产和销售服装一样，学会一定的技巧、掌握一定的流程，不就行了吗?再说了，给人介绍对象，好像天生就该是女人做的事情啊！

我把这个想法告诉亲友，有支持，也有反对。最反对的当然是我的弟弟和妹妹。他们说：哎，你脑子怎么进水啦?现在服装公司赚钱了，你却好端端要将创业的成果扔到一边，太可惜了！我们姐妹弟兄一起做好这份事业，也挺开心的呀，怎么说走就要走呢?

但是我看准了，就不肯回头，好像着魔了：哎，婚介这只“螃蟹”，非尝一尝不可！这一来，就把自己推到了人生的一个岔道口：一边，要将一个比较成熟的服装厂丢给弟妹；一边，要踏入一个完全陌生的行当。

02

1998年年初，在支持者们的鼓动下，我开始筹备婚介公司。当时，陆家嘴地区的大建设刚刚起步，到处都是工地，一片繁忙景象。我想，这地方是我幼时和青少年的成长之地，又是欣欣向荣的改革开放前沿，不能舍近求远。于是，就骑着那辆“火鸟”电动车，到周边新村一家一家地考察。最后，在梅园新村看中了一排裙房，其中一间，可以安置下三四个工作人员，还可以放下客人坐的五六把椅子，正适合做个婚介机构。另一个很大的原因，就是居委支持，租金也便宜。居委主任跟我说：你来了正好。我们房租少要你一点，只要你把居民的婚姻大事关心到了，老百姓满意了，就真正达到了我们居委会的要求。

办公司，首先要申请营业执照。打听下来，这个过程蛮复杂的。为了减少麻烦，当时就挂靠了一家婚介公司。由于所挂靠公司是通过熟人找到的，大家彼此都说实话。那家母公司的经理告诉我：目前，婚介这个行当在社会上还没有形成规模，市民群众又很有需求。所以政府部门给予扶持，可以享受税收优惠，你们好好干，会有前途的！

03

现在回忆起来，一切还是那样记忆犹新，我真的吃下了一只“大螃蟹”。整个筹备过程，真是顺风顺水，好像老天爷一直在关心、眷顾一样，真是缺什么有什么：办公室缺少一个沙发，居委的车棚里就有一只现成的，拿过来，不大不小正好放下，还蛮新的呢。那天，正议论墙上缺了一幅画，哎，门外就有人吆喝卖印刷品油画，我挑了寓意不错、很切合我们服务内容的那一幅，挂上去一看，室内文化气息立马增添不少。如今，24年过去了，公司成立时挂上墙的那幅画，我们还保存着。

准备开业的事项里，还包括墙面粉刷，申请和安装电话，购买桌椅，置备热水瓶、扫帚、簸箕、拖把等一应杂物。还有，就是室内的图片和宣传语一类的布置。我想了一句话：你们的成功，就是我们的幸福！请人用粉红方块纸写上，贴到墙上。又叫来一个曾在婚介所工作过的红娘，一个街道退休的女士，搭成一个服务班子。

至于婚介所的大名，倒并不需要“头脑风暴”，就按新村的名称，顺理成章地起名为“梅园婚姻介绍所”。由于挂靠人家，就将人家小区的名字，加在了我们名称的前面。

开张的日子，定在1998年10月2日。国庆节当天，居民们都要在家里团聚或外出游玩，不适合举办活动。2日当天的嘉宾，事先都请好了，居委主任，其他居委工作人员，街道民政干部，还有居民代表。程序也很简单：我写个稿子念一念，居委主任讲几句祝贺的话。接着，我和另一位工作人员一起，将“梅园婚姻介绍所”方牌上的一块红布揭了下来，仪式就完成了。

现在回顾起来，这一揭，在现场赢得来了一片掌声，让我十分陶醉。更重要的是，揭开了此后二十多年的艰苦奋斗史，以及我的人生可能达到的高度。

这边揭下红布，那边就点上了鞭炮，一阵热闹之后，我和工作人员就请居委干部，一起在室内分享蛋糕。接着，就开始了正儿八经的咨询与服务工作了——整个过程，很像上海早期在居民家中举办的婚礼。

04

第一天开张营业，来的客户真的不少，不过都是新村里的居民，有看热闹的，更多的，是为子女操心的父母。

其中有两个人，我记到现在。一个是55岁左右的秦妈妈，要给女儿找个男朋友。她说，丈夫病逝后，家里缺了顶梁柱。要是有个女婿，有个男人，家里日子肯定会好起来。还有一个，是30岁的大男生华华，就住在本新村。他在家里是独子，在厂里做技工，父母希望他早日找个媳妇，好给家里添个宝宝。家长催得急，他也心烦，就顺势过来了。

开业的第一天，忙了个昏天黑地。晚上九点以后拖着疲惫的身体回到家，洗漱一番之后，却怎么也睡不着。为啥?感到责任重啊！现在手里的资料太少，想要给人家匹配得好一点，还没有生源和资本呢。没别的办法，就是和另一位红娘一起，努力、努力、再努力。直到一个月以后，又招了一个红娘，流程也搞得熟了，情况才好转起来。只要空下来，我们就把资料拿出来，一个一个会商，一对一对匹配，然后再向客户进行推荐。

梅园婚介刚刚起步时，条件的简陋几乎没法想象：自己用复写纸复写出表格，来了客户，通过一问一答将表填写好，接着查验户口簿或身份证，将会员的照片贴上去，最后再写上编号。会员的约见，也是窘迫的，一旦有男女应约前来，就拉他们在婚介所的一角，由红娘给他们介绍一下。约见的会员也很识相，他们在谈了一会以后，如双方都有意思，就会主动提出，一起到街上去边走边谈——对他们来说，在一个憋屈的角落，又是在众目睽睽之下，毕竟太尴尬。至于他们谈得好不好，后来的情况，我们红娘会通过电话向他们了解。一旦成功了，他们的原始资料就会被我们保存起来。慢慢地，这些资料堆积在角落里，占了不少地方。

回过头来，再说说最初咨询的秦妈妈。女儿通过梅园找到如意郎君后，她来送喜糖，才知道她是居委主任的亲戚。后来见到主任表示感谢，主任却说：我是考察你们呢。再说了，我一出面，你们会不好意思，就会给她优惠，这样做不合适。还有那个华华，找到一个挺对心思的女生，婚后跟父母住在一起。他有个表姐在电视台工作，家里办喜宴时，表姐来赴宴，知道了他谈对象的来龙去脉，无意中就将梅园宣传出去了。

05

2004年3月的一天上午，上海电视台一行3人，扛着摄像机来到了我们婚介所门前。

这让我大吃一惊。在此以前，我从来没有接触过电视台采访这样的大阵势。

“你们好，你们好！你们今天来……？”我的心有点怦怦跳，脑子也在飞快地旋转，搜索着开张以来，是否做过什么违规、违法，对不起人的事，或有什么投诉我们的案件——大家晓得伐?当年，电视台是极具权威的媒体。在接到群众投诉之后，他们常常会采取突然袭击的方法前往采访，给予曝光。而对于被曝光的企业，就像遭遇了“地震”“海啸”，可能会造成一次“天崩地塌”的后果。不过，我很快平静下来，并且确认梅园在创办以后，从未做过一件对不起客户的事。

应该是看出了我的紧张，那位手里拿着话筒和采访手册的年轻女记者，微笑着问：“哪位是梅园负责人?我们想做一次现场采访。”正在室内咨询和注册会员的单身青年，还有他们的家长，听到门口的动静不小，一下子就围上来。

一位家长说：“哎，你们要采访啊?真是找对地方了！”

一位小青年说：“要我说，你们早就该来了！为啥?梅园的服务真的不错。我就是听了同事介绍，才到这里注册的！”女记者边听边记，还问了“你们发现这里有婚托吗”“红娘的服务态度好不好”“这里成功的多不多”之类的问题。而负责灯光和摄像的另两位男性工作人员，也对着围上来的客户，迅速进行抓拍。后来，摄制组又来了一次，让我们请来两位成功的会员，做了补充采访。

这次的新闻采访，不久在上海电视台新闻节目中播出，产生了轰动效应。在一段时间里，连郊区也有人前来咨询和注册。区民政局婚管处的领导、陆家嘴街道的领导，都先后来过。街道的那位副主任幽默地说出了关心的原因：“阿拉当然要来看一看，了解一点情况。否则的话，以后上面有领导来，问起梅园婚介，结果一问三不知，不是要吃‘排头’（批评之意）吗！”

对梅园婚恋来说，这次电视台采访，是“开天辟地的第一次”，在我的心里留下了深刻的印象。

据说，一个单位无论是出了好名声还是坏名声，都有所谓“马太效应”。梅园出了名以后，上海电视台教育频道闻讯而来，邀请梅园红娘老师集体担任婚恋节目嘉宾，《青年报·生活周刊》《新闻晨报》等也进行了跟踪采访。

上了电视之后，婚介所里的几个红娘高兴得眉飞色舞，可我的心却并不轻松，一遍一遍告诫自己，今后只有把工作做好，才对得起广大市民和各级领导。哪天要是出个纰漏，会跌得更疼更惨。这种教训，社会上太多啦！

06

其实在开张前，我对婚恋工作一片茫然，几乎感到无从下手。

记得为了联系挂靠事宜，我多次到那家公司沟通洽谈。当时，看到办公桌上放了不少本子，我心里就想，上面写些什么呢？跟日常业务有什么关系呢?我多想有人能好好指点一下呀！可是，碍于面子，又怕人家保守，不肯介绍经验，让我难堪，就装出无所谓的样子，边翻边用心记，硬是“偷”了不少登记、制表的技术。更多的，只得自己摸索。后来，慢慢地，就积累了一套如今仍在沿用的服务流程和工作模式。

所谓自己摸索，更多的是在学习和模仿，就像“照猫画虎”那样。其中，最难忘的是做报纸上的广告。我看到《青年报・生活周刊》上登征婚者多，我也联系了报社广告部，想尝尝做广告的滋味。第一次刊登广告的时间，是1998年11月21日。这个日子，也值得我特别纪念。

此后，还发生了不少有关广告的“插曲”，说来也很有意思。比如，别的公司登载的征婚信息，都十分简单，无非是性别、身高、出生年月、婚姻状况和学历。这一套学会之后，我来了点创新，在我们的征婚信息上，用不多的文字描述一下征婚者的外貌、性格和一些其他需要指出的、可能会吸引人的亮点。

这样一来，效果不错，手里拿着报纸前来注册的单身人士多了起来。每次广告刊登以后，就有不少人前来应征。那时，一次约见费是30元。记得，第一次循着广告来的一位男士，进门就把30元放在我们的桌子上，显然是做好“作业”才来的。随着广告投入的增加，我们越做越有名气，连不少名人也知道了梅园婚恋这块牌子了。一次，来了一个女生，笑眯眯的，很有气质和品味。我跟她交谈下来，才晓得她是电影明星奚美娟的学生。

这些情况，报社广告部发现了，就被他们作为指导性的创意，介绍给别的婚介公司，增加了报社的广告业务量。

记得，有一次行业协会邀请各理事单位老总开研讨会，协商制定规章制度的事项。结果初稿一拿出来给大家讨论时，我反而激动起来。为什么?因为协会初稿里的内容，我们公司早就在做了，而且比他们当时考虑的，还要合理和周全。

如何形容这一过程？都是“摸着石头过河”吧。其中，最根本的是认真和勤奋，这让我们尝到了甜头。

07

在浦东，梅园新村是个老小区，由于地处陆家嘴的福山路、源深路口，在浦东地区名气很响。也许跟新村的名称有关，新村里的人有一个情结，就是喜欢唱江姐的“红梅赞”。到了晚上，常常会有居民，通过录音机播放这首脍炙人口的歌曲。歌声从窗口飘出来，很优美、也很感人。

梅园婚恋开办后，居民和客户对我的称呼，很不一致。有的是从东昌路来的老邻居，认识我，依年龄叫我“小红”或“小红阿姨”，以表示熟悉和亲近。有的单身青年，叫我阿姨或大姐，有的家长有文化，就叫我老师，以显示他们“上层次”。一次，来了一位《青年报》的记者。他是通过梅园在报纸上做的广告，找来门来采访的。

“您是经理啊?我今天来，就是看到梅园在广告上，每次都会写着‘爱情絮语’，有点好奇，才不打招呼，直接上门来了。”我笑起来，告诉他，我们这个行业，一般都称红娘叫“老师”，一是显得亲切 ，二是表示尊重。

他一听来了精神，马上建议：“那您就叫红梅老师吧！在报上的广告中就这样写，以后打出品牌，也挺响亮。”他继续发挥：“您看啊，您的大名叫陆红娣，有个‘红’字，婚介所在梅园，梅园的居民呢，都特别喜欢唱‘红梅赞’……这样一来，就贯穿起来了！”

红梅花儿开，朵朵放光彩

昂首怒放花万朵，香飘云天外……

听了他的建议，我默诵着歌词真似瞬间触电，有被深层震撼的感觉。记者就是记者，太有新闻敏感、太有概念创意了。我做服装生意的时候，常听同行说，谁谁谁生意做不不去、亏本了，就去找风水先生。而风水先生常常会建议，将公司的名字改一改，后来呢，真的起死回生，峰回路转了。我从来不相信这一套。然而，这次记者给我起名的建议，似乎很有“好兆头”的意味。以后，梅园经营越做越好，一路上得到不少媒体记者、编辑的建议和扶持。正如他们所说，婚恋服务是一个值得支持，应该加以大力发展的事业。而负责人有一个可以叫得响的名字，也非常重要啊！

对中国人而言，“红梅赞”这首歌，久远而亲切。如果有一天，每当听到这首歌，上海人都会想到一位为他们服务的红娘，这该是一种怎样的期望和荣誉啊！多少年之后，无数在梅园婚恋牵手真爱，成家立业、生儿育女的男女会员们，都常常表示，讲到“红梅老师”，我们会自然而然地想到歌剧《江姐》，想到其中脍炙人口的“红梅赞”，并轻轻地唱出来。

上述缘起慢慢成了经典。不少媒体记者，还有市、区民政部门的领导同志，都会问我为什么叫“红梅老师”?我就会讲一讲这个故事。二十多年来，我在内心一直很感谢那位年轻的新闻工作者，感谢媒体中有聪明头脑、有全局观念，有良知良心的记者和编辑群体。

08

中国有句老话，叫“近水楼台先得月”。梅园婚介所开张以后，我就特别注意利用“职务之便”，给自己的女儿物色一个合适的男生。

我晓得，这个事自己直接出马，有点“没有退路”，怕引起人家男生产生这样那样的疑问。我就让婚介所里的一位红娘留意。2008年，我们迁入源深路、商城路转角处的鑫陇宾馆不久，来了一位政府机关公务员，年龄比我女儿大3岁。他身体健康，不高不矮，说话很有条理，父母也是机关干部。我和丈夫商量后，感觉不错，就让红娘老师安排他和我女儿见面。小伙子很喜欢我女儿的体贴和能够吃苦，对我女儿做幼儿园老师，也很满意。一来二去，两人的恋爱谈得也十分顺利。

这里面还有一个小插曲。按我的要求，女儿一直不说我是梅园的创办者。半年后，当女儿领着小伙子上门拜见我们老夫妻时，他大吃一惊，立马悄悄问我女儿：我们以后会感谢红梅老师，可为啥今天就把她请过来呢?在我一番认真解释以后，才让他笑着平静下来。

让我十分欣慰的是，女儿女婿结婚后，十分支持我的婚恋服务事业，也十分喜爱孩子。他们先是让我们有了一个外孙。在国家全面放开二孩政策以后，又生了一个女儿。这个外孙女鬼怪精灵，聪明可爱。一男一女两个孙辈，让我们的晚年充满阳光，也让我在此后宣传“恋、婚、育一体化”，新婚夫妻最好生育两个孩子等观念时，很有底气。

第十章

大眼睛姑娘来加入

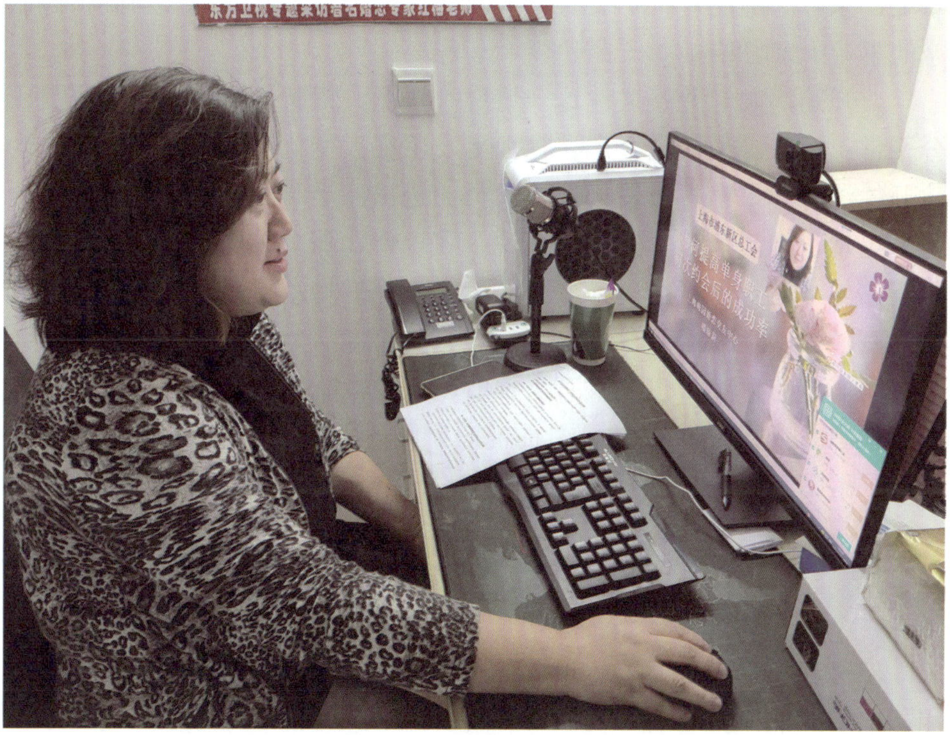

当年加入的小楼老师，已成长为梅园婚恋的总经理，
并担任市婚介管理协会副会长

01

一晃，梅园婚恋开办12年了——2010年这一年，对我、对梅园都很重要：东方医院的一位护士长，辞职前来加入红娘团队，参与到梅园婚恋的事业中来啦！

一开始，人们并不关注这一情况。毕竟，招聘一个员工，本来就十分平常。后来，当梅园婚恋在管理上发生很大变化时，市婚介行业协会才开始注意起来，打听我们这里人员的进出。当时的行业协会秘书长跟我打电话，询问情况，并高兴地说：我说嘛，那个在梅园找到对象的大眼睛姑娘，返身进了梅园，做了红娘，为你们增添了新生力量。她有体会、有感恩，能做好工作！

秘书长的肯定，也让我有了信心。毕竟，我的年龄一天一天大了，没有理想的接班人，怎么行呢?而梅园在此后所有的变化和发展，都跟这个大眼睛姑娘有了密不可分的关系。

02

回溯到2007年，也就是创办梅园的第9年，我们的服务场地已不敷使用。前后对照，再看看市场，看看会员注册数量的年年增长，看看婚恋场所的人气旺盛，我心里清楚，这个行业有可以不断扩张的前景，梅园的业务到了可以“往上跳一跳”的发展阶段。

当年年初，我在梅园新村周边考察，经过一番周折，将单位搬到了浦东源深路、商城路口的鑫陇宾馆附属写字楼4楼。这里的好处是：有停车场，私家车可以方便停放；临近地铁6号线，到源深路下车，出站走一段就到了。还有浦东地区的73路、871路、787路等可达，交通也十分便利。

人往高处走，精神爽得透。我和另四位红娘将一百多平方米的空间，着实美化了一番，主色调仍是粉红。这有强烈的恋爱与姻缘暗示，好给年轻人以视觉冲击；宣传栏扩大了，里面全是一对一对牵手成功、结为伉俪的老会员，也能让年轻人在观览之后，油然而生对爱情的憧憬，对梅园婚恋的信任。但那句话我们仍复制到了新空间的墙上：你们的成功，就是我们的幸福！

新址开业那天，在鑫陇宾馆一侧的写字楼门口，挂上了白底红字的长条实木门牌，上书“上海梅园婚恋交友中心”，十分抢眼夺目。那些年头，正儿八经的单位，都是这样挂门牌的。举办揭牌仪式那天，我请了浦东新区民政局婚管所所长、市婚介行业协会秘书长等业内领导前来参加。

我跟大家讲：改革开放以后的上海，各行各业都在飞速变化，婚恋领域是其中波澜不惊，却无比生机勃勃的一部分。9年来，最显著的变化是：客户多了，不少单身青年或家长从浦西，甚至松江、宝山、嘉定、闵行那边过来，既增加了我们的客源，也促使我们红娘团队增强了责任感：人家大老远从城市的四面八方赶过来，不容易啊。不把服务工作搞好，对不起客户！

有时，我站在窗口往外看，有八面临风，站立时代潮头之感。

03

调转话头，我要好好讲一讲那位大眼睛姑娘——楼琼莉的故事。

2008年年末的一天，小楼来到梅园婚恋，二十六七岁模样。“我要找红梅老师。”她一进门，就直接嚷嚷。我将她请到办公室，把另一位老师一起叫来，听她诉说自己的要求。

坐定后，小楼当着红娘老师的面，给我“戴高帽”：“您就是红梅老师啊?我是从《青年报》广告里晓得的。不过呢，真想不到您这么苗条、这么漂亮！”“侬也漂亮呀，眼睛又大又亮！”

小楼说话的尺寸，把握得蛮好，一笑，就收回去了：“我姓楼，就叫我小楼好了。我来，就是想找个对象。”

“有什么要求呢，比如身高啊、职业啊……”她摇摇头：“没有要求，头脑清醒、四肢健全，谈得来就行。”性格爽快，还带点幽默，很让我喜欢。

我让红娘老师递给小楼一张登记表。她快速地填起来：“噢，对的。我自我介绍一下。我是浦东一家医院的护士长，在家长催促、亲友撮合下，也相过几次亲。人家一听常年三班倒，就吓跑了。我蛮急的，就翻报纸，啦，就找到了梅园，找到了红梅老师。”

不知怎么的，说到自己相亲，小楼还真的收不住了。她告诉我们：她在上海二医大卫生学校读护理专业时，班上全是女生，想在学校里谈个对象，几乎没有可能。到医院工作后，她的父母也帮她张罗着找男朋友，结果都十分糟糕。我一听，马上给她鼓劲：“这回，你到我们梅园，就有希望了！”我指定那位红娘老师负责跟她具体联系，为她好好推荐心仪的另一半。

很快，那位红娘老师推荐了几个上海本地男生。其中，一个男生很认同她的负责、实在和爱心，却在家长那边被卡住了：“护士长呀?我晓得的，辛苦来西的。三班倒，一年到头昏天黑地，以后有小囡了，啥人来领、啥人来管?”

这类情况，在我们的服务工作中并不少见。根据经验，我让红娘老师给小楼一个提示：“推荐一个外地男生，接受不接受?”不料，她在电话那头的回答十分爽快：“可以呀，外地来上海的，反而更努力，优秀的不少。我在卫校不少同学，就是外地的。大家要好得来，像小姐妹似的。”

没几天，梅园来了一个周姓的男生，船舶公司的工程师，老家在江苏，中等身体。这位小伙子，国字脸，长得蛮帅的，对护士这个职业也很接受，认为她们有爱心、有耐心、有医护方面的知识和能力，对家庭今后的营建很有好处。安排两人见面后，双方都同意先接触起来。接下来一段时间，双方也谈得不错，很有进展。可是，突然有一天，小周跑来梅园婚恋，提了自己的想法：“我有点顾虑，小楼太胖了。还有，我的同事说，我们搞船舶的本来就忙。今后，如果妻子还要三班倒，婚后的家庭生活，不是要乱套吗?”

我一听， 有点紧张，怕因此把一桩姻缘搞“黄”了，马上留下小周，好一顿引导。然后，又将此情反馈小楼。不料，她毫不介意：“不要紧的，红梅老师，如果没有缘分，大不了不谈。再说，他只是有顾虑，不是不想谈呀！我约他，请他吃顿饭！”

过几天，小楼趁着翻班后休息，专程跑来，跟我和另一位红娘说：“搞定了，小周被我说服了！我跟伊讲，你把事情弄反了。女生胖一点，有什么不好?将来生孩子，身体都是壮壮的，多棒！没听人家说吗，母大子壮啊！再说三班倒，不好吗?一周有几个白天可以在家里，对家庭的照料反而更多，家庭生活安排反而更好！”

“啊，你说得有道理！”我们都惊喜得笑起来：“那小周的态度呢?”“他本来就爽快，经我这样 ‘三下五除二’，那一点点顾虑早就烟消云散了。今天一早，就发信息问候我了！”

04

到了2009年，小楼在电话里告诉我，他们小两口结婚了，并一起来送了喜糖，说到“母大子壮”的插曲，大家都笑起来。按通常规律，这件事也到此画上了句号。

想不到，到了2010年年中，小楼又跑到梅园婚恋来。这次，她要求我把她收入麾下，做一名梅园的红娘。我一听，真是又惊又喜！惊的是，在一家区级大医院做护士长，捧着“金饭碗”，居然要委屈自己，投奔一家民营非营利机构，太不可思议了；喜的是，我这里就缺有能力，有现代意识、网络技术的年轻人啊！这样，不光我的压力可以减轻，企业也可以得到推动和发展呀！

虽然，我是这么想，可心里的问题，还是蛮多的：“小周同意吗?你父母答应吗?还有，你们单位领导肯放行啊?”

像下冰雹似的，我把问题一股脑全砸向了小楼。小楼呢，当然是有备而来，马上一一回应：“先讲自己。通过上次和你们接触，我喜欢上婚介这个行业啦！做婚介，成功了全是喜讯，常年喜气洋洋的，我喜欢这种充满希望、阳光的工作环境！”

小楼喝了一口水，接着说：“我的这些想法，我父母都知道，特别理解。我妈还说，做红娘，功德无量，人家红梅老师要是肯收你，我支持……对的，别急别急！再说小周，他一直有这样的顾虑，跟我说，你在医院工作确实很辛苦，以后要生孩子，如何哺育照料，是个难题。你做个红娘，上下班正常，照料孩子就有了保证！”

突然，小楼又叹了一口气：“其实，这些家里的事，都不是事。最要紧的是，社会上没有‘脱单’的青年太多了。为啥?大家看看，光我们卫校好多女同学，大多独来独往！医院里呢，一大堆女医生，尤其是女护士，没有成家的真的太多了。有时半夜醒来，发现好像集体会面似的，她们在我面前一个一个晃过去，眼睛里都有一种期盼，好像在催我转行呢！”

2010年年底，小楼正式前来报到时，告诉我跟红娘老师们：“那天，院领导拿着我的辞职报告，面孔拉得老长老长的，一个劲挽留。还严肃地讲，你是我们培养的对象，怎么能说走就走呢？”她马上又转话题：“噢，对了，今天是小周送我来的。他跟我一样，他对大男大女增多的现象也很有忧虑感、同情心，说他们船舶系统，光棍男也不老少的。他让我到梅园后，好好工作，做出成绩来！”

真像连珠炮似的，红娘老师们也刮目相看：这位大眼睛姑娘容不得别人插嘴，一口气把要说的全端出来了，而且头头是道，句句落地有声，很有分量。

两天后，小楼来上班，我还没交代完，她一转身，就投入了工作，在分配给她的电脑前操作起来。然后，要求我召集一个会议，提出了一大堆建议：什么搞一个网站啦，要联系公安部门，搞一个身份证识别系统啦，建立一个男女会员数据库啦……我和另外四位红娘，岁数大她一圈，对这些新事物不太了解，几乎插不上嘴。当时，我的直觉告诉我，如果没有新一代来参与红娘团队，梅园婚恋迟早要被淘汰的。

现在，这个大眼睛姑娘参与进来，我的腰杆子硬了，心里也踏实了好多啊！

05

到梅园婚恋工作以后，小楼老师不负我所望，步伐节奏快，业务进步大，工作能力、工作成效，都是所有红娘中最为显著的。我也放手让她去干，一心一意地对她加以培养。最早，让她冲到第一线，接手其他红娘认为不好接待、匹配有难度的会员。而在这个过程中，我会给她指出这类男女生为什么难以成功，如何针对每个会员的不同特点，想办法帮助他们与合适的对象成功牵手。再一个，就是让她参与管理，每有外联方面的事务，我也拉上她一起去处理；内部有不团结的问题，指派她去加以调解。而她呢，也特别善于学习，直到有一天，有几位家长在梅园婚恋咨询后，脱口叫她“小红梅”，我才欣喜地发现，我的这个学生，真的成长起来了！

不久，我以“小红梅”这个称谓的细节为由头，联系了《劳动报》记者，请他们写一写小楼老师的成长。记者采访后，写了一篇人物通讯，题目叫“华丽转身的‘小红梅’”——

本是学医护出身的楼老师转行做爱情顾问，故事很精彩。虽然时间不算太长，但她的工作成效却是团队中相当突出的。现在不少单身朋友和家长叫她“小红梅”，这也从一个侧面反映出她以红梅老师为榜样，在婚介行业有了自己的成绩。

主张以心换心、真诚相待的楼老师，把客户落单的原因归纳为三种：一是工作太忙，圈子又小；二是要求过高；三是错过了谈朋友的最佳年龄。针对一些客户过于绝对或不切实际的要求，她会坦率地把真实情况告诉他们，坦白相告才不会耽误他们，同时也能取得他们对红娘的信任。其实，这也是16年来，梅园婚恋能够得到市、区领导重视和市民群众信任的原因。梅园婚恋的客户大多为中高层人群，没有欺骗与敷衍，只为客户着想、真实诚信地服务，才会创造出目前70—75%的成功率。

今年由楼老师促成的两对情侣，即将步入婚姻的殿堂。其中一对的成功说来有趣。当时有两对男女在梅园约见，结果都不成功。而一位男生离开时，却发现自己对对方的女生有怦然心动之感。楼老师敏锐地抓住契机，不久让这两个见了面，之后一切进展顺利，一年后领证结婚。“缘分真是妙不可言，而红娘的感悟力也非常重要。”楼老师说。

另外一对即将结婚的情侣，也多亏楼老师用心配对。男生从事软件开发，性格内向。起初，推荐了两位个性相仿的，都没有结果。楼老师就介绍了一位比较外向的女生。她发现男生优秀，就主动发短信并打电话关心他。渐渐地，两人感情突飞猛进。

作为一个跟单身青年打交道的红娘，楼老师总是提醒他们：不要再等了，要抓住身边的每一次机会。

《劳动报》的这篇报道刊登以后，反响蛮好，前来的会员或家长，一会儿叫她楼老师，一会儿叫她“小红梅”，让梅园婚恋的服务处热闹了不少。

06

如今，深深地一个回眸，我创办梅园婚恋25年，小楼老师到梅园工作，也已经12年了。

这十多年的实践，证明我没有看错这个把我当老师的学生。对骨干接班人的培养，我是满意而充实的。“小红梅”、承上启下，推进发展……对这一切，我有时暗自得意，这说明自己有眼光、运气好嘛！

在这个不算短暂的过程中，我也常和小楼共同总结梅园和婚恋行业的工作规范和从业经验，一来二去，慢慢悟出一点思路、理出了一些头绪，形成了几个体会：

红娘一定要有热情。但是，这个热情，又要拿捏得恰到好处。这跟我们向顾客推荐服装的道理是一样的。你搞虚情假意，年轻人可能感觉不出来，但那些上了年龄的家长，几乎都是火眼金睛。你让家长们警惕你、讨厌你，麻烦就大了。因此，在表达热情的分寸上，要懂得恰到好处，有真诚的爱心，有长期做好经营、做好事业的耐心。

匹配一定要有眼光。这个学问比较深，既需要在理论上进行探讨，也要有长期实践的积累，不是一回半次就能悟透和掌握的。但是，在这方面，可以先凭借自己的人生阅历、凭借红娘团队的集体智慧，也可以借鉴业内其他单位的经验。还可以通过成功的或失败的案例，来分析和挖掘其中的道理和窍门。有时走路、吃饭，半夜醒来，或者看电视时看到某个故事、情节，突然来了灵感。将这些灵感、想法总结一番，也可以将匹配眼光提升至一个高度。

资料一定要完全真实。你搞个假的，开始可能蒙住几个人，但是若被人家察觉并传播开来，会“臭”上很多时间，直至害了、毁了一个婚介机构。这方面的例子，社会上并不少见，必须加以警惕，引以为戒！所以，一定要把好注册时的登记关。若放进一个用假身份证或提供假单位、假职务、假家庭情况的，麻烦就大了！尤其不能把正处于婚姻状态的、有刑事作案前科的收进来。这好比将狼放进羊群，后果不堪设想啊！

企业一定要有诚信。这比资料的真实，要求更高，是个带根本性的问题。中国各大城市的婚介业，发展到今天已经几十年，大浪淘沙，死掉的企业不少啊！剩下名气大、规模大的不多。原因很多，诸如经营理念陈旧、技术手段落后、员工素养不高，等等。然而，还有一个最本质的因素，那就是诚信度不够。而且，主要问题大多出在负责人身上：有的是想捞一票走路，看这个行当潜力大、能赚钱，就冲进来，想舒舒服服捞快钱；有的因为经营上不去，就想通过歪门邪道走出困境……然后呢，投诉的来了、曝光的来了，有关部门的处罚来了，最后就关门大吉了。

社会的需求，是事业常青不败的源泉；诚信和爱心的坚守，是发展和推进事业的根本。

我和小楼老师，都坚信这些质朴无华的道理。梅园婚恋一路走来，完全受益于这些道理的滋养。

第十一章

走进缘分里的“不速之客”

2010年7月21日–27日
责任编辑：金 波

新民晚报 社区版 家庭周刊 | 城区新闻 03

天职：让有情人都成眷属

——来自上海梅园婚恋交友中心的报告

■记者 周世忠

有一位做姑妈的来电："唉，侄女今年33岁了，还单身一人，我能代她报名吗？"时隔数天，梅园婚恋交友中心推荐了一位年轻医生，双方一见中意，但女方至今还不知道是梅园在暗中"牵线"。姑妈说，找到市婚姻介绍机构管理协会评出的"诚信红娘"，自己的一颗心放下了！

梅园婚恋中心成立13年来，帮助近万对"有情人"配对成功，其中数千对喜结良缘，且离婚率极低。每天，数部热线要接上百个咨询电话，到中心"上海白领交友网"、"上海再婚网"注册的不下几十人。像上述故事，更是数不胜数。

将真实诚信当作企业的"命根子"

在上海婚介行业，梅园中心为何脱颖而出，倍受信赖，并达到了"零投诉"的高水准？把真实诚信当作婚介企业生存、发展的"命根子"，坚持规范服务，绝不搞婚托，这就是答案。

"十多年来，我们服务地点不变，热线电话58401931不变，就是叫市民放心，只要谁有婚恋需求，就能找到我们。"梅园首先把好证件关。按照市婚姻管理部门要求，严格核实每个登记者的个人信息，所收证件均用原件复印，并保留个人影像资料，未提供的在中心当场拍摄。对一时不能提供婚史资料的，必须签署婚姻状况保证书。其次，把好真实关。对一些企业老总和高管，或派员到公司实地察看，或上网搜索了解，以验证登记表填写内容是否属实。再者，把好纠错关。如一位女青年约会前才说出自己曾有过短暂婚史。梅园老师立即征求男方意见，及时中止了约会。梅园还特别要求征婚、应征者交往时不要涉及借贷、投资等，以免发生经济纠纷。

在梅园中心，所有原始资料都保存完好，加上近年贮存在电脑中的资料信息，每条信息都经得起来源和真实性的检查。

把服务对象当作自己的子女兄妹

小吴去年8月到梅园登记，10月7日与一个小伙子"对上了眼"。11月30日男方上门，双方又准备12月到外地旅游。负责联系的楼老师回访时提醒小吴，欲速则不达。最近，已在谈婚论嫁的小吴感慨地说："恋爱时放慢脚步，让我们今后的婚姻更稳当。"

在力求"对等配对"前提下，对只求长相或物质条件者真情引导，对急于求成者耐心提示，对恋爱中缺乏技巧的热情点拨，对有过挫折信心不足的打气鼓劲，对产生误会的及时沟通疏解……梅园的老师们以母亲、大姐般的情怀，把服务对象当作自己的子女和兄弟姐妹来关照呵护。有一个姑娘，父母是老知青。她在梅园与一个男青年相识，十分痴情。可方老师回访时在她又认识了一位更适合的人选。

"只要有百分之一的成功希望，就投入百分之百的努力。"来梅园的每个登记者，都会有责任老师为其提供一对一的跟踪服务，定期回访。中心还每月召开例会，大家一起交流信息，让择偶者们在中心范围内实现"最佳配对"；对疑难个案进行"会诊"，集思广益提出最优解决方案。一年365天，她们每年要工作362天，这些年几乎没有在家度过完整的国庆节和春节。为方便登记者，中心多在晚上6点–9点安排男女双方约会，接受现场咨询，大大方便了征婚和应征者。

口碑形成感人的"滚雪球"效应

不久前，张女士带着五岁儿子来看望梅园老师，同时为妹妹报名登记；曾在梅园登记的退休人员老陈，最近又领着儿子前来征婚……还有很多恩爱夫妻送来喜糖喜蛋、结婚照、表扬信，有的还送来特制铜牌，以感谢梅园婚恋交友中心为他们找到了美满幸福的婚姻。

随着媒体宣传增多和口碑积累，到梅园登记的越来越多，遍及全市各区，有的还来自外省市和海外。形成了"登记者来源多，选择配对范围广、成功机率大"的良性循环。万老伯的独子是电脑高工，在美国工作。几年来，夫妇俩为儿子找对象到处托人，搞得心疲力竭。可他们到梅园当天，即获数位理想女孩的资料，喜不自禁。

就这样，梅园婚恋中心成了一个"活水源头"。从择偶没有方向，到相识、相知再到成家立业的喜事，每天、每月都在出现：一位50多岁的船舶工程师在这里认识了40多岁的生物制药公司副老总，相见恨晚；硕士小高一年内约见了20位姑娘，最后"修成正果"，筹备结婚；冯女士

市"诚信红娘"红梅老师（左）与已成家的"择偶成功者"小陈成了好朋友

生最适合，经梅园老师"斡旋"，实现了第二次握手……热心、耐心、诚心、贴心、细心——梅园的"五心"级服务，让每对受益者终身难忘。

后记：招聘工作人员的特殊条件

梅园婚恋交友中心，位于浦东源深路365号鑫陵宾馆写字楼底楼。中心招聘人员，除要求具备心理、婚恋，社会和家庭伦理专业知识，还有3个特殊条件：已婚，家庭完整，有爱心。

上海市"诚信红娘"、婚恋专家红梅老师是梅园的创业者和当家人。她将解决青年男女择偶难、单身中老年人再婚难，让有情人都成眷属，看成梅园婚恋中心的"天职"。如今，中心除了10多位在职婚介老师，还有近30位婚介志愿者。有8年工龄的小沈老师经验丰富，受到白领登记者喜爱；林老师原是区级劳动模范，工作细致认真；姜老师原是街道党员干部，到中心短短几个月，就让7对单身男女真情牵手……

红梅老师说："我们一直在用出色的婚介服务告诉人们，在市场化和工作、生活节奏不断加快的今天，找正规、优秀的婚介机构解决婚恋与

《新民晚报（社区版）·家庭周刊》2010年7月21日–27日刊登的半版通讯

01

2010年初夏的一天，有一位记者前来采访。自报家门后，他笑着说：“慕名而来。”

他是《新民晚报（社区版）·家庭周刊》的记者周世忠。人很和善，思维敏捷，记性也很好。以后，十多年过去了，这位大记者成了梅园的老顾问、好朋友和坚定的支持者。

我和小楼老师当然很高兴。因为，这样的不速之客，真是难得。2000年后的前10年，微信已经有了，可还不普及，而且只能发140个字。在这种情况下，纸媒很有声望，记者、编辑也神气得很，仍有“无冕之王”的余威，你想请个记者来，做一个大一点的报道，可没那么容易。

那天，周老师坐定后，告诉我们前来采访的缘由：“前不久，市婚介行业协会到本报刊登了一则广告，内容是全市婚介服务系统的先进单位和个人。我开始没注意，后来报社内有位年轻的女编辑说，她有个女同学，30出头了，父母急得不得了，后来经人全力推荐，跑到梅园报名注册，找到了自己称心的男朋友，现在已经有了小宝宝了。”

接着，女编辑和周老师在报社刊登的婚介协会广告中，找到了那个“诚信红娘”，她就是梅园婚恋的创始人。女记者强烈建议他前去采访：“这位红梅老师，口碑很好。再说，现在大男大女不少，可以信赖的婚介却不多。这样的宣传，会有社会意义……版面上也特别需要这样的稿子！”

说到这里，周老师补充了一句：“也有其他原因，这个以后再说吧。”

到底是资深记者，采访经历丰富，文字功底深厚，思维角度独特，就是不一样。采访，在不知不觉中已经开始了。周老师在室内转了一圈，拍了几张照片，把我们保存的会员档案、在报纸上做的中缝广告，拿出来仔细翻看，边看边记。他对认为重要的线索，马上追问，原本为我们熟视无睹、不当一回事儿的一个一个情节、细节，都被他认真记下来了。

结束采访时，想给周老师“一点心意”，我还未开口，就被他看出来了：“你们不要客气啊。如果是在外国，我应该付点费用给你们。因为你们接受了我的采访，花费了很多时间。”这让我和小楼老师颇为感动，也增加了彼此的亲近感和信任。

02

约莫过了一个星期，快递送来了一个大信封，打开一看，是2010年7月21日—27日的《新民晚报（社区版）·家庭周刊》，共有50份。由于周老师事先来过电话，我马上翻到第三版，找到了由他署名撰写的半版事迹通讯。通讯标题简明、清晰、有力：“天职：让有情人都成眷属——来自上海梅园婚恋交友中心的报告”。我赶紧把红娘们叫过来，人手一份，自己在办公室坐下，仔细读起来。

第一段，就一下子把我抓住了，没有套话，直接就讲故事——

有一位做姑妈的来电：“侄女33岁了，还单身一人，我能代她报名吗？”时隔数天，梅园婚恋交友中心推荐了一位年轻医生，双方一见中意，但女方至今还不知道是梅园在暗中“牵线”。姑妈说，找到市婚姻介绍机构管理协会评出的“诚信红娘”，自己的一颗心放下了！

梅园婚恋中心成立13年来，配对成功近万对，其中数千对喜结良缘，且离婚率极低。每天，数部热线要接上百个咨询电话，到中心“上海白领交友网”“上海再婚网”注册的不下几十人。像上述故事，更是数不胜数。

那个瞬间，我不由自主地从纸盒里抽出一张纸巾，擦起眼睛来——有泪水盈满了眼眶。此时，我在感动中意识到，对一个躬身耕耘的人，努力奋斗的人，希望在一个甜蜜事业中做出名堂来的人，理解、鼓励和支持，有多么重要啊！

我继续往下读。通讯共分四段，第一段的小标题以及内容是——

将真实诚信当作企业的“命根子”

在上海婚介行业，梅园婚恋为何脱颖而出，倍受信赖，并达到了“零投诉”的高水准？把真实诚信作为“命根子”，规范服务，绝不搞婚托，这就是答案。

“十多年来，我们服务地点不变，热线电话58401931不变，就是叫市民放心，只要有婚恋需求，就能找到我们。”梅园首先把好证件关。按照市婚姻管理部门要求，严格核实每个登记者的个人信息，所收证件均用原件复印；并保留个人影像资料，未提供的在中心当场拍摄。对一时不能提供婚史资料的，必须签署婚姻状况保证书。其次，把好真实关。对一些企业老总或高管，或派员到公司实地察看，或上网搜索了解，以验证登记表填写内容是否属实。再者，把好纠错关。如一位女青年约会前才说出自己曾有短暂婚史。梅园老师立即征求男方意见，及时中止约会。梅园还特别要求征婚、应征者交往时不要涉及借贷、投资等，以免发生经济纠纷。

在梅园中心，所有原始资料都保存完好，加上近年贮存在电脑中的资料信息，每条信息都经得起真实性的检查。

应该说，这一段，把梅园被人们赞誉的一个根本原因揭示出来了。我继续读第二段。小标题和内容是——

把服务对象当作自己的子女兄妹

小吴去年8月到梅园登记，10月7日与一个小伙子“对上了眼”。11月30日男方上门，双方又准备12月到外地旅游。负责联系的楼老师回访时提醒小吴，欲速则不达。最近，已在谈婚论嫁的小吴感慨地说：“恋爱时放慢脚步，让我们今后的婚姻更稳当。”

在力求“对等配对”前提下，对只求长相或物质条件者真情引导，对急于求成者耐心提示，对恋爱中缺乏技巧的热情点拨，对有过挫折信心不足的打气鼓劲，对产生误会的及时沟通疏解……梅园的老师们以母亲、大姐般的情怀，把服务对象当作自己的子女和兄弟姐妹来关照呵护。有一个姑娘，父母是老知青。她在梅园与一个男青年相识，十分痴情。可方老师回访时发现男方无意，就帮姑娘调整心态，现在她又认识了一位更适合的人选。

“只要有百分之一的成功希望，就投入百分之百的努力。”来梅园的每个登记者，都会有责任老师为其提供一对一的跟踪服务，定期回访。中心还每月召开例会，大家一起交流信息，让择偶者们在中心范围内实现“最佳配对”；对疑难个案进行“会诊”，集思广益提出最优解决方案。一年365天，她们每年要工作362天，这些年几乎没有在家度过完整的国庆节和春节。为方便登记者，中心多在晚上6点—9点安排男女双方约会，接受现场咨询，大大方便了征婚和应征者。

这一段，周老师把亲情服务写活了。在实践中，我一直这样要求，红娘们也是这样做的。婚恋服务有亲和力、吸引力，人们才愿意托付婚姻大事啊！

我继续读第三段。小标题和内容是——

口碑形成感人的“滚雪球”效应

不久前，张女士带着五岁儿子来看望梅园老师，同时为妹妹报名登记；曾在梅园登记的退休人员老陈，最近又领着儿子前来征婚……还有很多恩爱夫妻送来喜糖喜蛋、结婚照、表扬信，有的还送来特制铜牌，以感谢梅园为他们找到了美满幸福的婚姻。

随着媒体宣传增多和口碑积累，到梅园登记的越来越多，遍及全市各区，有的还来自外省市和海外。形成了登记者来源多，选择配对范围广、成功概率大的良性循环。万老伯的独子是电脑高工，在美国工作。几年来，夫妇俩为儿子找对象到处托人。可他们到梅园当天，即获数位理想女孩的资料，喜不自禁。

就这样，梅园婚恋中心成了一个“活水源头”。从择偶没有方向，到相识、相知再到成家立业的喜事，每天、每月都在出现：一位50多岁的船舶工程师在这里认识了42岁的生物制药公司副老总，相见恨晚；硕士小高一年内约见面了20位姑娘，最后“修成正果”，筹备结婚；冯女士在约见数位对象后，发现还是第一次见面的先生最适合，经梅园老师“斡旋”，实现了第二次握手……热心、耐心、诚心、贴心、细心——梅园的“五心”级服务，让每对受益者终生难忘。

“滚雪球”，多么形象啊，简直就是梅园日常工作场景的一个真实写照。这三个字，也成了以后其他媒体在报道梅园婚恋时，十分喜欢使用的一个词。

我继续读最后一段。小标题和内容是——

后记：招聘工作人员的特殊条件

梅园婚恋交友中心，位于浦东源深路355号鑫陇宾馆写字楼底楼。中心招聘人员，除要求具备心理、婚恋，社会和家庭伦理专业知识，还有3个特殊条件：已婚，家庭完整，有爱心。

上海市“诚信红娘”、婚恋专家红梅老师是梅园的创业者和当家人。她将解决青年男女择偶难、单身中老年人再婚难，让有情人都成眷属，看成梅园的“天职”。如今，中心除了10多位在职婚介老师，还有近30位婚介志愿者。有8年工龄的小沈老师经验丰富，受到白领登记者喜爱；林老师原是区级劳动模范，工作细致认真；姜老师原是街道党员干部，到中心短短几个月，就让7对单身男女真情牵手。

红梅老师说：“我们一直在用出色的服务告诉人们，在市场化和工作、生活节奏不断加快的今天，找正规、优秀的婚介机构解决婚恋与择偶大事，完全可以更高效、更理想、更放心！”

一直到现在，梅园婚恋在一线开展接待和服务的，都是已婚的，年龄在四五十岁的红娘。这一段，也成了以后梅园被赞的“母爱型服务”的一个起始。

03

那天夜里，我没有睡着。而且在多少年以后，我仍能体会这篇通讯温暖的、沉甸甸的分量。

2004年3月，上海电视台曾来梅园婚恋作过采访报道，这是梅园第一次接受影视媒体的采访。此后，也不断有媒体前来，不断有文章刊出。然而，直接就用半版推出，通讯中的几个部分，对我们的工作经验、服务精神提炼概括得如此精准，采撷的故事如此典型和感人，而且此后大量的报道在描述日常服务时，几乎没有跑出此文所框定的范围，这是最难得遇到的一篇好通讯。

还有一个细节：半版的一角，是一张照片，说明是：市“诚信红娘”红梅老师（左）与已成家的“择偶成功者”小陈成了好朋友。那张照片，我一直特别喜欢，也被周老师一眼看中。现在，多少年了，我看着照片上微笑的自己和甜美的小陈，常常百感交集：岁月不饶人啊。然而，人可以老去，但婚恋事业却是常青的。正因为选择、投身于这一事业，才使自己的心理年龄和精神世界，变得一直那么年轻！

这篇事迹通讯刊登以后，在上海的婚恋市场，引发了一波“梅园热”。我们和周老师也进一步熟悉起来。

过了一段时间，我想起周老师第一次采访时，曾说过“也有其他原因”的话，邀请他择日再来。那天，他如约而至，一落座，他就开讲原因。他女儿1984年出生，当时26岁。然而，由于所在单位的同事几乎都是女生，他只好托同事，包括所有在采访过程中相交甚好的朋友给予关心。经他苦心联系，总算将一张大网撒下去了。然而，两年过去了，结果差强人意。有的只是应付一下，说周围没有合适的；有的提出人选，但双方的条件实在对不上号，只能作罢；有的条件还对得拢，但女儿去见面后发现，实在谈不到一块；有的身高相差得太悬殊，见面后连待在一块10分钟都觉得“时间太长了”。真是不入其境，不知其味、不知其艰难和苦涩……唉，他长叹了一口气。

当时，周老师讲自己为女儿操持择偶的故事，在我心里激起了不小的波澜——这多么像我为女儿找对象的经历啊！想到这里，我也不由得嘘了一口气。

毕竟是记者，他由此发现了一个带有普遍性的问题：当下的时代，工作节奏和生活节奏都大大加快，靠亲友介绍已经不合时宜了。其一，大家很忙。介绍人连出面的热情都没有，让双方把手机、QQ号一交换，介绍人通常就好像大功告成，并退居后台了。其二，只能“一过”。你这里谈不拢，也不好意思再去麻烦人家，你的同事、朋友也完成了任务、给足了面子，或还了你以前的人情，无须再来关心。其三，也许是最重要的，当时的年轻人，也就是80后，绝大多数是独生子女，是中国最早的一代“小皇帝”。父母一代已经有了一定的积蓄，有的已经购买了商品房。因此，他们开始有了明显的“挑选意识”，而且脾气都很大。一个不对劲，就不谈了。

总之，80后这一代人，相比他们的父母，彼此在婚恋观念、生活状况、工作和经济条件上的差距已经今非昔比，简直就是一个在天上、一个在地下。当年的很多45后、50后，只要亲友、同事介绍，双方如果大差不差，一般都能谈成。那时，大家的工资都是四五十元，行业都差距不大，家境也没有什么大的悬殊。如果男方家里有一间房子——大家庭中的一间居室，就更容易成功了。

一通滔滔不绝之后，周老师突然来了个“急刹车”，把话头调转过来：我女儿找对象的事，我想托付给你们。以前的那一套已经过时，应该采用更现代、更合理的方式。“对的，也就是说，婚姻介绍所这样的机构，不是多了，而是少了。”

说到这里，周老师又一下子停住了话头。这下，轮到我激动了。我马上站起来，握住他的手，感谢他从更高的角度，肯定我们这个行业的价值，给了我们莫大的信心！

04

我和周老师交谈时，小楼老师就坐在一边。到底年纪轻、脑子快，她马上表态：“你女儿找对象的事，就交给我们梅园！具体由我来负责推荐，这件事我敢打包票——就跟你立个军令状吧！”

接下来的一年时间里，小楼老师先后给周老师的女儿介绍了五六位男生。2011年11月4日上海第一届万人相亲会前夕，楼老师又介绍了一个男生，电脑行业日企工作，身体结实，大头大脑，这正是周老师女儿喜欢的类型。第一次约见后，双方谈得不错。一周后，万人相亲会举办，小楼又安排这一对青年一起前往参加，以帮助他们领略行情。

上海的第一次万人相亲会，在松江泰晤士小镇举办，无数单身青年和家长们一早乘坐地铁9号线、其他公交车，或自驾车从市区蜂拥前往。上午9点以后，整个泰晤士小镇内已人流拥挤、人头攒动。无数焦虑的面孔，在各个活动场地、在一块块寻缘墙前晃动，令人感慨而震撼！

置身活动现场，让周老师的女儿和她刚结识的男朋友惊掉了下巴！他俩边看、边聊，才发现相亲交友，实非易事，人生有缘，不该轻易错过。一来二去，这一对恋人就成功了。后来，结婚、生宝宝。周老师一次送喜糖、一次送喜蛋，让我、小楼老师和红娘们都喜不自胜。而且，周老师还在一篇文章中，称自己的小外孙叫“梅园宝宝”——事实上，这也是在梅园会员伉俪的孩子中，第一个被称为“梅园宝宝”的。从此，在梅园婚恋的词典里，继“母爱服务”之后，又多了一个专用词。

这也是缘分吧。在带给无数青年男女美满姻缘的同时，我们也在不断得到社会支持，享受助力婚恋事业发展的因缘际会——其中，周老师就这样走进我的缘分里，走进我的事业中。

爱人者被人爱，助人者得人助，这是和谐社会的逻辑，也是人际交往和事业发展的辩证法。

第十二章

《劳动报》成了我的“大贵人”

婚恋

劳动报 2011年8月23日 4

·创刊词·

缘分的事

·红娘在线·

梅园婚介：75%成功率背后的秘密

难解的“剩女”恨嫁焦虑症

·大话爱情·

当“70后”、“80后”变成了今天的“剩女”，被刺痛的不仅是父母亲友，一些经济学家，甚至开始研究单身潮与单身经济的前景问题……

2011年8月23日《劳动报·婚恋》专刊创刊

01

《劳动报》竟然会成为我人生中的“大贵人”，这是我以前做梦也想不到的。但这一切变成了现实。世间诸事，有时真的很奇妙。

2011年8月23日，《劳动报》在正版第4版，推出了一个新专刊：《婚恋》。上海工会系统的不少老干部、老同志告诉我：这是该报自1949年7月1日创办以来，第一个有社会性、故事性、思想性和观念引导性，并结合商业性的婚恋专刊整版。

报社很重视，在专刊头条，刊登了一篇有分量、意味深长的创刊词，题目为《缘分的事》，与版面的主旨十分吻合。文章这样写——

“女人的恨嫁之心，可以有却不可说，就算价值连城的珠宝，一旦你想出手，就有人从神往变成压价，何况你只有待价而沽，若是出声吆喝，专柜身份也成了路边摊。”

这是“剩女时代”中，不少女“剩斗士”的复杂心态，也是我们开设“婚恋”版的一个原因——让女性朋友大胆说，大胆爱，并且能通过我们找到真爱。

“剩女时代”造就“男方市场”。有资料显示，沪上婚介机构男女会员比例为了1：3，甚至更悬殊。在这样的现实背景和灰色中介动作下，“虚假信息”和“黑心红娘”成为“后婚托”时代的最大杀手。更有“隐婚熟男”混迹相亲场所，成为“感情玩家”。怎样找到一家诚信的婚介机构，成为大家关心的热点话题。

“剩女”现象已经是个社会问题。而我们觉得，一个有良好社会责任感的媒体，应该主动承担起责任，为家庭、社会的和谐发展贡献自己的一份力量。所以，婚恋专刊应运而生。在这里，让我们一起寻找值得信赖的“红娘”，也可以将所遭遇的婚恋难题和情感困惑告诉我们；真诚地邀请你加入我们的互动，你将有机会参加我们组织的大型相亲活动，找到属于自己的真命天子（女）。

缘分的事，妙不可言。也许今天，也许明天，也许，就在下一期的婚恋专刊。

这篇创刊词，由负责专刊的资深编辑王慧老师执笔，写得精准、有文采，社会性和现实感都十分强烈，十多年后再读，仍十分亲切。我一字不落地转载下来，是想告诉大家，我们与《劳动报》携手合作，对我们梅园婚恋，对我追求的事业目标，有多么重要的意义：其一，《劳动报》在几十年的办报历史中，从来没有出现过整版的婚恋专刊， 这是该报有史以来的第一次；其二，这个专刊对推动上海婚恋事业的发展，起到了意想不到的作用。此后，整版的婚恋广告在上海的纸媒开始出现。多年后，又转化成微信公众号上的推文或广告；其三，这个专刊直接带动了梅园婚恋事业的发展，为梅园的连锁服务奠定了重要基础，也赢得了工会和共青团、妇联组织的信任。

02

后来，常有人跟我提出：你们梅园婚恋，怎么跟《劳动报》搞了这样一个长期合作?他们怎么会信任你们呢?

这件事的“来龙去脉”，已经被婚恋专刊创刊词中的一句话说中了：“缘分的事，妙不可言”。听我慢慢说。

2010年7月21日，《新民晚报（社区版）·家庭周刊》刊登了半版通讯“天职：让有情人都成眷属”。一下子引发社会上的热烈反响，也引起了一个人的重视，他就是《劳动报》资深编辑、记者，当时全面负责报社经营的报社编委、周刊经济部主任——肖振华老师。

“你的那篇大通讯我看了，此后的一篇篇报道，我一篇不漏都看过了。这个单位看来不错……我一直关注你报对梅园的报道。”大约到2011年的5月，肖老师专门就此事联系晚报家庭周刊记者周老师，希望周老师能为他提供一篇反映梅园婚恋的稿件。

接着，肖老师这样问周老师："怎么发现这个典型的?肯定没有虚假呀?如果不真实，你可是害人不浅，要承担责任的啊！"他半认真、半开玩笑地又问、又堵、又防。周老师简单讲述了这篇通讯的采访写作过程，然后说："如有虚假，你吊销我的记者证！"

肖老师笑了："你不怕呀?吊销记者证，是新闻出版管理部门的权利。现在大男大女不少，《劳动报》读者中，企事业单位工会反映这类问题的很多，希望我们登高一呼，有所作为。噢，这样，你先整理一个千字小通讯，我这里先刊登，试一试基层的反响。"

当年6月1日，《劳动报》在"品牌"版"点击在线"栏目里，刊登了题为"用母亲大姐般的爱心做婚介"的文章。两个星期后，肖老师又给周老师来电话，高兴地说：梅园的稿子刊登后，反响不错。但是很多咨询电话都打到了报社，搞得总机和版面编辑无法应付。如果能开展长期合作，既帮助了我们广大读者，也有利于梅园婚恋的业务和事业发展。

上述情况，都是周老师告诉我的。得到这些信息以后，可真让我和小楼兴奋得不得了，努力了这么多年，现在被申城的一家大报看上，这是多大的肯定、何等的荣誉啊！然而，心理压力也随之而来：伴随信任和荣誉的，一定是相应的责任，我们必须有相应的担当和作为。因为，这件事的背后，该有多少读者的期待啊！

我们一直知道，作为上海市总工会的机关报，《劳动报》发行量很大、群众基础雄厚，尤其在企事业单位，有着极高的信誉度和人气指数。但合作到底如何进行，心里可真的没有底。大家都知道，以我们当时的眼界和能力，无非是在报纸上做点中缝或最多半通栏——巴掌大的广告。做梦也没有想到，有一天，可以用整版婚恋专刊的形式，向社会推出我们的形象、观念和征婚信息！

03

上海人给谈恋爱起了一个名称，叫"谈朋友"，一个"谈"字，大有深意。事实表明，这个“谈”，介绍人不能缺、交往技巧不能少、磨合和观察时间不能短，过程中出现误会、出现风雨也难以避免。其实，商务和人文合作中，也有这个现象：中间有介绍人，双方见面沟通，看看有没有意向，有没有缘分。不管成功不成功，牵手的中介往往不能缺失。

到了2011年7月，周老师来电话，谈了一个重要的事：《劳动报》正式提出开展与梅园婚恋的合作。肖老师想专程来一次，考察一下梅园婚恋的服务场所，再坐下来谈谈合作的方式。好消息来得太快，一下子就要“联姻”，让我一时没了主张，真是大姑娘上轿，第一次啊！直觉告诉我，这是一次大好的机会。因为，媒体规模较大的报道有过，可类似现在的情况还从来降临过，比如哪家报社、电台电视台广告部前来，要求我们合作做广告——你默默无闻的，实力又小，谁能看得上?

那天，气温高达35度左右，站在背阴处也汗流浃背。周老师先到，肖老师和报社的编辑王慧老师也按时到了。参观一番后，就开门见山商谈合作事宜。

肖老师，英俊、沉稳，话锋直接。我们这边，是我和小楼老师，心情都有点忐忑。

“肖老师、王老师，你们说合作，怎么个形式呢?”“做整版的婚恋专刊，最好每周做一次，有力度，也有持续性。”肖老师回答。

说真的，我听了有点晕场，汗水立马就湿透了衬衫。小楼老师看着我，不敢回答。“好是好的，就是，你们晓得的，婚介不好做……费用呢?一个整版多少钱呢?”

肖老师看出我俩的紧张，马上笑着安慰：“这个好商量，一开始不定价，可以采用分成的方法。比如，我们出了一个整版，看了这个版面来注册会员，并交了费用的，可以按二八成分。”他接着解释，报社的广告费用很贵，以梅园目前的状况，直接按版面结算，你们恐怕撑不下去，我们也失去了合作伙伴。

我半天没有反应过来，肖老师既实事求是，又十分贴心，仔细考虑到客户的状况，为我们说话了！

“嗯、嗯、嗯，好、好、好！”我感觉身上的汗落下去不少。以我多年做小广告的经验，这个方法最安全、最保险，但媒体单位一般难以接受。现在肖老师一下子就提出这个方案，可见报社方面的诚意。

就在这时，一直没有开口说过话的王老师，突然提出一个问题：“这个方法，对企业来讲，肯定是蛮好的。但对我们报社来讲，就不好把握了。比如，你们说这个月整版广告收益有多少多少，怎么来确定呢?”作为编辑部的人，她这样提出问题，完全是可以理解的，以体制中人的观点，也完全正确。

一时，我还真不敢回答，挺令人尴尬的。

还是肖老师说：“疑人不合作，合作不疑人。报社领导在事先已经多次研究，已经基本同意我们这个方案了。”

此后，我们在8月17日，紧急起草了一份《梅园与劳动报合作的操作设想》，大意是：非常感谢《劳动报》能给予我们梅园婚恋的这次机会，为了达到共赢，实现长期合作，我们提出以下操作设想。

一、服务方面：

（1） 按本中心的操作规范，接待好通过《劳动报》专刊前来的择偶登记者，更要认真做好每一个注册会员的推荐、匹配，以提升《劳动报》专刊的信誉度。

（2）凡因《劳动报》专刊前来，并登记在册的择偶者，均按专刊承诺，告知可以享受《劳动报》的免费登报征婚1次的优惠。

二、统计方面：

（1）对通过《劳动报》婚恋整版在信息传播中形成的来电、来人，列入专门表格，进行统计。

（2）月统计表注明这部分会员付费的具体数额，并写明会员电话，以备核查。

（3）在《劳动报》广告中使用本中心的一个专用电话，以保证统计的准确性，并每月向《劳动报》提供电信公司对该电话号码的收费凭证。

三、分成方面：

暂定2/8分配比例。即每一位付费人员，我们都按20%比例交付《劳动报》并附相应表格。

04

上述的书面操作设想，很快得到了报社方面的认可。当年8月23日，梅园与《劳动报》的合作专刊诞生了——也就是本章作为压题照的那个整版，版面上最抢眼的，当然是它的栏头和创刊词。

直到第8个婚恋整版推出后，逐渐形成了两个方面的热潮：读者中通过专用电话，咨询梅园的单身青年及其家长增多；整个工会系统也是一片赞扬和肯定。很多工会干部给报社来电说：唉，单位里单身的员工多，他们太需要这样的服务啦，工会组织也要在这方面送上温暖啊！

肖老师也坐不住了，很快跟我们联系：报社领导提出要求，必须联手梅园婚恋，尽快开展白领交友联谊活动，以回应各方面的期待！ 2011年10月15日下午，在《劳动报》社7楼大会议室，首场企业白领交友联谊汇如期举办。那天在现场，我和小楼老师的感觉是“始料不及”：原来报名150人，现场却来了180人，有的女生结伴当场报名，还有不少父母代替子女来现场“相亲”，场面火爆，让我们梅园红娘团队既兴奋，又紧张。

这次活动的成功，不光在于人气足，还在于跟当时社会交友活动的“阴盛阳衰”不同，由于航天集团工会、金桥开发区党工委、交运集团工会、华谊集团工会、日立电器等公司大力支持，输送了70多位优秀男生，故此次男女嘉宾比例差不多对半开，而且他们均是高学历的白领、企业骨干，且30岁以下的青年才俊占到8成，本科学历达到90%以上。另外，还有硕士、博士研究生，教师、医生、IT工程师和公务员……各行各业都有，成为一场高素质男女的“对对碰”。

整个活动历时3小时，穿插各种有趣的小游戏和互动节目，真是高潮迭起。令人高兴的是，女生中1985年出生的超过一半，甚至还有几位1988年、1989年出生的小女生，她们靓丽、活泼、热情、大胆，勇于表现。相比之下，男生大多较为内敛、羞涩、拘谨、慢热，不太敢主动出击。

在现场，还有一幕让我无法忘怀，就是我和小楼老师成为被关注的一个热点。进场、中途休息和结束时，不少男女生和家长，抓紧时间来向我俩咨询，跟我们交流，希望对他们或他们子女的择偶，提出建议和指导。在现场的其他红娘也忙得不亦乐乎：比如，哪位姑娘看中了一位T恤男，哪位男生看中了彩裙女……有的要求现场传话，有的希望活动后再联系交往。

由于事先预计不足，事后评估时发现，这样的大规模活动，严重影响了报社人员的正常工作。所以，此后的活动虽然仍在开展，但不再安排到报社举办。不过，这次活动积累的经验，对梅园今后开展单身青年的交友联谊、单身青年的父母相亲会，产生了积极的借鉴意义。而且，那种潜在的鼓舞力量也不可小觑——原来，企事业单位对婚介服务的需求，竟然如此旺盛啊！

还有一个明显的感觉是：以前在《青年报·生活周刊》上刊登一半或三分之一的中缝小广告，花费虽不大，可收益也小。现在，在《劳动报》正版上做整版宣传，有点“甩开膀子干”的痛快劲，有时在睡梦里也会笑醒。这种感觉，有过这类经历的企业家，肯定都会有的。

05

2013年1月30日，《劳动报·婚恋》专刊刊出一则消息：劳动报联合梅园婚介举办家长免费婚恋咨询会，时间是数天后的下午1：00—5：00。当时，我们跟肖老师，以及协助开展活动的朱老师商量后，在婚恋专刊上写出了这样的活动缘由：在梅园，会员中有60%由父母先来咨询、交谈或代为报名。家长们说起自己80后乃至70后的单身儿女，有的叹声连连，有的双泪长流，令人感慨万分。为了解决好青年朋友的人生大事，让家庭更加和谐温馨，劳动报决定联合梅园婚恋举办“新春过后不落单——择偶青年家长免费咨询会”。

不出所料，信息一出，报名者上百。当天的现场，也是热火朝天。很多家长拉着我和小楼老师不放，一个没谈好，另一个就插了上来，搞得家长之间也拌起嘴来，让我们不得不充当调和、熄火的角色。

当晚，我拿起笔来，写了两句感想：未娶的儿，可听到老爸的长叹；未嫁的女，可知晓老妈的热盼?作为文字和情感的备忘。

第二天，我们就跟肖老师、朱老师联系，决定在3月5日再举办一次类似的活动，以满足家长们的要求——因为上次受会场面积限制，我们将后面报名的家长排除了，并答应在此后的活动前，再通知他们。

3月5日那天，家长免费咨询会，真可以用爆棚来形容。由于要求前来的家长实在太多，不得不在3月9日和10日，又在鑫陇宾馆梅园总部举办了两场。几场活动下来，记忆中留下不少场景和故事。记得有一位邓妈妈，她和老伴有一对未婚儿女。女儿1975年出生，儿子1977年出生，一家四口挤在一个小房间里，平时父母跟子女间很少交流。邓妈妈认为家里条件差，不敢请亲友们在此事上帮忙，结果耽误了孩子，特别内疚，当场流下了辛酸的泪水。老两口希望梅园能帮他们找个有房子的对象，让他们早日将两个孩子都“嫁出去”。

由于参加活动的人多，一个个约会室都挤满了家长，连大堂和办公区也被家长们“占领”了。这些家长的孩子，男生大多为1981—1983年出生，女生集中在1986—1991年。一位头发花白的老伯，一早冒着春寒从杨浦赶来，换了几次地铁。他拿着女儿所有的资料在现场找到姜老师时，头上还流着汗水。他说 ，女儿1977年出生，年龄大了，择偶面越来越窄，所以条件可以放宽，50岁以下、离婚独身的都行。老伯还为女儿买了一套2室1厅的婚房，自己搬到另一个1房1厅的房子去住……真是可怜天下父母心！为了孩子的婚事，他们真是竭尽全力操碎了心！

06

在与《劳动报》的合作中，朱老师一开始是双方的联络员。她退休以后，又做了浦西梅园的负责人。瞧瞧吧，她的角色，是不是非常重要，这份情缘，是不是十分奇妙?

2011年下半年，恰逢《劳动报》与梅园开展合作时，朱老师退休。在与梅园合作开展第一季白领交友联谊汇时，她是大会的负责人加主持人，很受与会者欢迎。当时，她就给我留下了深刻的印象：高挑、漂亮、热情，尤其擅长做沟通和推广性工作。为此，我一直有意邀请她加入梅园。肖老师对此事也大力支持，他向我推荐说：“朱老师是报社的中层干部，心地善良，这一点跟您和楼老师一样。另外，她的外交能力超强，报社一年有几十万的发行量，她是大功臣之一。如果能够跟你们一起工作，一定能将梅园的事业推出前进！”

自从小楼老师参与到梅园婚恋的管理以来，我一方面感到发展的后劲大大增强，同时也感到，在发展过程中，骨干人手不够成为最大的瓶颈。这下好，真是我欲有助天助我！朱老师的加入，让我们的底气增加不少。为此，我们和肖老师、朱老师反复权衡协商，决定跟《劳动报·婚恋》专刊深度合作，在长寿路设立一个服务点。几经寻觅、周折，最后在长寿路江宁路口的圣天地广场大厦10楼，购买了一套商务房。

我们计划中的这个服务点，负责人就是朱老师。在退休后，她来到了一个新的行业，开始了人生的又一个转折。此后，她在浦西梅园风风火火地开展工作，不知情的朋友也会经常问她对梅园的看法，主要问题是：你为什么去梅园?婚介在社会上的声誉一直不太好，你去了，不怕惹出麻烦，坏了自己名声?

为此，朱老师写了一篇题为“朱老师：我眼中的梅园婚恋”的文章，刊登在婚恋专刊上，真实地表达了自己的想法。我也全文转载如下——

2011年《劳动报》与梅园合作开出了婚恋专刊，2012又与梅园合作开设了浦西报名点。两年来，常有单身朋友或家长问我：将自己、将子女的人生大事托给她们，能放心吗？我的回答是：梅园婚介真心实意，将心比心，用心尽力，不断提高成功率，是值得信赖的。

以前，我以为梅园会员多，是因为红娘能言善辩，拉得牢人。在联系、协商工作的交往中慢慢观察，我发现她们最大的本事是真心实意。首先，梅园的所有资料都是真实的，对有疑问的，都通过实地或上政府专网进行核实。另外，决不用“婚托”。创办者、负责人红梅老师说，我们如果用假资料，用婚托，就玷污了专业婚介这个神圣职业，就会成为整个行业的“害群之马”，就会垮台，良心上也过不去。在她的领导下，中心制度严格，每一位红娘都用这种态度认真工作。

我还要说，将心比心，是梅园做好婚介工作的另一个本质特点。梅园红娘队伍，是一个大姐和妈妈型团队。高级婚恋师楼老师说，我们服务会员，就像在为自己的子女、小辈或同辈找对象。所以，真心实意，是发自内心的。红梅老师每月主持一至两次专门会议，所有红娘老师坐在一起，为那些多次相亲不成，或有难点的会员“会诊”，再运用全中心的资料进行再分析、再配对。没有一份母爱之心，就不会花这样大的力气攻重点、解难题，努力让每个会员都能在梅园找到有缘人，都能牵手成功，最后走上婚姻的“红地毯”。

梅园成功率高达75%左右，还有重要一条，就是用心尽力。比如用心，就是讲针对性，善于考虑综合指标。如果两个人总体上匹配，但一方或两方有些微不足，就明白说明、主动引导。再比如尽力，就是配对后两个工作日内，红娘老师必须按规定回访，此后不断跟踪。发现矛盾、误会，及时解释、协调和排除，避免为非原则问题的分手。对谈不成的，分析情况后再找合适的，安排见面。

其实，我说这些，对报社也很重要。以前，劳动报经多方考察决定与梅园合作。现在实践表明，梅园值得信赖，这也提高了《劳动报》在读者中的信誉度。

当然，很多人关心朱老师，她人缘好，是其一。他们想到梅园为子女介绍对象，又不放心，通过朱老师就比较保险，是其二。后来，大家更多地了解了梅园，很多人直接找到朱老师，让子女到浦西梅园注册。也是，中国是人情社会，通过一个人而相信一个企业，是一种逻辑上的顺延乃至必然。

时至今日，我仍对《劳动报》心存感激：他们当时采取了“放水养鱼”的方式，而不是“一手交钱、一手交货”的常规操作。同样令人高兴的是，梅园在《劳动报》开出婚恋专刊后，陆续又有三家婚介公司前往洽谈并包下了《劳动报》的整版版面，让报社形成了每周四个整版的超大行业广告规模。这在当时上海的纸媒上，并不多见。

显然，与《劳动报》的专刊合作，让梅园婚恋开辟了新园地，踏上了新征程！

第十三章

跨过黄浦江，人生又迈一大步

2012年7月28日，我（正面中间）、楼老师和嘉宾们
在浦西梅园成立会上

01

人的一生，有很多时点、日子，值得纪念。从事婚介服务以后，我在设立企业的纪念日方面，慢慢有了清晰的标准。其中，新点的设置和开张，是最重要的内容之一。

2012年7月28日一早，我就和小楼老师驱车前往普陀区，进入长寿路口的江宁路1165号圣天地商务大厦1001室。在这里，我们兴奋地等待各界嘉宾的到来。

上午10点，在所有嘉宾的见证下，我们举办了一个简洁又隆重的开业仪式——《劳动报·婚恋》专刊梅园婚恋交友中心浦西服务点开张迎客！这一天，参加开张仪式的嘉宾，其实也很简单：《劳动报》经济周刊部主任肖老师、《新民晚报（社区版）·家庭周刊》周老师，杨浦区控江街道社区服务中心魏主任，梅园常年法律顾问张林江。还有，就是在梅园牵手成功、已结为伉俪的几对老会员或成功会员的家长。

上海是一个国际性大都市，企事业单位成千上万，每天开业、关张甚至破产的，何止百家?本不稀奇。而江宁路《劳动报·婚恋》专刊梅园浦西服务点的开张，对我而言，却是一件“天大的事”

02

这天上午的开张仪式，程序也不复杂，首先是我讲话。我拿出了讲话稿，手真的有点颤抖。想想看，这么多年来，我们一直偏于浦东一隅，如今纵身一跃，大步跨过黄浦江，拥抱了偌大的浦西市场。这对于一个小小的婚介机构来讲，真有点如在梦中，谈何容易啊！

“成立15年来，梅园婚介第一次从浦东来到浦西，设立报名点，很有意义。从去年8月开始，我们与《劳动报》携手打造以婚恋专刊为基础的交友平台，一年来成功配对48人，慕名前来的家长和单身白领越来越多。浦西服务点的设立，将直接给浦西民众提供便利。我们的责任更重了，我们有信心把《劳动报》与梅园的合作品牌做得更好！”我在现场讲的，都是心里话。

肖老师当时还补充，圣天地大厦距离《劳动报》社的步行时间仅二十多分钟，这更利于双方紧密合作，共同提供优质服务水平！

接下来，是一个小型的座谈会。开着开着，几乎要成了此前十多年的一个总结会了。

在座的陈先生，亮出特殊身份：“梅园是我的福地，我是来报喜的！”这一年的11月，他将与女友步入婚姻殿堂，而负责跟踪服务的，是梅园的姜老师。他的发言一结束，我马上给他送上了一份贺礼——一套精美的床上用品。他捧着礼品，感慨油然而生：“我今年36岁了……像我这样年纪还落单的，有的是太忙，有的是圈子狭小，有的是恋爱上能力偏弱，有的则有过失恋。梅园利用自己的专业和真诚，帮我找到了意中人，我不晓得怎样感谢才好！”

陈先生的话，让我的心头一热，我马上插了一段：“大家可能会想，今天为什么找这位陈先生作为嘉宾?他身上有故事呀！”原来，十多年前，梅园婚介最早在梅园新村立足时，他就居住在这个小区。那时，他年纪还小，啥也不在乎，经常路过梅园婚恋，头也不抬一下。后来岁数大了，母亲提醒他，还记得那个红梅老师吗?去找找她，她现在源深路的鑫陇宾馆呢！

陈先生久远的记忆被触发了，一时刹不住车：“梅园婚恋在我们梅园新村时，我真的没有好好关注过，也从来没想到过，哪天会找她们来牵缘分的‘红线’。开始，我没有按母亲的提示到梅园，还是父母瞒着我来报了名，最终促成了我和爱妻的这段良缘。现在，也有很多年轻人不愿意找婚介，认为这样做，说明能力差，也没面子。这是个错误！优质、品牌婚介机构，是现代化的婚恋交友的平台嘛！像梅园，成立15年来，建立了庞大的个人信息资料库，信誉好，决不搞婚托，成功率逐年走高，在这里找对象，匹配基数大，合适、中意的人选多，加上由老师一对一指导，理想的配对机会更高。我认为，今后到专业机构寻找人生伴侣，会成为一个大趋势。”陈先生的补充，赢来阵阵掌声。

60多岁的李先生，是道贺者兼报喜人。不久前，他的小儿子也在梅园找到了符合心意的女朋友。李先生说，儿子在司法部门工作，交友圈不大，也有一定的约束。“我们老两口为他的婚姻大事操碎了心。亲友问，为什么会选择梅园？我跟大家讲，是看了《劳动报》的报道。我订阅《劳动报》几十年，相信这个媒体品牌。”

梅园红娘姜老师接过李先生的话，谈了体会：“现在都是儿女不急爸妈急，来这里报名的多是家长，有的还瞒着孩子来。爸妈发现有中意的，让子女出来相亲，还要做很多思想工作，软硬兼施的，很吃力呢。我想，这么多家长信任梅园，源于‘滚雪球’的品牌效应，常常是，一对新人发喜帖，周围亲友就会问谁介绍的，梅园的名声就这样口耳相传，名气越来越大。”

03

在嘉宾席中，张林江的身份惹人关注。他是上海邑鼎律师事务所的律师、梅园的常年法律顾问。有意思的是，当初，他是因为性格内向，来到梅园寻求帮助，才找到了自己的“连理枝”，并与梅园结下了不解之缘。

从此，张律师成了我们的保驾护航者。比如，当相亲男女碰到经济纠纷、征婚者遇到一些法律问题时，张律师都会给出专业的意见，他还会为恋人们做心理疏导，帮助他们树立正确的婚恋观。近年来，很多恋人因为房产问题而分手。张律师就遇到不少这类案子，已经谈婚论嫁了，却因为男方不肯在产证上加女方名字而告吹。梅园根据张律师的意见，在提供配对、相亲服务中，在这方面注意提前教育和提示，起到了防患于未然的作用。对此，媒体很认可，在报道中常指出“梅园的做法值得提倡。一旦遇到感情或法律纠葛，如有专业人士及时地介入，有红娘的及时发现和疏导，无疑更有利于成功牵手和婚后的平安、幸福。”

还有令人高兴的事，上午揭牌仪式刚结束，就有不少家长和子女前来登记报名，当场有3人签约。他们分别是在《劳动报》《新民地铁报》看到报道后前来的，都现场表示：“《劳动报》是‘金字招牌’，梅园是著名品牌，阿拉特别相信。现在报名点设到了浦西，确实方便了！”

在现场，小楼老师比我还激动：“我们一定会倍加珍惜‘金字招牌’，珍惜《劳动报》读者的信任与厚爱，一定会坚守多年来严格的规章制度，坚持提供优质服务，不负众望，不辱使命！”

04

跨过黄浦江，对梅园来说是“开天辟地”的大事，也让我的人生朝前迈出了大大的一步。按照我们有意的安排，7月28日，这一边，是浦西梅园开张；那一边，杨浦区控江社区生活服务中心婚恋服务窗口也开始试运转——以营造“双喜临门”的喜庆氛围。

因此，在《劳动报·婚恋》专刊梅园浦西服务点开张仪式上，控江社区服务中心魏主任也作了发言。他说：“通过公开招标，我们选择了在业内享有良好声誉的梅园婚介。我们将联手梅园，不定期地开展针对单身未婚人群的‘白领相亲会’，针对离异再婚人群的‘人生再牵手’，针对老年丧偶人群的‘再觅夕阳红’，针对外来务工人群的‘新城市之恋’等系列交友活动。而梅园婚恋通过一对一的后续服务，可以帮助更多的社区单身人士缔结姻缘。我们相信，控江路街道的婚恋服务模式成功了，会有很大的示范性。”

显然，魏主任的发言，体现了街道领导层对社区服务“窗口”的莫大期待。从当时的形势看，探索社区化婚恋交友模式，确实是摆在社会面前的一道新课题。而控江社区“窗口”的设立，也在媒体中引了关注。《劳动报》《新民晚报（社区版）·家庭周刊》《新闻晨报》《青年报》和《I时代报》等，都进行了报道，并称该“窗口”是申城的“第一家”。

2013年2月17日，杨浦区殷行街道生活服务中心梅园婚恋“窗口”，也开始正式为社区提供公益婚介服务。从而使梅园跨过黄浦江的事业拓展，有了3个基点——即一个服务点、两个社区窗口的有力支撑。

这里还要加上一句：2014年在黄浦区南京东路街道总工会设立的梅园婚恋工作室，使我们跨过黄浦江的全市性服务框架，得到了进一步的巩固和扩大。后面的章节，对此有详细介绍。

05

光阴如水，岁月荏苒。在《劳动报·婚恋》专刊梅园浦西服务点——我们后来简称“浦西梅园”成立三周年之际，我们追溯了不少故事，刊登在婚恋专刊上。其中，“选择在梅园，牵手在英国”给读者留下了深刻印象。

2013年夏，有一位65岁的妈妈，来替儿子到浦西梅园婚恋征婚。这位老妈妈退休前在单位做管理工作，家里一直有订阅《劳动报》的习惯，自然而然成了婚恋专刊的忠实读者。这次她来，就是希望通过梅园帮助其儿子找到另一半。其子小宇在英国读书，并留在那里工作。由于社交圈子小，再加上那里华人也少，直到36岁，还没有碰到合适的对象。真是急煞了爹娘！妈妈通过多方打听，来到浦西梅园。红娘老师马上行动起来，从资料库中一个一个筛选，最后发现姜小姐比较合适。姜小姐曾在英国读书，现在也留在英国工作。联系了姜母后，红娘把小宇的照片和资料发到了姜小姐的电子邮箱。几天后得到反馈，女生很满意。接下来，红娘给他俩互留了联系方式，还安排双方家长在梅园碰头，两对父母都很开心、很满意。就这样，两个年轻人直接在英国开始交往，双方家长也经常通过电话相互问候，唠唠家常。如今，这对上海男女早已结婚生子，幸福地生活在英国。

还有一个故事，我也记得很牢。2013年年底，领了结婚证的大刚和素素，正在筹划第二年春节的婚礼。大刚说：“没有梅园婚恋，我和素素今生无法缔结这份缘。”这对新人，都是梅园浦西服务点的会员。大刚1976年出生，是本市一所学院的管理人员、在职研究生，身高、肩宽，人厚道。素素呢，1983年出生，是一家公司的销售主管，漂亮、温柔，单纯而明理。

可难点在于：大刚未婚，素素有过一段不幸的婚姻。红娘老师根据大刚对理想女友的描述，向他介绍了“有点瑕疵”的素素。大刚开始有点犹豫，但认同素素确是自己寻求的那个类型，同意先接触起来。结果，相亲时一见面，两人都眼睛放光，相见恨晚，纠结于心的那点事儿，都变得不重要了！经过一段时间交往，他们不仅确定了恋爱关系，双方家长也都认为“特别般配”，喜形于色。送喜糖时，大刚说，“瑕不掩瑜”，我认定了素素！素素更是激动万分：“本来，我对婚姻已失去信心，可梅园帮我在茫茫人海找到了好男人，让我拥抱了一副特别宽厚的肩膀！”

这两个故事在婚恋专刊刊登后，读者的评论是“母心妙谱爱恋曲，慧眼巧配珠璧缘”。

06

2015年8月5日，《劳动报·婚恋》专刊还刊登了一篇庆典特稿，标题是：“一份写满美好姻缘的答卷——上海浦西梅园婚恋成立三周年纪略”。

现将全文摘录如下，以为纪念——

回响了三年的感慨与决心

2012年7月28日上午，江宁路1165号圣天地商务大厦1001室举行了一个简朴而隆重的揭牌仪式——浦西梅园成立。

上海著名婚恋专家、梅园负责人红梅老师在会上说：“成立15年来，梅园婚恋第一次跨过黄浦江！我们一定要把婚介服务做得好上加好，为浦西市民交上一份满意的答卷！”在她感慨和决心里开设的这个新平台，也为此后三年的一连串创新提供了样板。

“五心”延展 情满浦江两岸

浦西梅园开办之初，红梅老师安排资深的红娘进驻，自己也和“小红梅”楼老师定时前往，全力贯彻“热心，耐心，诚心，贴心，细心”的“五心”优质服务。原《劳动报》朱老师严谨务实，带领红娘从会员需求出发做好服务，使日常管理井然有序，业务发展蒸蒸日上，实现了与浦东总部和其他服务点的无缝对接、资源共享，为整体提高梅园会员的牵手成功率贡献了力量。

三年来，由浦西梅园发端，梅园与控江、殷行社区开设了2个婚恋“窗口”，分别与南东社区总工会、临港新城总工会、江苏大学上海校友会各开设了梅园婚恋“工作室”，与中房金谊广场合作建成了“爱情长廊”，从而使梅园发展成为有8个服务点，类型多样、服务全市的母爱型连锁机构。

母爱，融入申城的万家灯火

小琦因失恋成了宅男，朱老师按其母要求上门做思想工作。现在，其母见人就推荐，我儿媳生了胖孙孙，你们找对象、到梅园！有位母亲，悄悄为33岁的海归女儿报了名。直到今年春节结婚，女儿还不晓得浦西梅园是“牵线人”，只知道“我妈妈的朋友李老师，心肠热，人脉广，本事大！”

这类“解心结、破难题、消误会”的故事，不胜枚举。据粗略统计，三年来，浦西梅园共接待单身金白领和家长数千人次，注册男女会员分别达到四、五百人，成功牵手和领证结婚上百对，交出了一份写满美好婚姻的“答卷”！去年，两个男女青年前后两天做了会员。老师比照认为，有80%以上的匹配度，结果两人真的一见钟情。他们最近送来喜糖，还用微信赞道：“梅园老师的母爱，已融入了申城的万家灯火！”

光阴无情流水去，岁月温馨留印痕。

这些通过认真采访留下来的文字，一定会在身后的记忆里，闪着光亮！

我（第一排左一）和小学女同学的毕业纪念照

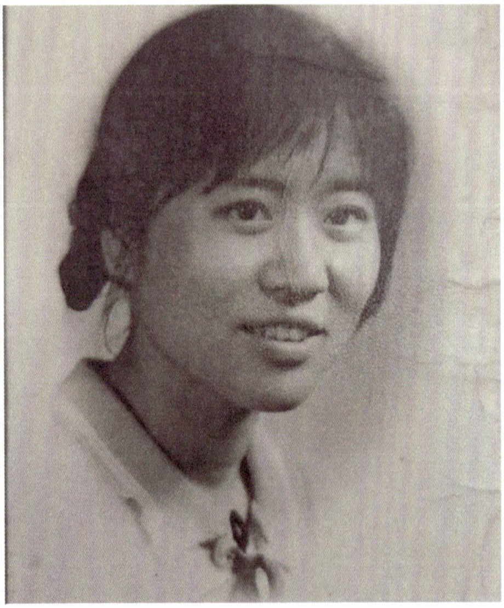

青年时期的我

我和相濡以沫的丈夫

我和外孙外孙女在一起时，心里总是充满祖辈的爱意，也增添了从事婚恋服务的责任感、使命感

在贵州销售服装时，我和同伴到革命纪念地娄山关瞻仰

几十年后，我（前排左三）和老同事们重回崇明上海红旗开关厂忆旧

我在出国旅游途中

在国外旅游时，我和外国小伙子们合个影

梅园婚恋创办10周年时，我（中）和梅园家人一起庆祝

2005年，我接受东方卫视采访

梅园婚恋2007年迁入鑫陇宾馆时，
我和浦东新区婚管所领导揭牌

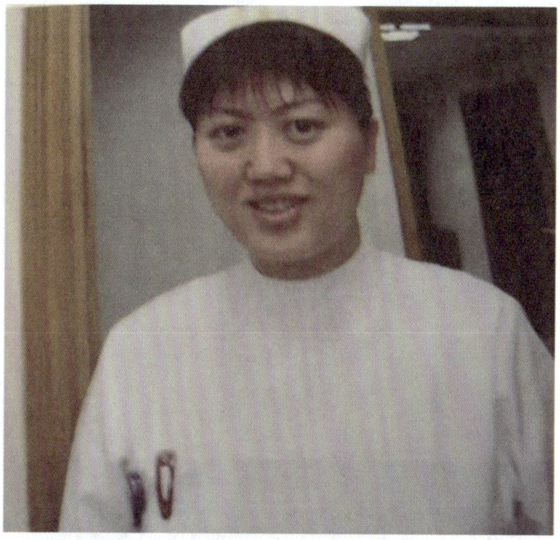

楼老师曾在医院担任护士长，她的加
入，为梅园婚恋注入了青春活力

楼老师和丈夫在旅游途中
规划事业畅谈理想

2012年，我在上海教育电视台
相亲活动上讲话

梅园婚恋全体工作人员参加市教育电视台相亲节目，让我们出了名

梅园婚恋曾多次参与上海教育台帮女郎节目。图为我跟主持人徐丽遐的合影

2009年我获得市诚信红娘荣誉称号，和楼老师在现场合影留念

我和来梅园考察工作的市民政局婚管处原领导合影

我（左一）陪同市民政局婚管处原领导在控江社区婚恋窗口考察

我（右一）和朱老师和南京东路街道总工会专职副主席黄宪祖在交友活动现场合影

过年了！红娘老师们在忙着贴春联

楼老师（左二）在行业协会活动中上台领奖

我和楼老师在商讨婚恋服务工作

第一个被称为“梅园宝宝”的孩子在梅园婚恋的迎新活动上

我（左二）和楼老师等在镜头前感谢成功会员送来的喜糖

2010年，女生小陈通过梅园找到了如意郎君。她专程前来感谢，这张合影被誉为“情同母女”

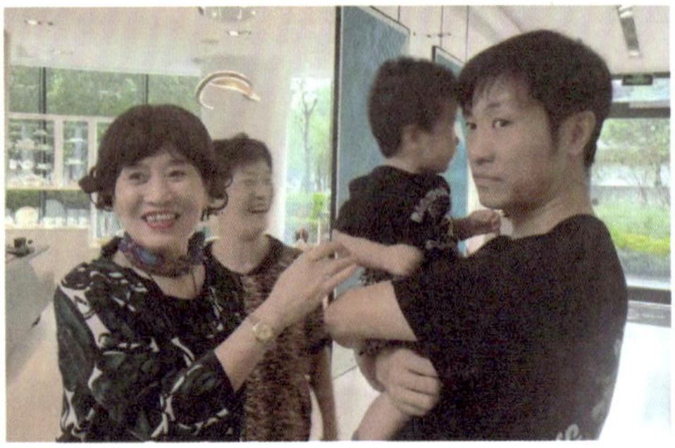

我和抱着梅园宝宝的家长在电视采访现场

我（中）和电视台节目主持人在一起

电视台采访时，我和主持人林海合影

我和电视台节目主持人郭亮合影

我（中）和梅园婚恋部分红娘老师在迎新活动上合影

第十四章

社区“窗口”，照亮前行征程

我（左二）和楼老师及部分红娘在控江社区婚恋窗口开张仪式上

01

我有时静下心来，就会想：事业能不能突飞猛进，常常要看关键时期有没有迈出关键的一步。而要真正跨出这样一步，又不能缺少信息、眼光、机缘和敢于追求等必不可少的因素。比如在控江、殷行开设社区婚恋服务“窗口”，如果没有小楼老师和朱老师的先后加入，我这个决策者，就可能既不掌握信息，也无人给我以实力和心理的支撑。

社区“窗口”这件事，话说起来也有点长。2011年下半年，楼老师在网上看到一则招标启事：杨浦区控江路街道社区生活服务中心，在全市社会公益性组织中公开招募“第三方”，提供老年、幼儿、卫生、婚恋、心理咨询等各类民生服务。经过面试、调查和选择后，再分别邀请中标单位在服务中心开设公益性窗口。有意思的是，控江的项目中，有一项是其他街道没有的，那就是婚恋服务。看到这一信息，楼老师很激动，马上跟我汇报。我一听，也感觉这是个可以展示梅园婚恋形象、拓展服务领域的机会，马上让她在网上应聘。她也很快准备了社区所要求的资料，在网上发了过去。

在应聘书中，我们对梅园的情况进行了详细的自我介绍。不久，我们收到控江社区服务中心通知，让我们派员参加应聘面试会。我决定让楼老师出马，她也极其认真地做了攻略。那天，应聘会结束后，她回来告诉我：“现场应聘婚恋服务的，共有三家。另两家开办时间不长，既没有积淀，也没有经验，对今后如何开展服务也提不出什么好的想法。我排在最后。向面试官陈述时，我一边说，他们一边点头，看来希望很大！”

02

第二年年初，控江社区生活服务中心发来通知，说梅园婚恋已经入选，接下来要在服务中心分配房间，进行布置，并要求拟定出在社区开展年度婚恋服务的方案。

直到这时，我们对与社区合作的认识，仍停留在“抓住机会”这个粗浅的层面。不过，这样的意识也是有的：从行业的小圈子里跳出去，可以进入一个更大的天地，而且肯定也是一场硬仗！为此，我们把晚报周老师请来，好一通讨论和策划，最后形成了一个简明扼要的方案，并于2012年3月21日网传给了控江社区。

前言文字不多，开宗明义：在社区（街道）开展婚恋服务，促进家庭与社会和谐，已经成为社区民生工程的重要组成部分。通过政府购买服务，引入专业婚介服务机构，是高效开展这项工作的重要途径。有鉴于此，本中心拟定以下方案，供贵街道领导参考。

接下来是自我介绍。不用说，这个自我介绍十分重要，就好比一个模特上场，不把自己打扮好了，怎么能吸引人呢?还要体现自身的成长和经验，就好像上场的模特，还得有相当的气质和特别的气场。为此，我们用实实在在的文字和事实，表达我们自己——

一、本中心成立时间长，社会信誉好

1998年成立，至今已有15年，在上海婚介行业独树一帜，在广大市民中有口皆碑。2010年世博会期间，被上海市民政婚姻主管部门推荐为“婚介服务规范、诚信婚介机构”。与此同时，梅园创始人、著名婚恋专家红梅老师，被上海婚介协会评为“诚信红娘”。如今，“红梅老师”已经成为上海婚介行业的一个著名品牌。

这些年来，在市、区民政局的领导下，梅园婚恋中心立足社会需求，探索创新之路，受到社会各界70后、80后、90后和家长们的高度信赖，登记择偶对象来源广泛，亲情服务和规范操作使推荐、匹配更为合理，成功比例也随之不断提高。至今选配成功近万对，其中数千对喜结良缘，且离婚率极低。每天，数部热线要接上百个咨询电话，到中心“上海白领交友网”“上海再婚网”注册的不下几十人。这些卓有成效的工作，为上海的婚恋事业做出了贡献。

本中心的服务理念是：“五心”标准，亲情服务；一对一方式，跟踪服务。（注：五心即热心，耐心，诚心，贴心，细心。）

本中心的服务标准：只要有1%成功的希望，就做出100%的努力。

本中心的服务方法：严格查验，准确定位；正确引导，合理配对。

本中心的服务宗旨：让单身者牵手幸福，让有情人都成眷属。

二、本市媒体给予本中心特别关注和积极支持

梅园婚恋交友中心创办以来，上海电视台、浦东电视台、上海教育电视台，《劳动报》《新民晚报》《新民晚报（社区版）·家庭周刊》等多家媒体经常给予报道。2011年下半年以来，还与《劳动报》开展深度合作，社会反响很大，实际效果很好。

三、积累了与社区（街道）合作的经验

本中心2010年与陆家嘴街道开展相关合作，双方都感到满意。一是，在开展大型交友活动基础上，提供“托底”服务，让更多白领青年在活动后通过梅园的系统婚恋服务扩大交友面，提高成功率。二是，通过婚恋服务讲座，帮助部分青年和家庭改变了观念，提高了“婚商”。另外，我们还受虹口区广中路街道、普陀区甘泉路街道的邀请，在社区大型活动中做婚恋指导，受到特别欢迎。

按照控江路街道的要求，我们把婚恋服务的对象确定为：青年白领或其他青年人群、中老年离婚求偶人员、轻度残疾求偶人员。

在与街道的具体合作上，我们确定的方式是：开展大中型交友活动中，提供托底服务。包括在活动前，由梅园婚恋提供活动方案；在活动中，提供婚恋服务宣传品；在活动后，为未牵手的青年提供后继跟踪式“托底”服务。在窗口服务中，由本中心常年接待由街道介绍来的咨询和择偶人员；为街道未婚、离婚人员开设婚恋指导等方面的课程；针对老年离异、残疾人群中有婚恋需求的人员等开展特殊服务，如提供关心疏导、上门服务等。

在2012年8月1日，也就是《劳动报》浦西服务点开张仪式后的第4天，我们双方在控江街道社区服务中心，为婚恋窗口的揭牌举行了一个简单的仪式。在这次活动中，街道领导对我们的方案给予了充分肯定。

从梅园婚恋自身而言，此前的所有准备工作，都为以后开展社会公益性服务的思路，进行了一次集中性的概括、表述和准备，也为以后与工会群团的一系列合作积累了经验。

03

杨浦区殷行街道，是毗邻控江的一个街道。控江开设婚恋“窗口”的举措，殷行居民也有所耳闻。一年中，殷行街道的居民中，前来控江社区服务中心为子女婚咨询恋事宜的父母亲不少。他们回到自己的社区以后，也会跑到街道有关部门打听，并提出疑问：为什么我们殷行不同样开设一个“窗口”呢?我们这里的需求也不少啊！

这下好，街道领导有压力了。2012年底，殷行街道派人跟我们联系，希望也能前往尽快开设窗口，提供服务，以回应广大居民的呼声。而且还开出优惠条件：不再考察、无需面试，直接开展合作！“其实，我们一直在观察，你们在控江，日常服务优良，家长相亲会、青年交友会等大中型等活动多、效果好，在年终考评中又获高分通过。我们就理所当然地选择了你们！”在洽谈合作事项时，社区服务中心的张主任十分坦率地告诉我们。

张主任接着说：“我们的工作，就是要满足居民群众的实际需求。大河有水小河满，来源广泛效率高。”婚恋服务是社区服务的一项重要内容。殷行街道实有人口达到20多万，又与控江街道相邻。两个街道都设立婚介“窗口”，把平台做大了、做强了，更有利于解决好青年单身人士的婚恋大事。

控江、殷行两个婚介“窗口”双双开办，进一步激发了毗邻社区的单身青年、单身丧偶或离异中老年的择偶热情。尤其是单身青年的家长们，更是欢欣鼓舞。此后，不光经常有各区政府部门领导到控江、殷行调研取经，对梅园婚恋的工作赞扬有加，也使梅园的公信度不断增加。2013年度春节后，前往梅园浦东总部、浦西报名点登记择偶的年轻人数量呈进一步上升之势，代子女前来咨询报名的家长也一批接着一批，形成了相互推动的好态势。信息资源多、会员来源广，也促进配对成功率的不断提升。

一位80后家长说：“如今，控江和殷行两个社区婚介‘窗口’可以连成一体、相互促进啦。报名登记的对象多，有了选择余地，理想配对的概率就更大了！”

04

2013年年底，殷行街道对我们双方的合作，进行了一次详细的总结。从这份总结中，人们发现，梅园婚恋交出了一份合格的成绩单：一年来，回访对象为161次，目前正在交往的对象共有17对；收到居民反馈意见表共175份，成为分析、归纳和改进工作的依据；举办或参与梅园牵头的交友活动15次；分别在《劳动报》《新闻晨报》《新民晚报》《新民晚报（社区版）》等媒体上，刊登了殷行街道公益性婚介服务和交友联谊活动信息，提高了殷行社区的社会影响。

各种成功案例也很多噢，我忍不住又要讲点故事。殷行街道平凉地区张女士，在小区看到宣传海报后，来到梅园，彭老师接待了她。她要求找一位也是丧偶、子女最好在国外，身体健康且无不良嗜好的有缘男士。她事后说，当时自己提出的要求，蛮苛刻的，连亲友都说是“天方夜谭”，可梅园红娘老师没有一点推阻之意，很快积极行动，努力撮合。不久，梅园为她推荐了袁先生。袁先生，上海人，数年前丧偶，性格开朗，女儿在国外，自己有出租在市中心的商铺及不错的收益。结果，张女士和袁先生一见钟情，张女士更是开心地表示，袁先生就是她要找的意中人！

当年11月28日下午，梅园在殷行举办免费家长咨询会时，张女士和袁先生特意赶来感谢我，握着我的手久久不放，我们合影留念，现场非常感人。

05

控江、殷行两家社区婚恋服务窗口的开设，给我们进一步提供了新的发展思考，也照亮了我和梅园婚恋前行的征程。这就是，服务网点多，有政府背景，对促进婚介服务的推广，效果确实十分显著。当时，楼老师做了一个统计，自2012在长寿路商业街开设了《劳动报·婚恋》专刊浦西服务点后，半年中报名登记150多人，牵手热恋的就有好几对；与控江路街道联手开办婚介服务“窗口”，至12月底实际登记人数超过100人，四五对进入热恋阶段，超额完成预定合作计划。我们还单独或联合相关部门开展了1次父母相亲会、5次青年员工大型交友活动，并组织社区老年单身人士参加市婚介协会组织的大型活动。不仅扩大了社会影响，也汇聚了更多的可匹配资源。

殷行社区的加入，促使这一地区咨询、登记报名的单身青年数量，都继续增长。同时，也给我们进一步做好社区服务提供了管理思路。一是加强在社区居委的婚介服务宣传，让更多的居民和社区单位了解“窗口”的服务内容，愿意前来咨询和报名。二是搞好日常报名登记这项关键工作，将两个社区的资料汇总起来，在新的、更高平台上为每一个对象进行合理配对。三是努力联手两个街道社区工会、团委和妇联组织，开展不同类型单身人士的交友相亲活动，扩大他们的交友圈，同时提供托底服务，帮助更多有情人牵手热恋，发展感情，最终成为眷属。四是积极运用本中心浦东总部、《劳动报·婚恋》专刊浦西报名点两方面的社会资源，充实社区“窗口”，最大程度地促进配对成功。

“欲穷千里目，更上一层楼。”走到这一步，眼界真的一点一点开阔起来了！

06

在梅园推进社区“窗口”婚恋服务过程中，有几个活动不能不提。

——2012年9月6日的父母相亲会。会场就设在控江社区生活服务中心，消息一出，报名家长达到近百位，使当时的整个服务中心都成了他们的“主场”。活动进行到一半，会议室门口突然再次热闹起来。我赶紧挤上去了解情况。这一问，才知道，我们的活动惊动了市民政局局长马伊里和杨浦区区委、区政府的好几位领导，他们特地前来考察。马局长亲切地跟家长们交谈，听取他们对社区婚恋服务的意见和要求。并特别指出：父母相亲会，这形式不错，应该坚持做下去。“现在，家庭的子女少，他们又很忙。有父母为他们打打前站，可以推动更多单身青年早点进入寻缘择偶的行列！”

——2012年11月3日的社区白领公益相亲会。活动名为“深秋，转角遇到爱”，地点在控江社区生活服务中心。一开始，报名的男女比例是3：7，女生偏多。了解到这个情况以后，交通银行杨浦支行、上海东方建筑设计院等单位马上挖掘优质单身男。最后，让现场以30：30的男女生比例，顺利开场。社区总工会主席、团工委书记，以及建行杨浦支行、建筑设计院的有关领导，都来到现场观摩。活动后，梅园为有意向的帅哥靓女牵线搭桥。在活动中，87年出生的江小姐和82年出生的石先生真诚牵手，在参与的社区单位中产生了很好的带动效应。

——2012年12月23日下午的“圣诞与爱恋”大型交友。通过朱老师联系，中船重工726、711、701三家研究所工会，携手控江地区总工会，共同举办了这场活动。726所工会沈主席跟我介绍，本所年轻职工占比65%，其中男性占到七成。由于企业环境相对封闭，工作任务繁重，不少单身员工一直缺少恋爱机会。这次能经由梅园牵线，跟社区一起开展这样的活动，为所里的单身员工提供了择偶的良好机会，真的太高兴、太激动了！

——2013年6月2日杨浦区群团、机关交友联谊汇。随着社区窗口声誉的扩大，杨浦区工会、共青团、妇联和机关事业单位也参加到交友服务的行列中来。当天，连日阴雨的申城终于天清气朗。杨浦区“牵手缘梦　美丽人生”交友联谊汇在绿草如茵、浓荫蔽日、池荷榴花艳丽的共青森林公园举办，近50对男女青年在偌大草坪上愉快交流。

当时，机敏的主持人先对天气由阴雨转晴给予即时赞赏，然后话锋一转：最重要的是，区总工会、区机关领导都在关心青年男女的婚恋大事，让大家今后寻缘择偶的路途更加晴朗、更加宽阔、更加通畅！这番话引来青年嘉宾们的会心欢笑！

这次活动的亮点，就是级别高。主办单位分别是杨浦区总工会、机关党工委和区民政局。区民政局党委书记孙祺伟讲话，他语重心长的一席话，令人难忘：“……有了家庭，为事业奋斗的脚步将不再孤单，即使道路坎坷，也会有甜蜜相伴。”对现场男女青年的引导语重心长。杨浦区总工会副主席范本国在这次活动的间隙，认真地向我介绍了相关情况。他说：“我们摸底发现，区政府机关80后甚至70后未婚男女也不少，且女性为多。区党政部门和工会、团委商量，要多搞联谊活动，搭建交友平台。机关和企业一样，都要关心他们的人生大事。”

这场活动，场内有两大“阵营”：一边来自区机关，包括民政局、商委、建交委、城管大队、人社局和档案局等，全是公务员；另一边来自复旦、上海体育学院和财经大学，都是学历高的老师、管理或科研人员。“这次报名，机关女生多。我们就联手周边高校一起参与。”区机关工会主任陈国丰告诉我。上海财经大学工会主席孙建华则补充道，我们以男生为主，也安排了一些女生。

07

我们一路前行，不断推出新项目，以提升与杨浦区的合作水平。2013年下半年，我们还向杨浦区政府购买了一个服务项目：为单亲孩子寻找一个家。活动的参与对象是一方或双方为离异有孩的男士、女士。这一项目持续了半年，在社会上产生了不小的影响。

另外，针对其他特定人群的活动，也在尝试中推出。比如，2013年10月26日，我们与控江路街道办事处、总工会和社区生活服务中心共同举办了“寻爱季·城市之恋”大型交友活动。活动对象主要是有本科及以上学历的“新上海人”，或愿意与他们结缘的沪籍单身男女。这次活动为我们在社区的婚恋工作提供了新的思路，就是要关心新上海人，同时破除婚恋领域的地域观念。

2014年5月17日下午，又一场由杨浦区总工会主办，主题为“浪漫五月天·春之声”的男女交友活动，再次在共青森林公园举行，来自区政府机关，区法院，区内学校、研究所等单位的120位单身青年男女参加。大家冒着细雨，在草地上分组“拗造型”，在公园内按“任务清单”寻宝，加深了相互之间的了解。此后，杨浦区总工会和梅园又合作了四次交友联谊活动，在全市工会系统产生了较大影响，也为群团做好婚恋关怀积累了经验。

08

社区是一个广阔的天地。从婚介服务说，这里是一个基础性的、不竭的源泉所在，可以为全社会打开一扇明亮的“窗口”。如何让公益性服务和商业性服务统一起来，让政府部门、群团组织和专业机构有机结合起来，社区都是一个很好的探索之地。由上海政府部门主管的上海社区组织网，从2013年年中开始，适时推送梅园开展的各类公益、交友联谊等婚恋服务信息。

这些年，我们跟杨浦区控江、殷行社区合作的经验，十分宝贵。我由此发现，如果以人群的社会地位、职业职务和经济条件来区分，婚姻的构成是多元的、立体的，婚姻的需求是多层次的，婚姻标准的差异性也是极大的。由政府部门、群团组织出一点钱，帮助社区低层次单身青年人群，丧偶、离异中老年单身人群，以及轻度伤残单身人士解决择偶问题，对社区与家庭和谐，确实具有很大的意义。

另外，在区内高科技企业大量增多的情况下，由群团出面、专业机构牵头，将优秀高科技企业组织起来，开展多种形式的婚姻服务，帮助单身男女有效匹配，对于企业单位留住人才，促进区域社会经济发展，也是很多意义的。

再一个，也很重要，这就是：在目前结婚年龄普遍推迟、结婚比例普遍下降、新生人口数量急剧下降的大背景、大环境下，通过社区这个平台，开展婚恋观念的教育和婚姻志愿者的培养，已经显得十分紧迫和重要。

第十五章

直击心灵的“对话”

我（左一）和红娘老师在社区提供免费婚恋咨询

01

缘分不是馅饼，需要你去争取
十里春风，不如相遇有你
幸福三件事：有人信你、陪你、等你
…………

怎么样，有点像寻找爱情的短句吧?1998年10月，梅园创办之后，我就跟报纸中缝的广告打上了交道，也结下了缘分。每次通过传真机，向报社发送征婚信息时，我都会在前面加上十多个字的类似短句，以鼓励和吸引单身青年前来注册报名。

别说，如果在广告中，有这样一句话说到点子上，打动了人心。那么，这次广告的效果就会好很多。长期积累之后，我慢慢认识到，语言蕴藏情感，思想蕴含力量。上海早期征婚广告的形式死板。通过这样的短句，与读者沟通，在心灵、精神和情怀上产生共振，赢得人心——这在那个时代或阶段，也算是一种创新吧。

事实上，人类在恋爱、姻缘上的风俗、情感、观念是最复杂和多元的。处于大改革、大开放的大时代，年轻人在这方面的思想更为新潮。因此，从事婚介服务，理应积极去进行婚姻中观念的沟通、方法的指导。甚至可以说，没有正确的引导，没有哲理的润泽，没有形象的比喻，没有精准的点拨，往往不能实现婚介服务中较为理想的匹配，不能实现最终意义上较为美满的姻缘。

还有，从被动的角度来看，即使我们红娘不去涉及这些内容，单身青年也会向我们提出各种各样的问题，希望我们能给予解答。与其这样，不如主动出击！这样思来想去，时间一长，内心就萌发了一个想法：在报纸上开辟一个跟年轻人互动的思想性栏目。

随着事业的发展，尤其是跟《劳动报》开展婚恋专刊合作以后，条件成熟了，我的“野心”也一下子“膨胀”开来：说干就干，在版面上开一个专栏，跟青年小伙伴们畅谈思想、沟通感情，碰撞观念，同时，借此打响“红梅老师”这个品牌。

02

最早的一篇，刊登在2013年5月15日的《劳动报》的婚恋专刊上，栏目名称叫“红梅老师谈心录”，文章题目叫“你能找到爱你的男友”。

这头一篇文章的内容，大致是讲：一个工作能力强，且兴趣广泛的女生，由于长得不太漂亮，对自己找对象缺乏信心。她把自己的心事告诉了我。我回答她：你这样想，是自设了一个前提，即所有的男生都喜欢漂亮的女生。这是不全面的。男生爱美女、女生爱帅哥，都是一样的。然而，不同男生对女性美的界定是有区别的。想想看，女人不会因为漂亮，就一定高雅。然而，高雅、善良和明理的女人，一定是从内到外透出一种气质之美的。

文章刊出后，不少对自己颜值缺乏信心的女生，反响尤其强烈，纷纷跟我来电，或通过微信谈想法、表感谢，有的打破了顾虑，径直到梅园来注册做了会员。这说明思想性强，说理又较为透彻的文章，是有人看的，是能打动人心的。

03

进入一个轨道好办，一直坚持下去，就不容易了。为此，我慢慢养成了一个习惯，看到了什么，想想其中所潜藏的道理，就经常跟小楼老师、朱老师和媒体的老师在电话里沟通。写成以后，认为表达不够清晰的，就通过电子邮箱往来，请媒体的老师们改一改。

青年人在寻缘择偶中，会展现千姿百态的观念形态；男女青年在恋爱交往中，会遇到各种千奇百怪的观念和利益冲突。这为专栏文章提供了丰富的题材，也对作者的思想水平提出了更高要求。

一方面，是读者的各种新鲜的提问；一方面，是我煞费苦心的回复。随着“红梅老师谈心录”专栏文章的不断出炉，我在文章中表述的看法，开始跟读者碰撞，赞成的、不同意的、要求商榷的，各色各样，不一而足。

这其中积累的故事，真是蛮多的，也不断促使我进行思考，拿出意见，给予令人较为信服的指导。有一个35岁的姑娘，是个硕士生，在外资企业做主管，月收入数万元。她相亲的男生不算少，可每次的结果，不是人家“逃走”，就是感觉对方“太低”，跟自己配不上。可碰到条件好于自己的吧，不是年龄太大，就是有过婚史，有的还有孩子，让她晕上加晕。这类情况在社会上有点普遍性，怎么回答?我强调：在“华丽转身”和“单身贵族”之间，35岁是一个关键节点，不能不加以警惕！我提出，比较靠谱的办法，就是调整思路和观念，不死守自己的标准和要求，可以“平视”软硬件相当的男生，如果男生其他条件不错，还可以“下视”一点，以求得总体上的“综合平衡”、求得内在条件上的“门当户对”。

那天，来了一位男生，他要求先跟我聊聊。一踏入我的办公室，他就开门见山，说自己是本科学历，开了一家公司，经营不错，爸妈催得紧，所以在一番调研后，到梅园来了。“以前，我选择女生的要求很简单，就是漂亮。这样，自己今后在商业营销的应酬中，能‘带得出去、放得上台面，让人家羡慕’。啥人晓得，就因为这个条件，别人介绍了不少漂亮女生，也引来了不少麻烦事，有的女生约会时就讲得明白，婚后要将她的名字写进我家的房产证。有的更厉害，言明婚后要掌管家中的经济大权，否则就是两个字‘免谈’！”

我听着，真的是想笑，却笑不出来。听他讲完，我提看法：爱美之心，人皆有之，男性较女性更注重视觉愉悦，这符合性别的特点。你的问题，出在“只要对方漂亮”。我接着告诉他，人的美丑，有内外两重，往往不太统一。也许，老天常常不愿将好事“堆”在一个人身上。所以，我们看到的情况有时就很“矛盾”，有的漂亮姑娘不一定素质高、内心美。有的姑娘容颜一般，但学历不低，善解人意、明理通达。选择时，必须给自己确定一个原则，就是分清主次，将内在美放在第一位。还要掌握总体平衡，也就是老百姓讲的比较匹配。最后一点，就是要相互吸引，对眼、对心，性格相融，三观相通。“否则，结果往往不太美满。因为，这方面的实例太多了。”

小伙子听我讲得通俗、明晰、有理，报名注册后，高高兴兴地走了。不久，我以“不开‘外貌公司’”为题撰文，刊出了这次对话表达的想法，引来了一批男生加入了会员队伍。

04

在开办专栏过程中，我发现，要将一个深奥的道理，用简单、明了的比喻，把问题讲清楚，是一个较为伤脑筋的事。必须用心去想，或常常跟别人讨论讨论，才能有所收益，出现豁然开朗、触类旁通、灵感闪现的情景。从而，让自己下笔轻松，如有神助。

有一个小伙子给我来电，讲了一个问题：本想早点到梅园找对象，可单位里有个同学闹离婚，让他产生了消极拖拉的情绪。这类情况，我们时有所闻。这些年来，由于离婚率上升，很多单身受到“吓阻”，不肯找对象。有的原本就不肯找对象的青年，还将离婚现象，作为自己不想找对象的理由，搞得好多家长有理说不清。

如何给予答复呢?大道理好讲，要让人入心、入耳不易。那天到医院看望一位病人，看着医院进进出出的病人和家属，突然心头一动。晚上，就把这篇对话的题目确定为“医院里全是病人”。婚姻是人生的必经程序。然而，在万千姻缘的缔结过程中，离婚也是不可避免的，就像人要生病一样。可是从整体上，美满姻缘与和谐家庭，较之离异和被拆散家庭的数量，毕竟要多得多——就像整个社会，健康的人，当然多于医院的病人啦！核心点抓到了，小伙子也被我说服了。

在与单身青年的广泛接触中，我还发现，人伦亲情，是一个需要不断提示、启发的宣传内容，带有普遍、核心的价值。比如，如何读懂父母的心事?很多男女青年，对父母的催婚十分反感。虽然知道父母是对的，可因为种种原因，就是对父母的期盼不予理会，谈恋爱、找对象就是不上心、不起劲。这类情况，还跟家庭生活的舒适有关，故不愿担起为子为女、为夫为妻的责任。这需要有人经常提醒，促使青年人认识到，适时完成人生大事是重要的、必需的，太晚了会被动，会导致人生的脚步变得紊乱；人需要承担起人生不同角色的责任。这些责任与生俱来，不能回避。

还有，孝亲是人生重要、现实的课题。其直接表现是缔结姻缘、延续家庭。结婚以后，还要经营好夫妻关系，养育好子女，孝敬好父母，让长辈享受三代人乃至四代人的幸福。否则，用嘴巴空谈的所谓孝敬之心，都是没有分量的。

05

在丰富多元的世界里，谈观点鲜明的理念和思想，是容易引发冲突的。更何况，我们这一代人和自己子女一代，或年龄更小一点的零零后，观念上的差异不仅客观存在，而且其中之悬殊，还真不是一点点。

2020年1月7日，本来计划好，在《劳动报》婚恋专刊刊登一篇题为“在婚恋领域倡导和强化‘正道共识’——呼吁全社会共同努力提高结婚率”的新年特稿。此稿由《新民晚报（社区版）·家庭周刊》周老师按照我的想法撰写，以迎接庚子鼠年的到来。前两段的大意是——

元旦钟声敲响，2020年正式启幕。面对新年度，我们对婚恋领域却心存忧虑：全国的结婚率近十年来屡创新低，上海等经济高度发达地区更低；青年人的婚恋成熟度普遍推迟，平均初婚年龄不断高企，已进入前所未有的“晚婚时代”。

为此，上海知名婚恋专家红梅老师呼吁：婚姻是个体成熟、代际延续的“人间正道”，也是全球在千百年中形成的共同意识。为帮助一代代青年踏准前行脚步，成家立业、结婚生子，实现在现代条件下的家庭兴盛、经济与社会发展，必须大力倡导和强化这一“正道共识”！

然而，不曾想到，稿件在报社方面卡了壳。负责审稿的报社人员认为，其他都好，就是“婚姻是‘人间正道’”这句话值得商讨，而且必须改掉。理由是：你说婚姻是人间正道，那么不结婚的人，难道是在走邪路吗?

我和小楼老师听了他们的说辞，不能接受。可辩论了半天，谁也说服不了准。怎么办?想来想去，找到一个调和的办法，把情况跟《新民晚报·夜光杯》的编辑谈了，希望能用某种方式，将其中的思想观念传递给读者，看看社会大众的反应。

晚报编辑很重视。我们见面时，他说：在这个问题上的分歧，正是近些年来结婚率持续下滑的思想原因之一，也是全社会必须面临的一个重大事项。为此，他建议我再写一篇文章，以观念冲突的形式表现文章内容，以引发社会性讨论，得到广大市民关注。经我和周老师反复商讨、修改，形成了一篇纪实性的文章，并且以我的名义，于2020年2月7日，在《新民晚报·夜光杯》版面，以《“正道”危机》为题刊出。现转载如下。

我见不得大男人流泪。可小静的爸爸，却偏偏在我面前泪流满面。唉，他女儿32岁了，还没婚嫁呀！我赶紧让助手前来劝导。

其实，因此而飙泪的父亲，这些年何曾少过？大学退休教师老忻还反复强调：“婚姻是人间正道。儿子不结婚，我死不瞑目！”所幸，其子忻宇未负爹娘苦心，在我们的推动下一路顺利。

我的多年心结，真被忻老师说透了。不久前，为挣脱不少单身青年“不肯恋、不愿婚”现象对自己的压抑，我以“正道”为题，写了一篇文章，想在某媒体发表，一抒胸臆。不料，微信截屏转来“回票”：“此文说婚姻一定是正道，这个说法太绝对了。结婚与否，是自己对人生的选择。现在有很多人不结婚，也是很正常的事。所以，对于婚姻一定是正道这个说法不妥。”可是，若删了“正道”之说，等于抠掉了我的“魂”呀！于是，我就全文在梅园婚恋微信平台推送了。

哎，第二天就有反驳者打上门来。

这位男生说，父母也在逼婚，不过，自己不予理睬。“您的‘正道’，我不能苟同。而且，此论已经面临危机。”在我创办婚恋平台23年中，如此被“呛”还是首次。我直言奉告：“这个观念必须坚持。婚姻是个体成熟、代际延续的‘人间正道’，也是全球在千百年中形成的共同意识。”男生打开手机，念道：“为帮助一代代青年踏准前行脚步，成家立业、结婚生子，实现在现代条件下的家庭兴盛、经济与社会发展，必须大力倡导和强化这一‘正道共识’。”这是我推文中的一段。他念完，笑笑，不无讥讽：“以后，自然人可以跟机器人结婚，未婚女可以人工孕育……这些，难道是歪门邪道吗？”我回答：“在可以预见的将来，婚姻依然是人类繁衍的奠基石，是国家稳定的压舱石，是家庭传承的铺路石。”唇枪舌剑，各不相让。

挑战还没完。晚上，刚刚安排好男女会员约见，一条微信蹦进手机：“作为婚恋机构，你们当然希望恋爱、结婚的人越多越好。”她说自己单身，生活蛮轻松的，对“正道论”不认可。我即复：“我也是一个做母亲的。天下父母都希望子女正常结婚生子、家庭幸福，难道他们也是为了赚点服务费吗？”女生见我义正言辞，隐身撤退。我却有点抓狂了：“婚姻是人间正道”这一历史性结论和真理性观念，在很多青年人中淡漠了，成为家长的普遍忧虑……是我“出问题”啦？我亟盼大家关注这一观念冲突对社会的影响。

然而，那些熟识的家长和诸多中青年网友通过微信声援我，力挺通过全社会强化“正道共识”，达到“全面提高结婚率、降低初婚年龄、缓解过度晚婚”的目标，推进更多青年人积极实施“恋、婚、育”一体化行动。一对来送喜糖的新婚会员还这样说：“美好生活，如果丢掉了美满姻缘这个根本性动力源，还能剩下什么？希望青年人不要游离于时代的主流之外！”

春节前，忻宇和妻子抱着小宝宝到梅园总部看我。他婚后不久，其父忻老师就因病去世了。“您说婚姻是人生的必经程序、基础工程、心灵归宿和生活港湾。我以前不理解。您还说，婚姻缺失者，将陷入孑然独行的窘境；孤身终老者，将面临断后的困顿和精神的孤苦。老爸在世时也这样担心。那时，我也只当耳边风。现在想想，只有父母亲才会为儿女的大事缺位、人生缺失而忧心忡忡。”

我的心，顿时涌出阵阵暖意，轻轻跟小忻说：“要记住你爸爸。”黄河十八湾，那一河浩荡，终将不可阻遏地流向大海。

此文在夜光杯刊登以后，在读者中引发一大波反馈。从微信朋友圈和私信的反映来看，家长们都支持我，已经结婚、生育的年轻夫妇也同意我的基本观点。与家长顶牛，也有个别单身青年表达不同想法的，只是数量不大，语气也不强烈。

06

一晃，创办“红梅老师”对话专栏，8年过去了。直至2020年8月18日在《劳动报·婚恋》专刊上刊登最后一篇“没感觉不如找感觉”，这一专栏在纸媒上才停止了发声。至此，这个专栏一共刊出了近300篇对话性文章。

从2020年9月开始，梅园《劳动报·婚恋》专刊停刊。这些年来，纸媒的发行量越来越小，每次刊登的专刊，几无反馈可言，只好鸣金收兵。不过，我们不久就在上海电视台《新闻坊》公众号上 ，以每周三次的频率推送婚恋专题。仅从粗略的统计来看，婚恋专题推送于融媒体微信平台的效果，已经远远大于纸媒。再说，由于推文出现在手机微信里，单身青年和家长可以通过加微信跟我们红娘团队直接沟通，在互动上更为便捷和有效。在时序的前行中，我们跟着社会的脚步，又进步了很多。

令人感动的是，不久，《劳动报》和其他纸媒老读者发现梅园婚恋专刊转移后，又提出了一个老问题、新要求：希望在《新闻坊》恢复“红梅老师对话”专栏。为了满足读者要求，也为了提高新鲜度，我们将在《新闻坊》中的这个专栏名称，改为“红梅老师对您说”，每月推出一期。2021年3月，我以“不该卡在‘第一道门’”为题，推出了新专栏的第一篇文章。此文的起因是，梅园红娘为一位姑娘推荐了一位男生，姑娘挺喜欢，可男生准备的婚房离她家太远，让她有点纠结。姑娘问，我是不应该跟他约见呢?

我的回答是，当然要约见。因为你喜欢他。婚房远一点，有什么要紧呢?我跟她分析，从恋爱到婚姻，要迈过很多道门，这些“门”的排序，因人而异。而排在首位的，往往是当事人最关注的。很多大男大女，相亲机会不少，可往往止于“约见”，被卡在自认为最重要的“第一道门”：有的是收入，有的是颜值，有的是婚房，有的是学历……

所以，我的建议是：只要双方容貌大体相配、条件大体相当，就可以约起来、谈几次，不行再分手嘛！这样，机会就增加很多。从“终身伴侣”的长度上考量，对一个般配、适合的人来讲，身高少几厘米，那么重要吗?婚房远近，更是可变因素嘛！缘分来之不易，务请格外珍惜。祝你早日与有情人结为眷属！

现在，这一对恋人谈得很好。这一篇文章也影响了不少青年人。先约起来、谈起来，成为很多单身青年的共识。

静下心来想：每个时代都需要心灵对话。我在自己的人生里，有过跟青年人的真诚交流，可以很自豪，也很满足了。

第十六章

临窗眺望“生命的高度”

2013年9月梅园婚恋迁入陆家嘴华申大厦时，
上海中心大厦仍在建设中

01

2013年8月3日，总高632米、主体高580米的上海中心大厦结构封顶。

上海中心位于陆家嘴核心区，建成后，这位“巨无霸”成了申城的“最高度”，也成了中国的第一高楼。同时与东邻的环球金融中心，北临的金茂大厦构成了申城的“三巨头”。

在上海中心建设启动以后，在浦东设有总部的我们，每天可以近距离地看着这座“巨无霸”长高、变美。尤其想不到的是，2013年的9月12日，我们浦东总部，从鑫陇宾馆迁入浦东南路1085号华申大厦1401室，推开窗户，即可仰面眺望近在咫尺的这座摩天大厦的雄姿！

我当时的那种感觉，就像时下小青年说的：“酷毙了！”华申大厦紧靠八佰伴和新梅广场后门，繁华热闹，出门就是地铁9号线商城路站3号口，还有多条公交车直达，交通极为便利。当时，我在员工大会这样说：这是梅园事业的又一个高峰，我们要好好干。不是说，干事业要讲究天时、地利、人和吗?地利的优化，也是人和的丰满与时运的变化呀！我们所有工作人员，都要珍惜这次地理上的新变迁，实现服务水平的再提升！

直到现在我仍会这样想：自己临窗看到的，不仅是上海最高的一座大厦，也是在不断努力后，可以不断企及的“生命的高度”。

02

在鑫陇宾馆写字楼开展业务的几年中，梅园的人气跟着逐年旺盛，内心当然是舍不得的。然而，世事皆为多面体，舍与得各有得失，很多时候也饱含天意。搬离此地，因为该地区要市政拆迁，宾馆也在其中，这是不可抗力，谁也挡不住。地段相对冷清，没有电梯，室内面积日益感觉小了，不敷使用，也不得不予以考虑。趁着这个机会，我们干脆迁往陆家嘴金融城商圈，实现了一次“人往高处走”的跃升。

梅园婚恋的两个网站、《劳动报·婚恋》专刊率先公布新址后，马上引来一波热潮：很多老会员通过QQ、微博，有的表示怀念，说自己是在那里找到人生伴侣的。更多新老会员则发来祝贺或送来花篮。一对结为夫妻的老会员将漂亮的结婚照镶入镜框送来，作为祝贺、感谢和纪念。更多的，则是成天为儿女婚恋大事操心的家长们，赶来咨询或代为报名。附近很多楼宇的单身白领闻讯后，也前来咨询，开始了“寻缘之旅”。2013年9月19日至21日三天中秋假期，场面更是火爆，国庆期间前来报名的会员又进一步增多。不少人在QQ或微信上留言：“我们在陆家嘴‘国际金融城’获得贴心、优质婚恋服务，感觉就是不一样！”

那几天，我一直处于极其兴奋的状态，晚上睡不着，见人就想说点什么。有时突然想到某一个亲戚或朋友，赶紧打个电话去告诉情况……进入陆家嘴新址后，我也对红娘团队提出了工作的新要求：把接待做得更细致，把引导做得更到位，把配对做得更精准！

梅园红娘们也进入了新的工作氛围。接待和客服两部门无缝衔接，服务好每一个会员。她们与会员深入交谈，对一些不切实际、不太靠谱的要求认真分析，通过沟通加以调整，提示要以人为本，注重平衡，不过分纠结于长相、收入和其他物质条件。在安排约会时，从着装、礼仪，到谈话内容……都逐一提醒、告知双方。

人逢喜事精神爽，真的有道理啊。

我再加一句：“迁入新址上台阶”！

03

梅园总部服务地点上了高度，服务水平上了高度，成功率也在不长的时间里有了明显提升，进一步呈现了良性循环的状态。

在“上海中心”前，梅园婚恋发生的一个又一个故事，也多得不胜枚举。有一个女生见了十多个男生，还未找到“感觉”。我让小楼老师抓好重点做工作。原来，这姑娘不仅要求对方学历、收入、身高必须如何、如何，还提出，对方必须住在自家附近。“这类条件有点苛刻，而且也没有啥本质上的意义。”楼老师将自己的想法告诉了姑娘，又跟其母沟通，让她们一起调整思路，“删繁就简”，为下一步缔结姻缘扫清障碍。哎，一番沟通下来，很快见了成效。姑娘和一个男生牵手后，打来电话：“楼老师，我现在更理解您对我的引导了……帮我谢谢红梅老师啊！”

在这个过程中，我也直接通过QQ或微信，接待过不少会员。网名叫“小猫蛐蛐”的姑娘，当年26周岁，只相信机缘巧合，对亲友、父母的撮合不理不睬。她注册后，我告诉她，在适恋、适婚阶段，可合理配对的男女人群最大，机会最多。然而一过这个节点就呈反向趋势，所以呢，寻缘择偶要警惕“机缘递减”。网名叫“金豆银豆”的男生认为，“大男是‘钻石’”，自己虽然31岁了，却完全可以“坦然”单身，反正机会多嘛！我跟他说，大龄男的择偶范围确实要大于大龄女，这是事实。不过，不管是女是男，年龄大而不抓紧，违反了“适龄、适婚、适合”这三条“黄金原则”，都会潜伏诸多隐忧。年龄越大，双方在软硬件等各方面能够理想匹配的概率就会同比下降。而被推迟的生育会给夫妻双方在子女哺乳、养教及各方面带来莫大麻烦。因此，无论男女，都最好不要错失黄金年龄段。

工作细，成果大。2014年中秋前后，好消息更多，不断有会员来电明确告知“成功了！”一个男生只与一个女会员约会就“对上眼”了，另一个与第二个女生见面后就与之牵上了手。

说起来有趣，这边场面兴旺，那边问题来了。一天，大厦物业公司的经理找上门来，跟我说：“自从你们迁入华申后，我们楼下大厅的保安就苦煞了！从一早开始，一直到晚上，总有一批批的青年和老爸老妈，在进门时就问，哎，梅园在你们大楼吗?在几楼啊?到了双休日，就更不得了了，来的人多，都要问几乎相同的问题，保安们的喉咙就更吃不消了！”

物业经理这一顿诉苦，让我们既高兴，又内疚。高兴的是，客户那么多，路途远的，甚至来自闵行、松江和嘉定等市郊地区，说明我们梅园有信誉、有人气、有吸引力；内疚的是，保安师傅们也的确辛苦啊！我和小楼老师一商量，就经常买点冷饮、润喉糖下去慰问。逢年过节，也准备好礼品送上，以表示我们的一点心意，用情感慰问尽量化解这一矛盾。

04

迁入华申大厦以后，咨询、报名的单身青年和家长们不断增长，信息传出，再次引起了媒体的关注。2013年10月26日，上海电视台《星尚·今日印象》栏目组的编导、记者，扛着摄像机，手持话筒就赶来采访。此时，恰巧有两对新人前来送喜糖，更是增添了喜气。

编导、记者突然出现，让我有点措手不及，好在以前积累了经验，我还能从容应对，马上对着话筒说："秋天是丰收的季节，也是梅园会员领证、结婚的旺季。最近，老师们的办公桌上，放满了喜糖……我们在欣喜之余，感到肩上的担子更重了！"小楼老师也被编导、记者撞个正着，现场介绍了梅园严格执行制度、遵循工作流程，以及如何为广大会员实施合理、高效配对的情况和经验。

这些年来，梅园婚恋曾先后接受过东方卫视、上海教育电视台等多家影视媒体的采访，还协办了教育台的老年婚恋节目。这天，《星尚·今日印象》的年轻女记者说：我们一直关注你们的动向。这不，你们迁到华申大厦才一个月，我们就赶来了。为什么?希望通过这样的节目，促使更多的单身青年早日"脱单"！

正如预想的那样，节目播出后，梅园的电话马上爆满，祝贺的、赞扬的，约定前来咨询报名注册的，形成了又一波热潮。对这样的喜人景象，我概括了三句话。一是报喜忙。不少家长和会员用手机、QQ或微信向我们报喜，包括领结婚证啦、要办喜宴啦，全是好消息。二是咨询忙。很多家长前来为儿女踩点、打前站。有位女生的妈妈，扶着自己的老妈妈，领着自己的女儿，三代人一起来。这位妈妈说：我们的目的，就是为女儿找个好对象！女儿是大学教师，我们希望在梅园找到匹配的男生！三是注册忙。除了80后单身青年，还有好几位90后姑娘也在父母陪同下有备而来，当场报名做了会员。用他们自己的话说，就是开辟了一条早日缔结姻缘的“快车道”！

当然，繁忙的背后，是老师们的辛苦。我写了一篇短文，刊登在《劳动报》婚恋专刊上，题目叫《红娘“五味情”》，其中有骄傲、体恤、表扬、感慨和自勉——

梅园红娘老师们在工作中流露出来的情感，可以总结为“甜、酸、苦、辣、醉”的“五味情”，也为梅园常年的高成功率做了最好的诠释！

甜——每天一批批单身青年前来报名，成为会员，他们的莫大信任让我们的心比蜜甜。

酸——当家长老泪纵横地请求我们给其子女找个好对象，以早日成家立业时，我们红娘也会落泪，心里有说不出的酸楚。

苦——有些家长因子女一时未找到对象有所埋怨，我们红娘心里也会感到委屈。不过，我们将心比心，将理解变成了动力。

辣——因性格内向、长相或其他原因，有的会员一次次约会失败，我们红娘心急如焚，后继措施不断跟上。

醉——当会员成功牵手，尤其是报喜领证、结婚、有了宝宝，我们红娘都幸福得快醉啦！婚介系万家，责任重如山。为了让更多有情人成为眷属，让父母们悬着的心早日落地，我们红娘团队不骄不躁不怕难，继续努力不停步！

05

华申大厦的这一段历程，真心难忘。当时，不光是电视台，纸质媒体也不断相约前来采访报道。《新民晚报（社区版）·家庭周刊》的记者周老师前来深入采访后，于2014年元月5日，通过电子邮箱发来了一首赞美诗，供我们在迎新春活动中集体朗诵使用。

在这以前，我不太注意诗歌，不太关注诗歌的韵律之美和鼓舞力量。从内心来讲，为了帮助广大单身青年缔结美满姻缘，我不怕吃苦、不怕受累，常年在家休息的时间，加上处理家中要事的时间，一般不会超过10天。在这个过程中，我对社会的评价无比重视，对其中的评论感恩有加。

然而，这一次，当一位热心的媒体人写了一首直接赞美梅园的诗稿，被打印出来，由我自己捧在手上，静静地品读，我听到了自己的心跳。慢慢地，我被诗歌排浪般的描述感染，眼眶很快就湿润了。

这首诗歌的标题是《母爱与梦想——献给所有关心支持梅园婚恋的人们》，现在，我请大家一起欣赏。

序曲 有一位母亲

那年，有一位母亲，在人生的路口上张望——
一边，是带来稳定、可观利润的服装，
一边，是亲友和父母们的托付和张皇。
然而，她毅然转身，走进一个清冷的行当，
精心地编织起自己的另一个美丽梦想。

那个为单身青年打开的小窗啊，
就是我们梅园，充满温馨的阳光；
那位母亲崭新、炽热的梦想啊，
就是让更多的寻缘者牵上手，
男生成为新郎，女生成为新娘！

转瞬17年，在婚介领域躬身拓荒，
梅园，为上海留一串串温暖的光亮。
而创始人，被人们尊称为“红梅老师”，
从此，她把母爱奉献给更多的单身青年，
成为塑造明天、造福家庭的女性形象！

第一章 一群放飞畅想的红娘

如今，我们一群母亲，成为团队的荣光。

常年勤思巧做，待会员如闺女和儿郎，
追求嘛，不让王老五错过梦中的小芳！
申城的万家灯火啊，柔和、幸福而又辉煌，
那里，就融入了我们母爱的光芒。

跟随红梅老师，红娘团队共同放飞畅想——
把浦东总部变成了旗帜与榜样，
使浦西分部的服务同样品牌响亮，
将控江、殷行的婚介变成公益的窗口，
这被市主管部门誉为行业的首创！

就因为都是母亲，我们深知妈妈们的念想，
会员老爸的叹息，也沉重地压在我们心上。
所以，在每个双休、节庆和相亲的广场，
我们牵红线、做佳配，清除误会的路障……
让70、80和90后，在恋爱的天空携手飞翔！

第二章 无数故事 无限情感

如果四位亲家，前来感激，一诉衷肠；
如果夫妻抱子，前来感恩，看望红娘；
如果姐偕妹来，再托大事，复制吉祥；
如果曾经有过短暂婚史的姑娘啊，
与一位有眼光的未婚男捧出了甜美的酒酿……

那么，请将喜剧的情节，融入生活的芳香；
那么，请将不懈的努力，写进家长的期望；
那么，请将真诚的引导，列入择偶的课堂；
那么，请将新人的憧憬，织进城市的星光；
那么，请将宝宝的欢笑，视作人民的奖赏！

母爱兴邦，不让单者无依，令家庭冷场；
梦想兴国，不让恋爱折翅，令城市彷徨。
无数故事，是无限情感托起了择偶的翅膀，
无须感谢噢，我们就是新老上海人的红娘，
把对会员们的爱，铺展在民族复兴的路上！

第三章 2014，谱写新的篇章
多么好，中央推出新改革，指明新的方向；
多么好，关注民生，婚介服务迎春风荡漾；
梅园啊，再获机遇，政府平台十分宽广。
浦东浦西连成一体，全体红娘一心向上，
不变的是赤诚母爱，增添的斗志百倍昂扬！

后继有人，让梅园的前途更加发达兴旺——
楼老师，“小红梅”足智多谋能力超强；
朱老师，代表《劳动报》增添活力道路更畅，
还有姜老师等团队高质量的红娘……
为发展打好基础，金牌红娘形成莫大磁场！

敬礼，感谢控江和殷行，用信任凝聚力量，
敬礼，感谢社会各界、社区领导的关心褒奖。
大家看，梅园正在快马加鞭，谱写新的篇章——
让更多会员缘分对接，新的航程爱旗飘荡……
我们新的追求，将写在2014申城的大地之上！

一直到今天，我的这个感受仍然十分清晰：在临窗可见上海中心的“华申时期”，这首诗所赞扬的——无论从内容到形式，都是梅园婚恋的真实写照！

第十七章

回首长长的“爱情长廊”

中房金谊广场服务点的成功会员夫妻送来锦旗

01

有一位媒体记者曾跟我说：也许，这是截至目前的唯一范例——“爱情长廊”立足大型商厦。他指的这个商业中心，就是中房金谊广场。目前，上海还没有“后来者”。

说到中房金谊广场的“爱情长廊”和婚恋服务，就想起一个小插曲。

2013年国庆期间，有个浦东东昌路邻居老姊妹，特地打我手机：“哎，小红姐，侬晓得吧?中房金谊广场开出了一个‘爱情长廊’，什么时候我们一起去看看，好伐啦?你们梅园婚恋是大品牌，也要学习人家的做法，到大商场搞点大名堂出来！”

我一听，差点没笑出声，就将计就计，跟着开个玩笑：“我有点忙，你先给我去踩个点。回头我请你吃饭。”原来，她女儿就住在三林地区，女儿到金谊广场商厦里闲逛购物，回来告诉了妈妈这个信息，因没有细看，不知是谁家开的婚恋服务点。过了几天，老姊妹又来电话了：“我看清楚了，就是你在那里开的！这个玩笑开得来……把我蒙得糊里糊涂的。为你们高兴，越做越大了！不过，说话要算数。我们哪天约在金谊广场，你一定要请我吃顿饭哟！”

点开百度地图，人们会发现，中房金谊广场地处浦东新区三林地区，离周康板块也不远。它是三林地区最大的商业中心，也是浦东地区消费的一个重要“打卡”地，交通十分便利。如果乘坐地铁11号线，到了三林站，从2号口出来，不过数百米距离，就可以进入广场大厦用巨龙装饰的云桥，乘上电梯，就直达商场三楼了。

02

喜欢尝试，是我性格中最重要的因素之一。那天，有一个朋友跟我推荐说：中房金谊广场开张后，人气不旺，很想引进一些有特色的商业服务项目。你有没有兴趣?

“当然有！”我几乎不假思索。早年做服装，常年奔波，虽然辛苦，但确实见了世面，懂得了一条，搞商业经营，必须了解市场行情，了解消费需求和消费心理，也要勇于开拓新的市场以把握先机。从事婚介行业，同样要把大门打开来。本来嘛，这个行业就是服务性、社会性、开放性的，不想办法走出去，怎么能做得大呢?

对方看我兴致勃勃，也来了劲：“那好，我做一次红娘吧！给你介绍一个人。金谊广场的分管老总史大哥。”很快，我们就跟史总见了面。这位史总，以前一直从事企业管理，对商场的招商布局、促进经营、吸引消费很有一套办法。“现在，最缺少的就是人气。只要有人进来，楼上楼下几圈转下来，不是买一点，就是坐下来吃一顿……慢慢地，就把名气打出来，把营业额搞上去了！”

“朋友向我推荐梅园，我们上网查呀，报纸上看呀，感觉不错。请你们来，阿拉先谈谈。双方有兴趣了，合作起来才愉快。”史总很谦和，他先详细地介绍了金谊广场的央企背景和周边情况。接下来，就直奔合作这个主题，不光思路清爽，说话也比较直接，不转弯抹角。

见他这样爽气，我也谈了想法：“我从事婚介多年，对在商场如何做好婚介服务，没有经验。但事在人为，我们有信心做好这一块。还有呢，我们在杨浦做社区婚恋服务，慢慢也有了不少心得，可以借鉴。你说是吧，世间道理总是相通的。”

史总一直很忙，他一边跟我们洽谈，一边又不断接手机，发出不同的指令。“我长话短说，开始合作，我们都要有不赚钱的准备。我们借现成的场地给你们，不收费用。你们呢，要派精兵强将来驻守，多搞一些交友联谊活动，请一批批小青年来，请他们的父母亲跟着来……商场嘛，最初几年，就是要慢慢养。”

真是一拍即合，一场新的合作就这样点击了“快捷键”，进入了操作程序。

03

从内心讲，我对这个项目是很感兴趣的，一回公司，就马上着手商量、布置和安排。

金谊广场那边，更是急如星火。毕竟，一个体量巨大的商场开张，一天却没几个顾客前来光顾，而每天打开大门，不管有没有生意，都必须支付水、电和各种人工开销，那种窘迫，那种心情，谁都能理解。所以，史总他们那头，最重大的任务，就是招商、招商、招商！举凡生活用品、影视娱乐、少儿培训、餐饮食品，一家一家地落实；宣传、宣传、宣传！沿途公交，11号地铁站台，大厦墙面，大大小小的广告也不断开发、展现出来。这种热火朝天，让我也同时看到了商厦婚恋服务的前景。

根据双方的协商，首先在金谊广场四楼中厅醒目位置，专辟一个“爱情长廊”，张贴有关梅园婚恋的宣传画和广告语，并在寻缘墙上挂满适龄未婚男女信息。同时，在“爱情长廊”对面，搭出一间玻璃房作为梅园服务处，由红娘老师坐镇其间，接受咨询。来金谊广场游玩购物的市民，可以随时与红娘老师沟通，了解情况，表达意愿。

对于如何开展活动和服务，我们也做了详细规划，写入协议，作为合作的依据。即常年开展婚恋的沙龙、相亲、洽谈、咨询、辅导、登记、报名、展示、宣传等日常服务工作。而金谊广场方面，确实做得十分地道，安排了一名工作人员与梅园服务处对接。还免费提供1部电话、1条网线和1个文件柜，并出资重新制作一块固定式交友告示牌。

在硬件落实的基础上，双方成立了合作领导小组。史总和我是领导小组正副组长，小楼老师是我们这边的联络员。领导小组每月召开一次工作会议，汇报保障工作和婚介服务，安排下月工作，研究开展宣传和广告的途径、办法和效果提升；协商解决实际工作过程中存在的各类重要问题。另外，每年年中和年末，分别召开小结、总结会议。

这项合作的推进，比计划中安排的还要踏实。每季度举办一次“家长咨询会”，组织资深红娘、高级婚恋师、律师和心理咨询师参加。不定期地推出各类专题、不同对象单身青年交友联谊活动，在数量上都超出预期。在制度执行上，按总部规定的，一成不变、一如既往、一丝不苟。红娘们更是用心用情，除做好吸引会员、择偶配对、跟踪回访等日常工作，还积极做好交友联谊活动的后续托底服务工作，提高了工作效率和“爱情长廊”的社会声誉。

我对宣传也格外上心。我们利用梅园自身网站、微信平台，特别是在合作媒体《劳动报》《新民晚报（社区版）• 家庭周刊》《新民地铁报》等市级媒体上刊登信息和报道，并组织会员参与，扩大了“爱情长廊”寻爱交友活动在区域和全市的影响力。

04

经双方共同努力，慢慢地，金谊广场的“爱情长廊”和婚恋服务，在周边出了名，直接吸引了浦东三林镇、康桥镇、惠南镇、东明街道，闵行浦江镇等地区居民积极前往。后来，又多次成为杨浦区、黄浦区，浦东世博园区，以及中船重工、航天局所属企业单身员工交友联谊的场所。

一次，我和小楼老师前往检查工作，一进大厦，就听到顾客中有人这样对话：“哎，晓得吧，中房金谊广场又要搞白领交友活动了，让你们家女儿快点来参加！”原来，三林地区不少老伯伯、老妈妈，那时候见了面交流最多的，就是这类信息。

几位前来咨询的小伙子，也告诉我，他们在微信群中也经常提醒：“哎，快，上网查一下，我们几个男同事一起去，‘优秀女’不少，错过了不要太后悔！”对金谊广场婚恋服务信息，三林、杨思甚至陆家嘴地区商务楼的男性白领，也十分关注，特别起劲！《青年报》《I时代报》和《劳动报》等，也关注到了金谊广场的这一创新。

各家在报道中这样表达：在上海大型商业综合体中，金谊广场打出“爱情牌”，开创了三个第一：

（1）与专业著名婚介机构梅园婚恋联手，常年开展广场式、活动型金白领交友联谊活动，成为上海首个大型商业实体中的婚恋服务基地。

（2）在4楼建立“爱情长廊”和婚介登记、约会场所，全天候提供婚介服务。开展单身青年交友联谊、父母相亲咨询双轮驱动，一年中，各类活动不下四五十场，活动体量之大，在申城大商厦中独一无二。

（3）抓住80后、90后婚恋问题这个全社会热点，从婚恋指导、婚介服务切入，在集聚人气、引进商家、促进销售、带动全商厦发展等方面起到了关键作用。不光体现了企业的社会责任感和慈善大爱，也由此带动了与交友、婚姻、生育相关的一系列商业产品销售和服务。在社会上产生一定影响之后，又定期举办中高端中老年交友沙龙，使这里成了老年人聚会的好去处。

与此同时，媒体也主动关注单身青年的婚恋服务。2013年11月16日下午，由中房金谊广场和《新闻晨报》《社区晨报》主办，梅园协办的“寻爱交友”活动开幕。当天，仅签到的就有将近200多人，不少家长也前来助阵。年龄最小的，是当年刚毕业的90后妹子。这一活动，也让我们再次看到了媒体在婚恋关怀上的影响力。

2014年以来，这里的婚恋活动逐渐形成了几个专题，包括金白领、父母相亲会、中老人专场，还有比较热门的，就是海归专场。在6月中旬发布了一则“海归和成功人士”专场信息后，报名踊跃。由于报名的人太多，只好将后报名的拦到下一次。最后，136名男女相聚金谊广场5楼多功能厅，而且男女比例达到1：1。这在上海的交友活动中，还真的很少见呢。

当然，对广大顾客和参与者来说，能让单身青年在中房金谊广场牵上手、对上眼、结上缘，从“路人”变成“恋人”，再由“恋人”变成“爱人”，才是“硬道理”。2014年8月28日，我们又在这里举办了一场父母相亲咨询会，原计划安排家长50名，不料家长加子女来了100多位，将金谊5楼多功能厅挤得满满登登。那天，史总与会，在开场白上披露：“金谊在4楼开辟了爱情长廊，在1楼、5楼常年举办交友联谊和父母相亲咨询活动。上海婚介机构数量不少，我们为何引进梅园婚恋服务中心真诚合作？因为在创始人红梅老师的领导下，梅园坚决杜绝婚托，全心全意帮助广大单身寻缘择偶，牵手成功率不断提升。所以，广大市民特别信任！”

史总的一席话，像点了一把火，场面一下子控制不住，主持人还没有宣布活动开始，家长们就把我、小楼老师和其他红娘老师分别围个水泄不通。

如今，金谊广场已变成了极具吸引力的“磁场”：只要举办大型婚介服务活动，每次都是满员乃至超员，一片热闹景象。每天到金谊四楼咨询的家长络绎不绝，双休日前来登记报名的单身金白领逐渐增多。

05

在梅园婚恋的社会化服务过程中，金谊广场实际上成了一个“婚恋基地”。2021年1月17日晚在广场一楼中庭举办的迎春交友晚会，成为市民难忘的一次大型联欢性活动。

当晚6点，活动正式拉开帷幕。许多成功会员家长和成功会员本人早早就来到广场中庭现场签到，许多顾客也早早聚拢过来，占好位置。现场精彩的节目，有俏古丽新疆舞；迈克尔·杰克逊模仿秀，有歌曲《亲密爱人》《相思》，有充满江南韵味的旗袍走秀《上海谣》，都赢来一阵阵掌声。参加演出的，都是在申城有点名气的团队和演员。

最吃力的，是活动的准备和排练。由于红娘团队每天的本职工作都是排得满满的，所以，从活动准备到现场开演，只花了短短一周的时间，从舞台布置、主持、诗朗诵等各个环节，大家都全程参与，付出了百分之百的努力，一遍又一遍地用心彩排，都想把晚会呈现得更好——而她们，也确实做到了！

最吸引人的，是来自成功会员和会员家长的心得分享。

现场有一对小夫妻，故事曲折感人。那位丈夫说：几年前，我妻子的一位闺蜜，在金谊梅园罗老师的介绍下，见了一位男生。由于双方都十分满意，当场成功牵手，一年后，便踏上婚姻红地毯。“在闺蜜力荐下，我妻子——不，当时还不是我的妻子，她也找到了罗老师。有趣的是，罗老师给她介绍的第一位男生，就是我！当然，这要归功于罗老师的眼光，我们双方第一次见面，就互相有了好感。”2019年，这对恋人领取了结婚证。这回，听说梅园要办感恩回馈晚会，他非常愿意现场讲讲自己的故事，让大家分享他们夫妻俩对梅园的感恩之情。而他的妻子，此时正在一旁害羞微笑着。

这也是预期中的情景：活动结束时，台下的家长们纷纷与梅园红娘联系，后来多他们的孩子很多成了梅园的注册新会员。

06

在牛年迎春联欢会上，还有一个环节，就是我的致辞："自1998年10月2日创办梅园婚恋以来，我和红娘团队一起努力奋斗了24年。我们的使命和目标，就是帮助更多的有情人成为眷属。一直有人问我，你为什么要这样坚持?我说，最简单的原因，就是，我和红娘团队的所有成员，都是母亲！我们的夙愿、梦想和追求，跟所有的父母、长辈一样，都希望自己的儿女都能适时婚恋，成家立业！"

回顾之后，我表达了自己的思考："婚恋服务，是永恒的、常青的事业。在单身青年数量增多，恋爱、结婚明显推迟，生育率下降的现实背景下，这项事业格外被政府部门关心、被社会各界关注、被广大家长重视。因为，这项事业体现了立足百年、利国利家，巩固民族复兴根基、永葆祖国活力的重大意义。有幸的是，梅园婚恋参与了这项光荣的事业，也让我们倍感责任重大！"

接着，我介绍了梅园新的情况："我的接班人"小红梅"楼老师，被评为市'爱情使者'，已成为中国共产党预备党员；浦西梅园的负责人、原《劳动报》朱老师，人广点和金谊梅园负责人，都是婚恋领域的强手，我们红娘团队也在实践中越来越团结和壮大！"最后，我继续有感而发：今天的联欢会，能得到这么多会员的支持，我真的很感动。我们要努力发扬梅园品牌优势，服务更多的单身群体！祝愿在座每一位家长的孩子，都能早日缔结美满姻缘，都能早生贵子，都能早日共享三代人乃至四代人的幸福！"

现场还有一个可以留下的"纪念"，就是充满感染力的红娘集体诗歌朗诵：《梅园婚恋，新时代的红娘》。

第一章　2020，突袭的疫情

2020年初，洋溢着举国迎春的热闹欢畅，
谁能料，武汉报警，突发的疫情极为猖狂！
白衣天使，以生命与死神作殊死的对抗，
往年春节相亲的节奏，被骤然丢在一旁！
市民都成了战士，家庭也全面设防，
社区构筑的战壕无比坚固又无比坚强……
此时此刻，梅园婚恋同样挺身而出，
为每一个会员，为一个个单身朋友，
在网上热情传递屏幕约见和交往的新创！
3月初，红娘团队进入复工的前沿哨岗，
“云相亲”义举在全市激起一股股热浪；
为单身援鄂医护提供免费的相亲服务，
关怀抗疫英雄的第一声号角是多么嘹亮！

第二章　24年，深情的回顾

1998年10月2日，有一个小小的婚介所，
在浦东一个居民新村的裙房悄然开张。
创办人说：我的心里有父母的焦虑和期望，
我们的天职，就是为姻缘编织美满的梦想——
让更多的男生成为新郎、女生成为新娘！
这所温馨的小屋，小屋那一扇扇的小窗，
就是梅园诞生后最真实、最简朴的模样。
创办24年啦，梅园在婚恋领域躬身拓荒，
为上海居民小区，留下一串串温暖的光亮！
她的创始人，就是市“诚信红娘”红梅老师，
她一直带领红娘团队面向未来放飞畅想——
在控江、殷行设置了婚恋服务的公益之窗，
在南东婚恋工作室开设了学习恋爱的课堂，
让一批社区、企业为婚恋关怀谱写华丽篇章，

上海中心云端交友的音乐盛会也将轰然奏响……
每年100多场大中型交友联谊和相亲活动，
让80、90、95后们在恋爱的天空携手飞翔！

第三章　　感恩，会员们的点赞

你们，见不得家长因子女单身而满脸泪光，
你们，见不得青年因丢失缘分而成天张皇……
推进服务，将诚信和安全视作企业的总纲，
驰骋潮头，将母爱型服务化作行业的榜样；
坚持创新发展，打造社区公益服务的模板，
提倡适龄婚恋，促使家庭的延续成为时尚！
红梅老师，小红梅楼老师，原《劳动报》朱老师，
还有梅园婚恋每一位兢兢业业的红娘啊——
点赞你们讲解天伦的永恒与爱情的成长，
亲切的引导帮助我们在寻缘路上放开眼光；
点赞你们传授识人的方法坚持素质为本，
常年的耕耘帮助我们与理想伴侣匹配成双！
从此我们理解父母，主动告别了孤芳自赏；
从此我们勇敢追求，享受伉俪恩爱的馨香！

第四章　　憧憬，远天的霓裳

如果小夫妻抱子，前来感恩，看望红娘；
如果妹陪姐同来，复制喜讯，连理情长；
如果曾经有过短暂婚史的年轻姑娘啊，
跟一位有眼光的未婚男捧出甜美的酒酿……
你肯定看到了父母们喜极而泣的闪闪泪光，
你肯定记录了精准匹配所需的耐心与智商！
那么，请你和红娘们一起向明天扬帆启航——
将自己牵手喜剧的情节，融入生活的向往；
将自己积极行动的坚定，写进爹娘的心房；

将自己美好憧憬的图画，绘成远天的霓裳；
将自己宝宝咯咯的笑声，视作最高的奖赏！

第五章　　2021，向未来致敬
婚恋兴邦，不让单者孤苦、令家庭冷场；
梦想兴国，不让真爱摔倒、令都市彷徨……
无数故事，由炽热的情感托起了择偶的翅膀，
无尽心血，由忠实的真诚送来了岁月的吉祥！
2021，向未来致敬，崇高使命赋予新时代的红娘，
2021，向祖国致敬，缔结姻缘的责任就扛在肩上——
我们把不息的追求，镌刻在魔都繁花似锦的城乡，
我们把无私的奉献，镌刻在民族伟大复兴的前方！

可喜的是，如今，回首金谊广场“爱情长廊”，我欣喜的发现，这个服务模式已在市民心中扎下了根。每天有很多前来咨询的人，每到双休日就更加热闹。

第十八章

申城原点，扩大了我的事业半径

我和黄浦区总工会领导为南京东路街道总工会婚恋工作室揭牌

01

早年在崇明红旗开关厂工作，空闲时会偕同事到堡镇老街闲逛。镇上的居民，对我们总是投来羡慕的目光。“呶，伊拉是上海来格喔！上海人！”他们总是爱这样说，而以当年海岛人的眼光，上海市区是他们心目中的繁华所在。

一天，一对老夫妇拦住了我。“小姑娘，阿是上海人?是格！哎，长得漂亮来。”开场白之后，老伯突然话题一转：“问侬一句话，上海是不是有一个国际饭店?站勒国际饭店下面，头上的帽子阿是要落下来?”

我们几个女工都哈哈大笑起来：“国际饭店是有的，高啊，高得不得了。不把脸朝天，看不清最上面的屋顶。不过呢，帽子会不会掉下来，阿拉没有试过……”

在一旁一直没说话的老婆婆，也忍不住问：“南京路是不是邪气闹猛，店铺轧店铺，鞋子是不是要挤得落脱?你们上海人真是福气得来。我一生一世，还没有去看过呢！”

上海在农村人、在外地人眼中的那种光鲜、神圣的地位，我是从崇明岛上开始知道的。而国际饭店所在的区域，更是神圣中的神圣，上海本地人，对这里也一向怀着崇仰的心情。想不到，几十年之后，我们梅园婚恋竟跟这一方土地，结下了不解之缘。

02

2014年年中的一天，《劳动报》召开座谈会，请方方面面的有贡献者，给报社的发展提建议、指路径。就在这次会上，我有了一个特别的收获，一个影响并推动梅园婚恋今后发展的莫大收获。

当时，《劳动报》的总编特地把我叫到一边：“红梅老师，您不是一直想跟工会方面合作吗?我今天给您介绍一个人。”说着，他领着我，走到黄浦区总工会时任副处级调研员的马骋骐边上，给我们双方进行介绍。马调研员不光热情，而且对我们梅园的情况十分熟悉：“我跟您说，红梅老师，我们一直关注你们，一直有心跟你们开展合作。”接着，他把梅园有关的公益活动跟我列举了一遍，真是了然于胸。接着，他话锋一转：“关心企事业单位单身职工的婚恋，是工会组织义不容辞的责任，婚介服务是你们专业机构的天然职责。这两者一结合，就可以给员工们开辟一片结连理、成家业的新天地！”

没几天，我就接到马调研员电话，请我们到南京东路街道总工会，跟时任专职副主席黄宪祖就“婚恋关怀”合作项目进行沟通。那天，我和小楼老师一起前往，马调研员就等在楼下。见到黄主席后，双方谈得十分投机和顺利。黄主席说：“老马早就把你们的情况跟我们讲了，我们也做了一系列的调查和评估。初步想法是，成立一个工会的梅园婚恋工作室，你们是专家，具体方案由你们出，大家再讨论。”

后来，经双方认真协商，确定了婚恋工作室的服务内容，主要精神是：梅园在2015年全年，提供以下服务，即每月1次现场婚恋咨询服务，每年2次婚恋讲座与指导；组织小型专题沙龙，每年组织两次50人左右、两次100人以上规模的交友活动。另外，为当年参与交友、联谊、咨询等活动的单身青年提供每人1次免费相亲机会，成为梅园会员的，亦可享受相应的优质服务。

2014年12月27日下午， 由双方合作成立的婚恋工作室，在黄浦区工人体育馆揭牌。在黄浦区总工会、各街道工会代表，以及单身青年朋友们的见证下，我和黄浦区总工会领导一起为婚恋工作室揭了牌。

揭牌仪式完成后，举办了主题为“邂逅幸福·南东之恋”的首次活动，100多位来自辖区各单位的单身青年面对面交流互动。活动后，南东街道总工会梅园婚恋工作室铜牌，就挂在了江阴路社区活动中心二楼的茶室门口。这件工会系统的新鲜事，除了引发居民群众和社区企事业单位点赞支持，媒体也给予关注，时有记者前来采访。12月30日，《劳动报》品牌版头条位置，刊登了题为《上海有了首家工会婚恋工作室——为解决大龄男女婚恋难走出新路》的通讯，对此给予了充分肯定。

03

创办梅园婚恋以后，我认为找到了后半生的“人生坐标”，充满了全力以赴的热情和力量。南东工作室成立的当晚，我的脑子一直没有停下来，兴奋得根本睡不着，老是有不同的场景在脑子里晃动，一会出现黄浦体育馆，一会出现崇明堡镇，耳边还不时响起那对老夫妻的问话。

老上海人都知道，黄浦区，是上海的中心区；黄浦区南京东路，是上海行政、文化和商贸中心的原点。在国际饭店底层大厅，就有这个原点标记。这里周边商务楼宇和商贸企业众多，历来是全国商业之最。南京东路、西藏中路口的“上海第一百货商店”，全国闻名。随着改革开放的推进，周边的商务楼宇、企事业单位，涌入大量年轻人，婚恋服务需求自然不断增长。梅园婚恋跨过黄浦江后，要使服务全市的格局更完善、更成形，绕不开我们跟南东总工会的合作。

“大家晓得伐？阿拉街道总工会成立了婚恋工作室……”挂牌第二天，婚恋工作室周边居民，尤其是家中有单身子女的父母亲们，见了面仍在相互传播这则好消息。社区的企事业单位、商业和商务楼宇的老总、人事以及单身金白领、员工们，对此更是特别关心。还有好几位小伙和姑娘赶过来了解情况，跟我们说，他们的工作地点离人民公园“相亲角”非常近。那里他们不敢去。现在，有了一个交友、相恋和牵手的放心平台，对他们太有吸引力了！

近中午时，黄主席也来了，他不断地跟居民们打着招呼。空下来，他跟我说：街道总工会以前也经常开展白领交友联谊活动，但由于没有后继跟踪和持续服务，真正牵手成功的得益者很少，根本原因是没有依托、不能落地。而下沉社区，由工青妇跟专业机构合作，就有望大大促进婚恋服务的成功率。希望通过与梅园的合作，共同打造“南东模式”这一首创的、实体性的平台，为解决上海大龄男、大龄女的“婚配难”，走出一条新路。而在这个过程中，梅园也可以通过加强托底服务，在市场化方面有所突破，推进自身的不断发展。

再回头看，我们发现，南东的创举，几乎带动了整个黄浦区工会系统的婚恋关怀。2016年，豫园街道成立了街道总工会梅园婚恋工作室，外滩街道、小东门街道、五里桥街道、半淞园路街道等总工会，都成为与梅园常年紧密合作的伙伴。几年后，上海市总工会微信平台“申工会”设立了一个网络婚恋服务项目，其直接诱因也是我们跟南东的合作。

04

有一次，中学同学聚会，大家回顾过往，争相诉说自己的“福地”，有的说是在农村、边疆，有的说是在工厂或机关。当时，我也自问自答：我事业的出发地，我的人生“福地”是浦东陆家嘴地区。而人生“福地”的再提升，则应该确定为南京东路地区。

前面讲到我和马调研员的邂逅，只能用缘分来解释。如今，时间过去了8年多，他的为人始终让我们敬佩不已。他以长期身处领导地位的思维方式和工作能力，给我们以引领，这是我们得益最多的地方。我们在整个黄浦区公益服务的拓展，最先受益的，就是他的指导和直接的帮助。比如，他退休以后，继续跟豫园、小东门、半淞园、外滩和五里桥等街道联系，推动这些街道开展婚恋关怀。这些街道都很快与我们挂上钩，乐于跟我们进行合作。所以，每逢岁末年初，我们就会请他到梅园来，对当年工作的总结、来年工作的计划安排提出指导性的意见，让我们少走了很多弯路，不断提升实际服务水平和社会声誉——因此，他在我们的心目中，是高效能、高水平的顾问和导师。

在黄浦区，最直接的合作和携手前行者，是南京东路街道总工会专职副主席黄宪祖。他是全国总工会“五一劳动奖章”获得者。在全国工会系统，这是一个最高的荣誉。而黄主席，确实是一个实干家。全年计划安排以后，一件一件抓、一件一件落实，毫不含糊。在工会“婚恋关怀”这一民生项目中，他提出的创新思维，总是最超前、最有创意的。比如军地相亲活动；再比如，以苏州西山市总工会疗养院为基地，开展“边走边游”相亲交友活动；还有，以南东为主场，邀请区内外街道、企业共同开展跨区域跨行业相亲交友，大家一起扩大了交友圈。

写到黄主席，真的还有很多话要说，很多故事要讲。2019年，为了给人民公园“相亲角”的家长们提供一个就近、方便的服务场所，提升工会组织的软实力，黄副主席又提议，可以在九江路开设南东单身员工工会婚恋服务指导点，进一步为全市提供了样板和示范。为此，他主动帮助我们联系商务楼，并请求给予租金上的优惠。还有呢，他只要有时间，很多交友联谊活动都会亲自参加，当面锣、当面鼓地鼓励男女嘉宾抓紧行动，抓住机会，早日寻缘择偶，活脱脱一个爱子爱女的“父亲形象”。“现在的金白领员工，工作当然很体面，但圈子小、社交少，如何帮助他们找到人生伴侣，是个大问题。还要看到，这项工作，对于企事业单位留住人才，让人才安心本职、忠于公司，也极为重要。”他在工会的大小会议上，常常这样强调，对单身员工的拳拳之心令人感动，成为上海有名的“工会大红娘”。

05

人与人打交道，最重要的是真诚。这也是双方合作能否成功最重要的因素。在马调研员、黄主席身上，我们都看到了。

还要特别提到，高层领导的重视，是更为重要的因素。为此，我还想讲一讲黄浦区总工会常务副主席阮顺红。他的谦和、务实，以员工利益为重的工作作风，让我难以忘怀。南东街道梅园婚恋工作室开展活动以后，他立即给予很大关注。除了前往南东工会考察、调研，他还率队来到梅园了解情况，从工会系统的特点出发，给我们的工作以具体的指导。此后，企事业单位婚恋关怀的议题，被上升到了区级工会层面。在他的要求、支持和统筹安排下，整个黄浦区工会系统几乎都动了起来，小东门（十六铺）党建服务中心，成为黄浦区开展相亲交友活动的一个基地。2017年夏季，外滩街道举办浦江游轮相亲游。那天，气温高达35度朝上。阮主席和其他工会领导来到游轮上，给男女嘉宾们讲话，祝贺活动成功，祝愿更多的单身男女在活动中牵手。这项活动在媒体报道后，一度成为市民口口相传的佳话。

同样让人高兴的是，黄主席退休以后，一位80后接任了这项工作，她就是在南东工会副主席岗位上工作了一段时间的高珺。她在原来基础上提出不少新想法，推动了街道总工会“婚恋关怀”的发展。

在黄浦区，还要感谢一批领导。一位是黄浦区外滩街道党工委副书记、总工会主席许金武。在该街道与梅园婚恋合作中，他让街道团委冲到一线并给予具体指导。双方合作开展交友活动或召开“婚恋关怀”会议，他都前来参加，提出建议，热情而细致。还有，南京东路街道党工委副书记、总工会主席林伟，还有总工会新任副主席张译心，在原来基础上对“婚恋关怀”提了新的设想和要求。豫园街道总工会成立了婚恋工作室。半淞园路街道总工会副主席毛伟，不但积极联手梅园开展辖区内的交友活动，还在2022年疫情中携手闵行经济开发区、南东街道并邀请梅园婚恋，协办了4月10日晚的“云相亲”。五里桥街道总工会副主席王圣荣、豫园街道总工会副主席徐素琼等领导，也一直把“婚恋关怀”工作抓在手里，多次联系辖区内最好的星级大酒店和其他地点，作为交友联谊的场所。

时至今日，我仍常常想到一个问题：南东街道之所以成为上海原点职工“婚恋关怀”的始发地，以后又在全区呈现燎原之势，离不开像阮顺红、马骋骐、黄宪祖、高珺、林伟、许金武、毛伟、徐素琼、王圣荣这样一批工会干部。他们在繁忙工作中，始终把“婚恋关怀”作为员工服务的核心环节来关怀，来推进！而在他们的帮助下我开拓了视野，增长了见识，也扩大了梅园婚恋的发展半径。

干部好，是企事业单位和民众的福祉——这是我们党的要求，也是现实生活的真理啊！

第十九章

融入魔都中心城区

2019年5月28日上午，我和楼老师、南东街道总工会领导为梅园婚恋人民广场服务点揭牌

01

2015年12月5日，这一天，我记得特别清楚。

那天十分阴冷，还下着小冰粒。这样的天气，在上海很少见。可当天下午，由我们和南京东路街道总工会共同策划举办的“等爱不孤单・爱在军营——军民联谊汇”，却热气腾腾。

这样的军地交友联谊活动，在上海并不多见。而这次活动组织得特别精心，部队的一批优秀大龄军人，黄浦区世界500强企业、南东非公企业、区总工会女工委招募的男女嘉宾，以及梅园会员共100多位单身青年参加。部队领导表示，希望上海姑娘能爱上部队这些忠诚、朴实，懂感情、重责任的军人。南京东路街道总工会主席戎颖在讲话中说，活动让单身青年受到了生动的国防教育、婚姻家庭教育，也体现了军民鱼水深情。

在活动现场，一道道游戏大餐让大家的热情迅速升温：“组队”，选队长、起队名、写七言绝句，让各组一阵忙碌；游戏，“万里长城永不倒”让大家嗨翻。“红绳解套”和“九龙饮水”，前者要脑筋急转，后者要全组合力，一时全场沸腾。

活动结束时，主持人在现场激动地宣布：“请现场牵手的五对情侣到台前来，发表感言！” “男士都是部队优秀大龄军人，祝贺五位姑娘与我们 ‘最可爱的人’牵手！”部队领导、南东工会领导和我，上台给每对牵手嘉宾颁发一份小小的贺礼。

在现场，我一次次被青年嘉宾们的热情感染。以至于每次回想起来，耳边都会响起主持人在活动结束前的祝贺声。当时，内心十分激动，真心祈愿这五位姑娘和军人小伙子牵上手后，一直平稳前行，最终踏上红地毯!

黄浦区为单身青年提供的婚恋服务，由此可见一斑。事实上，南京东路街道总工会起到的示范效应，黄浦总工会领导给予的大力推动，也有力推进了魔都——上海中心城区婚恋关怀交友联谊活动的高潮迭起。

显然，要把我们梅园跟黄浦区工会部门合作开展的所有活动，逐一描述，是一件困难的事。但其中不少活动，以其鲜明的主题、特别的对象，精彩的内容、精心的安排，让每一位参与者和通过新闻报道了解活动的市民，难以忘却，成为经典。

2015年12月9日，《劳动报·婚恋》专刊刊登了题为《与“最可爱的人”牵手》的通讯，记载了南东总工会的这一次军地共建相亲交友活动。

02

据我们的统计，从2015年起，梅园与本市各地区工青妇群团开展的交友联谊活动，每年达到上百场，黄浦区占到一半以上，水平也逐渐提高。其中，另一场令人难忘记的活动，就是2017年8月27日，在外滩滨江成功举办的“仲夏双游轮　牵手约浦江”。主办单位是小东门、半淞园路两个街道的总工会。时值我国传统的情人节“七夕节”。为了突出七夕的浪漫气氛，活动地点选在浦江游船上。上船地点为十六铺游船码头，这是上海著名的旅游“打卡”点。

一开始，我们与主办单位制定的计划是：规模为100人，游轮为一艘。不料，向滨江沿岸楼宇、园区内的企事业单位发出召集令后，短短一星期时间内就有近250人报名。经过甄选，活动以1：1配比，男女嘉宾各为100人，游轮由一艘变成了两艘!

这天下午，两辆游船并排在码头迎候嘉宾，白领青年朋友们在徐徐微风中鱼贯进入，共同参加一场仲夏游船交友大派对。活动分两场进行。前半场，为集中交友。男女嘉宾们通过爱情摩天轮（交友8分钟）、友谊的抱抱、蒙面喂蛋糕等互动游戏，实现零距离接触，结交新朋友，寻找属于自己的缘分。经过2个多小时的活动，10对男女嘉宾现场成功牵手。

活动后半场，为浦江夜游。游船在黄昏后起航，嘉宾们登上三楼甲板，一览外滩欧式风格建筑托起的十里灯火，还有浦东陆家嘴摩天大厦的璀璨霓虹，畅享自由活动的美好时光。不少初识的白领男女青年，在互动中交换联系方式，现场收获更多友谊，播下了爱情的种子。

03

说到这里，话还不能打住。正如黄浦区的单身青年告诉我的：红梅老师，2018年6月9日，由豫园街道总工会主办的“粉色浪漫季•嫣红偶相豫”活动，您一定要讲一讲！

这场活动，是在豫园万丽酒店举办的。其中最大的亮点，就是豫园总工会梅园婚恋工作室同时启幕。这一天，豫园街道领导、总工会领导，以及部分企业领导，悉数到场，十分重视。

再说，万丽酒店在豫园街道区域内，也是最好的酒店之一。它楼高22层，2007年开张营业，属于四星级，在大上海不算最有名，但地理位置奇佳，就坐落在市中心，邻近著名的豫园景区，距离外滩、新天地以及其他旅游景点只有几分钟的路程。位于17楼的酒廊，可以让人们欣赏一望无垠的城市天际线景观，足以吸引单身朋友们的眼球。

据街道总工会领导说，豫园街道所辖企业中，有不少的白领青年由于工作节奏快，交友难已成了普遍问题。所以，成立豫园街道总工会梅园婚恋工作室，帮助广大青年“脱单”，是当务之急。“我们选择万丽酒店，因为是我们辖区最好的酒店，也因为它是申城预订婚宴的著名场所。你们看啊，粉红色，正是他们宴会大厅的主色调！”

显然，这个粉红色，对参加活动的所有单身青年，都有强烈的暗示意味。这个活动，有几个环节我记到现在：一个是为“豫园街道总工会梅园婚恋工作室”盛大启幕；二是主办方为每一对牵手成功的嘉宾准备了33朵三生三世玫瑰花盒的“牵手大奖”。最后，当10对成功牵手的男女生上台，由我和街道工会领导一起颁奖，我的眼眶顿时湿润了——这种成就感，业外人士很难体会到！

04

2020年9月，上海地区的疫情已较为平稳。南东街道总工会也抓紧推进实践非公企业工会改革2.0。在这个过程中，工会提出了在“劳动光荣、休养快乐”非公企业职工疗休养专项工作中，将青年相亲交友活动融入其中。具体的疗休养基地，就是苏州太湖西山疗休养院。这一举措，大受欢迎。基层的反馈是：这样，我们可以感受多倍的关怀，提升了当家做主的幸福感！

在这些活动中，我收集了很多感受。比如，时任南东总工会职工服务中心主任的王威廉跟我说：由工会买单，组织青年员工到上海周边地区开展交友活动，可以饱览美丽风景、呼吸新鲜空气，很符合他们的口味，吸引力越来越大，越来越抢手。

“充满韵味的秋天是金色的，这里的秋天是生机盎然的！”9月初，一场由梅园协办、甜度满满的交友活动悄然进行，来自南东辖区非公企业的小刘与伙伴们在苏州木渎古镇内，欣赏古韵秋意，同时寻觅着自己心中的另一半。他跟我谈的体会是：“一周前，工会老师告诉我，这次活动在西山，让我享受了一次疗休养，还能够去寻找自己喜欢的女生，太惊喜了！”

在举办了“木渎的秋天·遇见你”沙家浜活动之后，“红叶题诗·踏行真爱”活动，又在苏州西山太湖之畔和天平山上演。如何使活动再出新意?我们跟南东总工会职工服务中心一起协商，以“红叶题诗”为切入点。从天平山游览开始，男女生就互动交流、收集红枫、银杏树叶，酝酿诗歌创作。

这次联谊活动的方案，一是“诗画赋意”。每个队员的姓名中被各取一字，嵌入诗中，然后作画一幅，粘上红黄叶片，再着墨添彩，促使男女生个个投入。二是“表演赋情”，彩色假发，名人面具，布条、旧报纸都成了道具，现场高潮迭起，不少男女生合作默契，暗生情愫。

“晴空登云顶，秋末红叶行。梦幻水波里，情谊永留存。”这首由队员写的诗，充分表达了大家的心情。从景点浏览到晚会活动，我和小楼老师，以及另两位红娘，都始终察言观色、穿针引线，不时为心动男女传递意向。由于我们红娘自始至终的努力，活动中有5对男女生现场牵手。在活动结束时，小楼老师跟大家说，协助工会等群团开展好各类婚恋关怀活动，是我们义不容辞的责任。而通过所有活动，为梅园会员提供更多寻缘择偶机会，也是我们着力实践的好方法、好途径！

此后，2021年4月的苏州西山的“十里春风不如你·古镇木渎寻爱之旅”、6月的“沙家浜四史教育暨相亲游”，也让单身员工们收获满满。

我和红娘团队在总结时提出，梅园婚恋协办“边走边爱”活动，还要扩大溢出效应，使这一创新在豫园、小东门和外滩街道，还有浦东陆家嘴街道获得更出色的运用。每次都安排梅园会员参与其中，增加了他们与企事业优秀单身员工接触、牵手的机会。

05

2019年5月28日上午，黄浦区南京东路街道总工会“指定职工婚恋服务单位——梅园婚恋人民广场服务点”举行启动揭牌仪式。总工会专职副主席黄宪祖在揭牌仪式上表示，一定要充分发挥该服务单位的优势，将辖区内楼宇职工婚恋关怀向纵深推进。

进入2019年，南东街道总工会决定运用新的服务模式，深化婚恋关怀。在听取基层企业意见，并与我们深入探讨后，将位于九江路新能源大厦的梅园婚恋人民广场服务点，作为指定婚恋服务单位。确定的工作重点，就是提供交友联谊活动后的跟踪、托底服务。专业机构“一对一”的推荐服务，以及不同情况和对象的个性化订制服务，帮助辖区内商务楼宇更多单身男女职工找到理想伴侣，缔结美满姻缘，建立幸福家庭。

“人广点”成立以后，优势马上显示出来：一是位于市中心核心地段，交通十分便利；二是信誉卓著，梅园和工会合作，让品牌效应进一步扩大。还有一点更是值得一提，就是这个点，离人民广场“相亲角”不远。很多与“相亲角”相关的故事，也在这里重新演绎。

06

洪妈妈70岁出头，精神很好，就是背有点驼了。2021年春节前的梅园新春联欢会上，她主动提出要说几句，于是她站在舞台上，讲了自己儿子在梅园找到女朋友的过程。节后，上海电视台《我们退休啦》节目组来现场采访，她也在镜头前侃侃而谈，讲着讲着，就泪流满面了。

此前，洪妈妈特地到梅园总部来看望我，以表示一个母亲对另一个母亲的感谢。那天，她见到我，拉着我的手一直不肯放。然后，缓缓地讲起了自己和儿子的故事。

洪妈妈的儿子，1977年出生，获得硕士学历，是单位的技术中坚。然而，这么一位优秀男，恋爱的能力却很差。妈妈看在眼里，急在心上，决定亲自出马。一开始，到处托亲拜友，忙了一年半载。“结果我发现，这样勿来事！亲友们都很忙，人家介绍一次，就已经不得了的面子啦。再讲，不是相一次就能成功的呀！怎么办?我就想到了人民公园‘相亲角’。到那里一看，热闹得不得了，都是家长，各自撑一把伞，把子女的基本情况写在上面……你看中了哪一个，就可以上去谈，把儿子推荐给人家。也有专门售卖信息的‘黄牛’，每次收取一两百块钱不等，给你一个电话，由你自己联系。”

那以后，洪妈妈每周都要耗上一天，雷打不动，到人民公园“相亲角”去为儿子寻觅对象。光从“黄牛”处买资料，就花了她不少钱。可一晃，十年过去了，一事无成！“其实，我也经常反思，这样行吗?这条路走到现在，为啥走不通?也有人建议我找一家婚介机构。可是，负面的信息太多了，我不敢去啊！”也是峰回路转，洪妈妈听人家讲梅园婚恋真的不错，就找到了南泉路总部，一位老师接待了她。不久，这位老师调到了“人广点”，她也跟着过去找那位红娘，同时看看现场情况。

2020年7月，洪妈妈陪儿子在“人广点”注册了会员。红娘老师经专门会商，推荐了一位女医生。想不到，双方一见面，就对上了眼缘，成了又一例“一荐准”！说到儿子和儿媳正筹办婚礼，这位老人突然将双手捂着脸，像孩子一样哭起来。这次哭，比后来在摄像机镜头的哭，更放开，哭了好一会才停下来。

我一边劝着洪妈妈，一边也止不住流下泪水，内心的自豪感也升起来了。

我告诉自己：必须和楼老师、朱老师一起，带领红娘团队，把这项甜蜜的事业坚持下去，越做越好。这样，才对得起所有信任我们的单身青年和他们的家长！

第二十章

“光棍节”与双十一变奏曲

2017年“双十一”，我应邀到上海交通台参与专题直播

01

2021年的“双十一”，似乎变得不像往年那样疯狂。如何平衡网购和实体店销售之间的关系，已经引起了国家高层的重视。当然，网购平台的增多，市民网购的普及化和日常化，也使商家的集中促销和优惠鼓动变得不像以前那么急迫。

有趣的是，正是这个“双十一”，让我纠结多年。好像冥冥中，我就跟这一现象“杠”上了。这件事，还得从头道来。

在婚恋服务实践中，我慢慢发现，很多旧观念必须纠正，很多有利于社会发展、家庭延续、时代进步的思想观念应该加以阐述和弘扬。于是，我利用《劳动报·婚恋》专刊，慢慢地，一点一点地发出自己的声音，试图影响单身青年在恋爱、婚姻和生育上的走向。

02

我思考比较早的一个突出问题，就是“光棍节”。因为这件事，跟我们婚恋行业直接相关。

在网络上，查到这个“民间节日”的表述是：1993年，南京大学“名草无主”寝室4位大四学生每晚举行“卧谈”，一段时间的主题都是讨论如何摆脱光棍状态，并计划在当年的11月11日作为“光棍节”来组织活动。随着一批批学子告别校园，这个节日被逐渐带入社会，由光棍节发展出了“脱光节”。然而，以2009年为肇始，以天猫、京东为代表的大型电子商务网站把这一天变成了“双十一购物节”。此后，每一年的这一天，电商们都在此前拼命宣传预热，然后在当天零点推出网上购物狂欢。

这样，“光棍节”的本意就直接被异化了，一代代青年“脱单”的意愿被淡化了，家长们借此催婚的声音被模糊与掩盖了。

2014年11月12日，《劳动报·婚恋》专刊上，刊登了一篇题为“将‘光棍节’变成‘情缘节’——梅园目标是让更多有情人都成为眷属”的小通讯，第一个小标题，就对“双十一”四个字进行了形象的比喻：4个光棍应是2对情侣。

说起这篇记者采访的小通讯，还真有点缘由。因为在11月11日“光棍节”前夕，梅园一对会员夫妻给我发来短信，对“双十一”将寻缘择偶的氛围冲没了，表达了自己的看法。

读完短信的瞬间，我的心变得沉重了。那天夜里，我做了一个梦。在梦中，两对本不相识的青年男女，在“光棍节”的巨幅广告牌下，牵手变成了两对情侣！第二天，我就联系专刊，请一位记者来采写一篇文章。

根据我的要求，文章的第一个小标题是：4个光棍应是2对情侣。而文字这样描写：“在这两对情侣中，他们中间有个无形的加号，就是专业、诚信的婚介机构……我们的目标，是将‘光棍节’变成‘情缘节’，让更多有情人成为眷属！”

在这篇通讯的后面两段，记者记述了梅园的有关工作。第二个小标题为：建“安全港”　搭“大平台”。文字的大意是——

这些年来，红梅老师品牌在申城家喻户晓，梅园成功率逐年提高。市、区有关部门深入考察后，肯定了她们的经验。

梅园将诚信视为“命根子”，决不搞“婚托”，全力为会员建设“安全港”，17年来此类投诉为“零”。世博会期间被市民政部门推荐为“婚介服务规范、诚信婚介机构”，红梅老师被市婚介协会评为“诚信红娘”。严格执行制度，保证会员身份、学历等证明真实准确，并通过上网、实地踏看或到政府专网，对有疑问或高端会员调查核实，赢得了社会广泛赞誉和媒体高度评价。

近年来，梅园与控江、殷行、陆家嘴等社区、工青妇联手推进“婚恋民生工程”，全力为会员建设寻缘择偶的“大平台”，赢得了中房金谊广场、中船重工、华为集团、兵工物资、上海国旅等一批大企业的特别支持，受到了金白领和社区居民普遍欢迎。今年10月，又与黄浦区南京东路街道总工会携手创办婚恋工作室。常年在全市范围内为大楼宇、大公司单身金白领，机关、企事业单身青年员工等提供服务，使优质资源不断涌入，会员匹配理想度越来越高。

通讯的第三段，以“母爱，流注于每项服务环节”为小标题，从工作细节记录了梅园的工作，描述也比较细致。

记者又写道，以真诚的母爱心，服务于每一个会员，是红梅老师的身传言教，也梅园精神的核心所在。

17年来，梅园将母爱流注于每项服务环节：热情接待、深入交谈，一对一服务；进行综合评估，实现优化配对；约会3天内回访，消除误解或再行推荐；每月对不成功者进行分析，研讨对策，重新推荐；举办讲座和父母免费咨询会，传授正确婚恋观、心理学和交往技巧。通过微信平台发送最新资料，提高择偶配对的精准性和快捷度。一面面锦旗、一封封感谢信，一盒盒喜糖，让梅园老师分享喜悦……赠者欢欣，受者感动，成长起来的，是更多寻缘者对理想婚姻的向往！

03

此后，我每年都会抓住这个主题，对单身青年提出“脱单”提醒。2015年11月11日，我用对话的形式，写了一篇“回归‘双十一’本意”的文章。当时，有个叫“轧轧闹猛”的单身青年在微信里跟我对话：我准备在“双十一”凌晨大干一场，既便宜，又刺激。可老爸老妈却指责说，你这个傻儿子不考虑好好找女朋友，却去忙这类赚小失大的事！红梅老师，这挨得着吗？过了“购物节”，不一样可以找对象吗？

我在微信里对他的问题进行了回答，因意犹未尽，又写成了一篇对话录。

我这样告诉他：这是父母借题发挥，表示对你不肯寻缘择偶的担忧，我特别理解。为迎“双十一”，电商广告狂轰，网民只待秒杀。可单身青年的家长们却心事重重，很多人打电话给我，希望全社会更多关注“双十一”本意，要求单身子女用心思找对象谈恋爱，尽早解决个人婚姻大事。我认为他们的想法对头，应该引起你们子女的深思。

“双十一”的出现，是呼吁人们关注大男大女问题。如今商家通过互联网用于营销，这本无可厚非。不过，单身青年还是要多考虑父母关切。因为早日“脱单”，比多秒杀几件优惠商品更为重要！很多人把“双十一·光棍节”，看成是站成一排的4个单身者。可在我们心中，这个节日形象，应是2对手牵手的恩爱情侣。他们中间有个无形的加号，就是专业、诚信的婚介机构。

这篇文章在《劳动报·婚恋》专刊刊登后，受到了不少老会员的力挺，有一对还讲了自己的故事：“2013年，我俩均在‘双十一’前成为会员，牵手后一年结婚，最近生了小宝宝，感谢梅园帮助我们建立了幸福的家庭！”已经成功牵手、领结婚证的会员也纷纷在“双十一”前通过微信或QQ感谢梅园，让我们感到无比幸福与自豪。

所有这些反馈表明，我的坚持是对的。我希望通过这样的呼吁，动员更多的人，推动将“光棍节”变成“情缘节”的进程，帮助更多单身青年找到另一半，让父母悬着的心早日放下来！

04

几年坚持下来，我的观点被不少媒体认可。2016年“双十一”前夕，上海电视台星尚频道“壹周时尚”栏目组专程前来，对我们进行了采访。

那天是10月16日，适逢周日。星尚摄制组进入梅园总部时，发现约会男女会员爆满，一天里安排的约见会员有30多对，前来咨询的也络绎不绝……他们马上兴奋起来，首先采访了我和楼老师。接着，摄制组在现场采访了1992年出生的会员黎先生。他说：“我特别支持红梅老师关于将时下的购物节，回归‘光棍节’‘情缘节’的观点。对我们‘单身狗’来说，早日脱单，比购买几件优惠商品，重要得多啊！”节目在“双十一”播出后，在社会上产生了很大的反响。

2017年“双十一”前，出现了另一种情况：浦东地区群团与我们进行合作，开展了交友联谊活动。其中，11日由世博管委会举办的“首次世博地区菁英人才大型交友”，12日由浦东新区总工会主办的“等爱降临•绽放如花”百位优秀青年烧烤联谊汇，分别举办。梅园婚恋为这两项活动提供全程策划和执行，尤受各界瞩目，成为申城“双十一”的突出亮点。

2018年11月8日，我们就“双十一”问题，在微信平台办了一个小小的微征文活动。很快，几十篇不到百字的小小文章发了过来。后来，在婚恋专刊上辟“会员视角”的栏目刊登，读起来，饶有趣味——

前几年“双十一”，我只知道秒杀，痛快，跟爸妈的想法完全背离。我去年到梅园注册，最近领结婚证。想到红梅老师所言，要回归“双十一”本意，内心充满敬意！@我心幡然

有位闺蜜，今年有了新点子，说“双十一”我们别熬夜，一起结伴到梅园注册寻缘。为啥?秒杀一大堆，不如各自找个优秀男，建立幸福家庭，也让父母放下心来。@风轻云淡

我93年的，最近老爸警告，小伙子，25岁了，找一年、谈一年，磨磨蹭蹭又一年，一晃就是而立年！“双十一”别费劲抢购，我陪你到梅园报名，找个好媳妇是正经事。@俗人凡心

跟父母诉求“对焦”，因为缔结美好姻缘，根本上我们自己的事！老同学有的谈恋爱，有的生了娃！“双十一”，我要行动——寻缘择偶，建个小家，三代人幸福啊！@李家小囡

05

在提倡将“光棍节”变成“情缘节”的过程中，我得到的另一次较大支持，来自上海人民广播电台交通台。

2017年国庆后，楼老师接到了上海交通台《交关有名堂》陆青、唐亮老师的电话邀请，希望我能在“双十一”当天，到电台做一档现场接受采访的节目。他们提出这个邀请的背景是，当年5月17日上午，国务院新闻办举行新闻发布会，请共青团中央领导介绍了《中长期青年发展规划（2016—2025年）》有关情况。会上指出，青年的婚恋是青年发展中

的大问题，要帮助青年人树立正确婚恋观、家庭观，为青年结交朋友创造更多机会和条件，帮助青年人真正找到合意的伴侣。

在这以前，我曾多次接受电视台采访，但直接到电台，与主持人同坐直播间，还从未有过，真的有点忐忑不安。随着主持人陆青老师甜美的上海话响起，并开始进入“一问一答”程序，我的心慢慢平静下来，也用流利的上海话侃侃而谈。现在，我将直播的记录稿刊登如下——

陆青：红梅老师侬好，欢迎侬在今天这个特别日子，来到交通广播《交关有名堂》直播室，先跟听众朋友打个招呼。

红梅老师：主持人好，听众朋友们好！今天非常高兴能有机会来到交通广播《交关有名堂》节目直播室，和大家交流。

陆青：据我们了解，红梅老师是上海婚恋交友行业第一代红娘。哎，特别想问红梅老师，在侬的职业生涯里，侬和侬的团队，为多少对有情人成功牵线搭桥？

听众朋友可能还不晓得，红梅老师这四个字，现在不仅仅属于她个人，其实已经成为上海婚恋交友行业里一个著名品牌；她也不是一个人在“战斗”，她一手打造的上海梅园婚恋交友中心，已经成为具有20年历史的母爱型连锁婚恋机构。

一家婚恋机构，能够20年经久不衰，一定有它成功之道。从“母爱型”这个名词上，就看得出红梅老师和员工用情用心工作的与众不同。而且据说，梅园还是很多街道社区的合作伙伴，比如本市首家“社区婚恋服务窗口”等等，今年8月份还成立了党支部。下面，请红梅老师来讲讲她和梅园的故事。

红梅老师：梅园婚恋自创办以来，坚持的工作理念，就是要像为自己的子女、兄弟姐妹一样，为他们提供母爱型服务；坚持的服务宗旨，就是全心全意，帮助更多有情人成为眷属，建立家庭，造就三代人的幸福。

20年来，梅园只在春节期间有3天假期，在常年的双休日和其他任何节日都会坚守工作岗位。无论是媒体，还是市民，都称赞我们是“新老上海人的红娘”。

我们的日常工作是，白天，主要是为单身青年们整理资料，通过机选和人选精准匹配，进行推荐；晚上，为会员安排约会，每天都在晚9点以后下班。平时，还要对会员或家长进行回访跟踪服务，有时深更半夜还在电话沟通。

正是秉持这份热情、这份执着，在20年里，我们已帮助近上万对单身青年成功牵手，圆了伉俪梦，也受到了政府部门和群团组织的信任，被行业协会评为市“优秀红娘（小红梅楼老师）工作室”、“3·15”诚信单位。2011年，我们梅园成为《劳动报》指定合作单位，目前在上海有8个连锁点，所有资料共享。由于平台大，会员多、质量优，男女比例较为合理，就为提高匹配的成功率提供了充分保证。

今年还有一件喜事，经中共浦东新区社会组织综合委员会批复，梅园还正式成立了党支部，这在上海正规婚恋机构中还是第一家。

陆青：作为婚恋交友业内的专家，接下来要问问红梅老师，以多年的职业经历，侬对刚刚我们节目一开始讲到的“团中央关注大龄未婚青年群体”的新闻是怎么看的？

红梅老师：最近，网上有人调侃说，80后已经可以叫大叔啦！80后、90后多为独生子女。他们的婚恋，不仅关系个人成长，影响家庭建设，更影响到社会的和谐稳定和持续发展。而且80后的婚恋如果解决不好，就会对90后甚至95后的适龄婚恋，产生不良的负面影响。团中央等群团的关心，已经引发热烈反响。杨浦区、黄浦区、浦东新区的团组织、工会组织邀请我们全程协办的活动更多了，今年要达到近百场左右。这些都推动我们把婚介服务做得好上加好。

陆青：梅园成立这20年，正是社会飞速发展的时期，年轻人对婚恋的要求、条件都有了很大变化，这方面也请红梅老师谈谈看法。

红梅老师：改革开放以来，年轻人的工作生活节奏紧张，没有时间谈朋友了，人际交往多限于公司小圈子，影响了适龄婚恋。再有，青年一代普遍学历很高，有的出国留学，有的创业有成，婚恋观念变化很大，尤其是对婚姻质量的要求远远高于他们的前辈。这从本质上讲是一件好事，是时代的进步。但有些倾向要加以注意，比如，有的女青年过度“现实主义”，将物质条件放在第一位；有的男青年一定要在工作、事业上做出名堂后再考虑婚姻。还有就是“颜值控”。比如，很多女青年要求男方十全十美，矮一厘米也不行；不少男青年第一条就是要求女生“漂亮”。这些，都会耽误婚姻大事。

因此，我们积极调整工作思路，首先加强沟通，了解单身朋友内心的真实想法，从而使服务更有针对性。另外，加强精准匹配，并照顾不同类型客户的不同需求。比如对海归择偶者，有的要求在国内找，有的要求找有海外留学背景，我们都想尽办法予以满足。同时加强引导，就是要将糊涂、短视的认识、想法和观念调整过来，既符合个人实际状况，也符合理想婚姻的基本方向。

陆青：非常高兴，今天“11月11号”——光棍节这个特殊的日子里，请来红梅老师，和听众朋友分享她的各种理念和经验，最后想请红梅老师以一个行家的身份，再给大龄听众朋友，包括他们的父母亲提点真知灼见。

红梅老师：对单身青年来讲，要有全面的社会发展史观。人类的延续以家庭为基本单位，每个年轻人都要顺应这个大潮流。要有明确的家庭责任感，主动承担起赡养父母、成立家庭、养育子女的责任。还要树立与时代相适应的婚恋观念。在软硬件条件大体相当的基础上，坚持对方的素质和双方的相配第一；双方的志趣相投、性格相融和心灵相通第一；双方创造家庭幸福的共同努力第一。而不要只纠结于是否有房有车，是否矮了一两厘米。对父母来讲，可以支持他们到有资质、有品牌信誉的婚介机构，走上找对象的“快车道”。还要带头打破“地域强迫症”。遇到优秀的新上海人，请不要错过机会良缘！

党的十九大召开，让人民群众对美好生活更有信心。而缔结美满姻缘，是美好生活中的重要组成部分。2018年很快就要到来了，单身朋友，抓紧找朋友找对象吧，让自己有一个美好的归宿，让父母亲悬着的心早日放下来，也让工青妇群团和政府领导们放心满意！

这档节目，从开讲到结束，整整1个小时。节目结束后，不得了，电台和我们梅园婚恋的咨询电话都一直响个不停，打电话的主要是家长。全社会对婚恋问题的关注程度，对希望“双十一”回归本意的要求，由此可见一斑！

06

在“双十一”的宣传上，单身青年的家长们十分支持。2020年国庆中秋（同日）黄金假期过后的一个周六，市民李老伯夫妇依约前来，送了一大堆喜蛋，让我们分享他们晋升为外公外婆的喜悦。李老伯还郑重其事地跟我和小楼老师提议：“‘双十一’快到了，你们能不能宣传一个这个大事体?你们，一个是市‘诚信红娘’，一个是市‘爱情使者’，有这个号召力啊！”

我和小楼老师一时没有反应过来，就请他讲明意图。身为教授的李老伯，这才进入正题：“双十一”有个乳名，叫“光棍节”。有关方面有必要为此登高一呼，以推动更多单身青年早日“脱单”！当时，我和楼老师都十分感动。因为，李老伯的女儿，大约两年前通过梅园婚恋找到了如意郎君，现在生了个男宝宝——李老伯和他的老伴，原本无须来管这个“闲事”。

举目四望，偌大申城关心“双十一”的，何止这对老人?杨浦、黄浦和浦东不少社区和工会等群团，也不断打来电话，邀请我们梅园协办“双十一”期间各类“脱单”活动。一则则招募信息发出后，报名者汹涌不止。一次父母相亲会，可容20多人的会场，一下子涌进40多位家长。不知谁提了头，结果话题一聚焦，马上声震天花板：单身青年尤其是大男大女，更要重视“双十一”怎么来的。用心思找对象、谈恋爱，建家庭，尽快解决婚姻大事，这比秒杀几件优惠商品，重要千百倍啊！

也真是有缘，就在李老伯提建议后的第二天，《新民晚报·夜光杯》一位编辑专程来约稿。希望梅园写一篇有关文章，要求是亲切、可读，接地气。还强调，你们若写成理论文章，就没人看了！当年11月11日，由楼老师署名，标题为《双十一有个乳名》的文章，刊登在夜光杯版面上。

楼老师在文章中，写到一个细节：在一次工会交友联谊活动后，有位高个子男生拉住她，一脸严肃质疑状：“你们怎么跟我爸妈一样，对寻缘择偶这么起劲?‘双十一’购物狂欢，对促进经济有什么不好吗?”

一顶大帽子甩过来。

楼老师马上反驳：“搞活动不影响‘秒杀’呀！但我们一直想提醒青年朋友，别忘了这个日子的‘初心’，别忘了父母一直为你们的婚恋大事，悬着焦虑的心！”他突然扑哧一笑，弯下身，轻轻地抱了楼老师一下，贴着她耳朵说：“祝贺你通过大考，叫你一声‘知心姐姐’！我今天看中了一位姑娘，你们得帮我搭好鹊桥啊！”原来，他是梅园会员，有意演了一回“反派”角色。

瞧瞧，生活本身就充满戏剧性。在写了上述场景之后，楼老师在文章中写道——

当然，平心而论，这几年在优惠大促的同时，“双十一”也更多地被视为寻找真爱的契机。

那天，媛媛陪着闺蜜婷婷，来浦东南泉路梅园总部注册了会员，先跟我悄悄透底：“我们同岁，她月入2万多，要找大2至6岁、月入3万以上的男生，所以呢……”接着，又和我一搭一档，跟婷婷“汏脑子”。最后，媛媛说：“婷婷，我把楼老师的观点白话一下，你职业好、收入高，人漂亮。但劣势也明显，年龄大了！所以呢，对男方的收入、学历、身高等要求，就该调低一点。综合一平衡，匹配的天地就宽了！”媛媛83年出生，7年前在梅园成就了自己的“天仙配”。这次，她千回百折、软硬兼施，把婷婷“哄”来了，还让她真诚地接受了我们的引导。

这些年来，梅园婚恋创办人红梅老师一直呼吁，要注重“双十一”的本意。后来记者采访时，她做了一个形象的比喻：在我们心目中，站成一排的4个单身者，既是“双十一·光棍节”的典型标志，也是两对手牵手的恩爱情侣。当然，中间那个点，应该变成一枚“+”号，这就是专业、诚信的婚介机构，我们借助这一声势推进婚恋关怀，得到了越来越广泛的社会响应。

这篇文章的最后一段，是编辑老师加上去的，很有文采，也很有哲理——

如今，“双十一”花开两枝，宛如同出一源的黄河与长江。努力将“光棍节”变成“情缘节”，让更多单身青年找到理想的另一半，让父母悬着的心早日放下来，就是我们红娘“江河入海”般的、始终如一的追求！

我读着读着，眼睛湿润了。《新民晚报》是上海极具人气的一份百年老报，“夜光杯”更是脍炙人口的文化版面，投稿能被采用是文化人的荣耀之一。楼老师的文章刊登在“夜光杯”上，说明梅园婚恋被肯定了、“情缘节”的观念被肯定了呀！再有，编辑老师就是有水平，“花开两枝”，也没有否定购物节，毕竟要和谐呀，该“脱单”的脱单，该购物的购物——多好啊！

第二十一章

在大浦东栽培“婚恋关怀”之花

我（右一）在向浦东临港新城领导汇报婚恋工作室情况

01

“婚恋关怀”，是梅园婚恋率先提出来的一个口号。我们的本意，是感谢政府主管部门、工青妇群团组织重视，引导社区和企事业单位，通过各类相亲交友，促进单身青年和员工寻缘择偶，早日脱单。

南京东路街道成立工会梅园婚恋工作室以后，有人跟我提出问题：红梅老师，你们助力“婚恋关怀”，有点像人们常讲的“墙内开花墙外红”，浦东的“红梅”，怎么开到黄浦区去了?

我说，很多事情，都是机缘巧合吧，常常把握不了，但我们会努力的。后来，陆家嘴街道群团跟我们有了紧密的合作。接下来，浦东新区总工会召开2015年实事工程工作会议，邀请我们梅园婚恋参加，由此实现了一系列相关的合作事宜，让“墙内墙外”的疑问，有了答案：事物是普遍联系的；是金子总会发光。只要你在婚介服务中足够有诚信、足够有爱心，也足够有效率，区内区外，都会有人找上门来。

2015年劳动节前，浦东新区总工会实事会议的通知发来以后，我和楼老师一同前往参加。原来的想法，是去看看情况，把握机会。可一入会场才知道，人家早就有项目等着我们了！

02

当天下午散会后，新区总工会的经办人将我和楼老师叫到一边，随即请来了临港新城的工会干部，一起洽谈成立地区婚恋工作室的合作事宜。

“在媒体上，我们已关注到梅园在杨浦区、黄浦区的做法。在这方面，临港同样有大量需求。而且，那里远离市区，目前还呈孤岛状态，更需要区域内的企事业之间、本区域和其他地区加强沟通联系，为临港的单身青年拓宽寻缘的渠道，择偶的天地。”

瞧瞧，临港方面的工会组织说得头头是道，可见做足攻略，大有准备。反观我俩，反而显得好不被动！不过，我们寻求拓展的热望弥补了这些不足。双方坐在一起不到半小时，意向就被确定下来。只过了两天，我们就依约驱车前往临港，跟南汇新城镇总工会一起，把双方合作的协议签订下来。

2015年7月1日，正好是党的生日，临港梅园婚恋工作室在这个有意义的日子正式揭牌。7月8日，《劳动报·婚恋》专刊记叙了这件喜事，标题是：《服务大浦东　花开第一枝》，文章写道：

7月1日下午，“临港梅园婚恋工作室”在浦东新区南汇新城镇社区党建服务中心揭牌。新区总工会、临港新城产业区管委会、南汇新城镇等领导前来祝贺。梅园负责人红梅老师表示，将不辜负新区、临港工会组织和各方所望，努力把这项婚恋服务工作做好！

此前，在“浦东新区总工会购买社会服务项目签约仪式”上，为全区机关、企事业单位单身员工提供公益性婚恋服务，被确定为一个重要项目。临港地区工会和梅园当场签约，在该地区设立梅园婚恋工作室，充分运用梅园的专业经验和社会资源，通过开展各类交友联谊和托底服务，婚恋咨询和个性化服务，帮助更多单身青年寻缘择偶，建立幸福家庭。业内专家评述，临港是上海重点发展的六大功能区域之一。梅园与之合作开展婚恋服务，开创了本市的又一个先例。

这一年，在临港街道党政领导和南汇新城总工会的关心、指导下，在工会所属各大企事业单位和各居委的支持帮助下，我们梅园婚恋按照合同要求，组织安排临港梅园婚恋工作室逐月、逐项完成各项活动，开展了卓有成效的工作。

不可否认，临港地区离市区确实太远。然而，我们坚持有诺必践，用心用情把婚恋工作室的服务做好，不辜负工会和企业的期望。为此，每月由小楼老师定期率队前往，开展两次现场婚恋咨询服务；每次用一整天时间，为前来的单身青年及家长提供婚恋咨询与指导。活动前，发放海报、宣传画进行宣传，吸引人气。为了把服务做活，工作室红娘老师到临港行政中心食堂发放宣传册，提供现场咨询，扩大知晓度。做到了全年工作制度化、常态化，形式也丰富多彩。随着活动积累和时间推移，前来现场的咨询人数呈现逐步增加趋势。在每次活动中，总工会领导都十分关心，有时亲自前来考察，更多的时候，是让具体工作人员前来助力。我呢，更别说了，出发前叮嘱、回来后询问，总是反复强调一句话："务必把牌子做出来！"

2015年的年末，临港梅园婚恋工作室还面向全市，组织了大型"圣诞交友派对"。活动前一周，全市报名人数达到100多，新镇居委会妇联也积极组织周边青年报名。12月25—26日的两天活动中，来自上海海事大学、洋山海关、洋山国检局、市六人民医院东院、上海电机学院等单位的60名男女青年们参加，当场有6对牵手，活动后还建立了微信群。在活动中，红娘向每一位单身青年发放、回收了意愿需求调查表，为明年活动提供了依据。一场年末大型派对，为全年的婚恋服务画上了圆满的句号。

临港婚恋工作还有一个特点，就是通过数据管理，用互联网+提升服务水准。在合作之初，南汇新城镇总工会就和我们协商数据库建立和管理事宜，双方取得了共识。婚恋工作室启动一开始，就利用互联网技术，对服务数据进行电子化管理。例如，男女登记人员的表格，按编号、姓名、性别、生日、身高、出生地、婚况以及推荐与否、约见是否成功、何时回访等项，进行登记，对家长们要求保留信息的，也在表格上呈现，使登记人员的台账一目了然，工作进展状况清楚呈现，取得成绩和存在问题都可据此分析。所有这些，为推进婚恋工作室工作的新进展，提供了基础性的保证。数据库的建立，也推动了实际工作的开展，红娘老师注意与登记人员深入交谈，合理配对，及时回访，努力促进约见、相恋的双方牵手成功。

互联网+的思维，也体现在宣传上。如在微信平台的宣传上，婚恋工作室也花费了很多心思。婚恋工作室的活动，除了在《劳动报》《新闻晨报》和《I时代报》上报道，还在临港网站、微信平台以及梅园公众号上推送，扩大了梅园婚恋品牌的美誉度。

03

在充满生气地开展两年活动之后，由于种种原因，临港婚恋工作室被关闭了。但这项实践，留下了宝贵的经验和体会，值得记取——

（1）工会组织有很大的感召力，这是根本。当时，临港地区很多单身青年人才在考虑个人问题时，都会想到婚恋工作室，而动力几乎都是工会组织的声誉。事实表明，婚恋服务有理由成为推进临港聚人气、聚人才、聚人智的一个民生工程。所以，希望这项工程以后能够重新被纳入落实国家三孩政策，以及民生服务的整体规划。

（2）公益活动有很大的吸引力，这是保证。临港婚恋工作室在一个新城区的全部范围内，提供优质、持续和开放的婚恋服务，在上海还绝无仅有，成为工会系统关心和切实解决本地区企事业单位单身员工婚恋问题的一个范例。随着时间延展和口碑形成，吸引力将越发凸显。显然，这样的模式，在全市有普遍的价值和推广意义。

（3）临港有自身的地缘特点和相关政策，这是优势。临港尽管地处上海边缘，但经济地位突出，发展前景在广阔，成为上海自贸区新片区以后，优势更为凸显。与此同时，目前又在实施婚姻与房屋补贴相联系的政策，这对青年人才有很大的吸引力。随着新城的发展，这种优势将被不断强化，落户临港的动力和婚恋服务的吸引力，也将同时被扩大。

（4）合作机构有较强的执行力，这是关键。5个月来，梅园婚恋在履行合约，推进工作上极为认真负责，每次活动都派出强大的红娘阵营，骨干力量往往悉数到场。还倾力运用自身资源，包括媒体报道，微信平台发送男女会员资料等等，从而较为圆满地完成了各项任务。

2019年8月，上海临港新片区宣布成立，此后出台大量优惠政策，大量引进高科技人才，进入了一个全新的历史发展阶段，各项建设规划极其宏伟。然而，以我们专业的眼光来审视、衡量，还是“万宝全书缺了一个角”——没有将“婚恋关怀”再次提上议事日程，并且变成政府和群团部门的实事工程。2021年2月8日，我和小楼老师应邀到浦东新区民政局汇报工作，也曾借机向局领导建言：设立临港地区“婚恋关怀”项目。

还是那句老话，我们能否跟临港或类似区域开展合作，强求不得，还是看机缘巧合吧。

04

同样是在2015年，在浦东新区总工会购买社会服务研讨会上，周浦、新场、航头三镇工会领导决定联手开展交友活动，借鉴杨浦区、黄浦区做法，选择梅园婚恋作为签约协办的第三方。具体操作方法是，由我们协办，年度交友联谊活动由三家轮流操办，这样一来，浦东出现了临港工作室和“三镇”定期联手开展活动这样两种“婚恋关怀”模式。

浦东周浦、航头和新场三镇领导告诉我们，他们这三个镇都是紧邻。由于区域内大中型实体企业众多，员工数量庞大。婚恋服务既是员工的迫切需求，也是企业留住人才的关键一环。因此，三镇工会对此密切关注，决心花力气加以解决。

此后至今，“三镇”制度性的交友联谊活动，持续不断，成为申城工会系统“婚恋关怀”的又一张闪亮名片。由于思路对、方式好，宣传发动充分，吸引力逐渐增大。印象深刻的有这样几场活动，值得一提。

2017年8月26日“美丽邂逅　练爱午后”活动，在航头镇举办，三镇工会领导全程参加。40对男女员工中，现场牵手成功达到5对。航头镇党委副书记、航头镇总工会主席黄震致词时表示，企事业单位员工的婚恋不仅是人生大事、家庭大事，也是工会组织必须关心到位的一件实事。来自上海森普有限公司、上海海尼药业有限公司、上海贝思特电气有限公司等大型中外合资企业的优秀工程师们，也前来参加。

2018年10月20日，主题为“缘来三地，农庄蜜意”的活动，在新场镇南德农庄举办。来自各个行业、各个系统的60名年轻单身男女，相聚于此，来了一场寻找爱情的邂逅。森普有限公司、海尼药业有限公司、贝思特电气有限公司等中外合资企业的青年骨干都积极加入。三镇外的单身青年闻讯，也纷纷报名。

此后，一场名为“携手一世·回眸花海”的交友联谊活动，于2019年10月27日下午，走进周浦花海。活动由浦东新区总工会，周浦镇、新场镇和航头镇三镇总工会举办。周浦镇党委副书记、总工会主席贡柳兰为活动致辞。

据主办方介绍，由于单身青年员工工作紧张、生活节奏快，业余时间多待在家里，在找对象问题上普遍存在被动拖拉的“忙、宅、等”现象，也不喜欢“简单、尴尬”的相亲方式。所以，我们要为他们扩大“朋友圈”，通过共同合作以突破这些难点。

当天，来自各个行业、各个系统的60名单身男女员工，携手烂漫花海，聚焦梦中情缘，寻找属于自己的爱情邂逅。“爱情大摩轮”作为破冰游戏，拉近了男女嘉宾们的距离。在男女互动环节，园区内的网红打卡区域让各小组聚精会神，“丘比特之箭”淘汰赛项目促使各组成员加强协作，最后的转圈交谈加深了相互了解，有的还互加了微信。最后，有10对男女嘉宾现场牵手，成果令人欣喜。

2021年9月11日，在原来的新场、周浦、航头三镇之外，又增加了康桥镇，由四镇总工会主办、梅园承办，搞了一次“缘聚浦东 放飞梦想”四地青年交友活动。活动采取了严格的疫情防控措施，还融入了爱国主义教育元素，内容包括“过草地”、“爬雪山”等，让嘉宾们在娱乐的同时，也能感受到庆祝建党百年的氛围。各镇都派了工会专职工会副主席参加，十分重视。新场镇总工会专职副主席金建东在活动开始前致辞，对青年朋友找对象、建家庭寄予了很大的希望。跟以往一样，梅园婚恋在活动后积极开展后续托底服务，为现场有意向的男女嘉宾牵手搭桥，促成一批恋人踏入婚姻殿堂，形成了持续的“滚雪球”效应，带来了喜结良缘的福音。

05

2010年，上海举办了世界瞩目的世博会。当时，面对浦东两岸园区的人山人海，加上工作太忙，我错失了前往参观的机会。想不到，2017年及以后，我和小楼老师会以另一种方式多次跟这里的建筑群和大环境

“零距离接触”。

临港、“三镇”的相亲交友活动走在前面，引发了世博管理局的关注。于是，我们有了另一个在浦东地区“墙内开花”的机会。2017年11月11日，“爱在浦江，情牵世博”——首届世博地区青年职工交友活动在汇博中心举办，机关公务员，央企、民企职工、优秀教师、医务人员等近40对单身男女参加了活动，成为上海市重点工程中，以党建为引领，抓住“单身节”契机，实施“婚恋关怀”的突出亮点。浦东新区世博地区开发管理委员会牵头，联合新区教育局第四教育署主办，上述机构的工会、团委承办。除了全程协助，我们同样提供托底跟踪服务。

这次活动中，中国（上海）自由贸易试验区管委会世博管理局副局长、浦东新区世博地区开发管理委员会副主任、党组成员宋卫华，浦东新区教育局第四教育署党委书记卫玉芳，浦东新区世博地区开发管理委员会综合党委副书记吕涛，浦东新区世博地区工会副主席陈用良，浦东新区世博地区团工委书记沈健，浦东新区教育局第四教育署团工委书记张旻敏等领导参加了活动。

宋卫华在启动仪式上致辞。他说，近年来，世博管委会通过党建引领和“感受式服务”，提高服务世博地区央企的能力和党建工作水平。党的十九大报告指出，要不断满足人民日益增长的美好生活需要。美满婚姻是美好生活的重要组成部分。鉴于世博地区机关、央企和民企单身青年职工数量多、交友范围小、工作压力大等实际情况，决定从“婚恋关怀”入手，通过开展交友联谊等方式，为他们提供寻缘择偶、建立家庭的机会，激发他们为加快世博地区世界级城市中央公共活动区建设，贡献更大力量。他还表示，世博地区管委会和群团组织，将通过本次活动积累经验，搭建平台，把“婚恋关怀”工作做得更好。

在筹备本次活动前，主办方多次召开协调会议，并与承办和协办方一起做了精心准备。首先在第一个环节，通过“爱的号码牌”为现场单身青年进行配对、互赠礼品；在破冰热身、各式游戏以及夺宝奇兵、咖啡拉花等两轮互动中，促进男女青年增进了解，为最后成功牵手奠定基础。

为了提高交友活动牵手成功率，会场设置了信息展示区，张贴参与活动的单身员工资料以及照片，让单身男女自由交流；设置了咨询区，由梅园团队提供现场指导。活动结束时，5对牵手的单身男女走上主席台，接受了主办方为他们准备的祝贺礼品。

只要有适宜的土壤，只要有优良的种子，只要大环境风调雨顺……这三者一旦结合，一棵树苗，就肯定会发芽生长，开出艳丽的花朵，结出丰硕的果实。这是梅园婚恋公益活动的实践告诉我、告诉全社会的。

第二十二章

为陆家嘴金融城谱写金白领恋歌

陆家嘴金融城偕梅园婚恋在上海中心举办爵士星空音乐会现场

01

上海中心大厦，以中国第一高的巨型地标式形象，矗立于浦东新区陆家嘴金融城中心部位，黄浦江在它身边缓缓流淌。

我们梅园2007年搬迁于商城路、源深路口的鑫陇宾馆附属写字楼。一年后，上海中心进行主楼桩基开工。2013年的9月12日，我们浦东总部迁入华申大厦14楼，推开窗户，即可眺望近在咫尺的这座摩天大楼雄姿！

然而，当时无论如何都不会想到，这座魔天大楼，竟然会和我们从事的婚恋服务直接挂上钩，也让我们的境界上升到了一个前所未有的高度！

02

进入90年代后期，80后独生子女的婚恋开始受到社会关注，牵动无数家长的心。

浦东陆家嘴地处上海的金融贸易区，在这里从业的大批白领，独生子女比例高，由于工作节奏快、压力大，社会接触面小，不善于交流并表达感情，致使其中很多人的婚恋，成为一个突出难题。

我和小楼老师、红娘团队也经常对此进行讨论：我们能不能为解决这类问题做一点贡献?根据媒体记者的建议，我们联系了陆家嘴街道妇联，了解到不少情况。原来，自2006年以来，陆家嘴街道每年举行2次大型交友活动，2010年开始，增加为每季度举行一次。由于组织精心，形式新颖，故很受欢迎，参与者众多。不过，这样的大型活动时间有限，参与者交流互动机会少，所以现场能够顺利牵手的不是很多；活动后，参与者又不知如何去联系“意中人”，又致使不少男女青年丧失宝贵机缘，十分无奈。

正是在这样的情况下，街道有关部门和工青妇群团通过总结研讨，达成了以下共识：

（1）婚恋交友活动的基本目的，是搭建一个平台，让更多有情人牵上手，对上眼，步入恋爱通道。

（2）婚恋交友活动的检验指标，是“成功率”，可以是现场牵上了手的，也可以是事后连上了线的。

（3）婚恋交友活动要提高成功率，必须实行“聚得拢，抓得牢，跟得上”的整体运作。不能“只有进米的斗，没有盛米的缸”。

陆家嘴街道认为：从现实状况看，政府和群团有强大的凝聚力，“聚得拢”没有问题；与辖区内各大商务楼有密切联系，可以全面掌握单身员工资料，“抓得牢”也不用担心；可惜，因为精力有限，所以活动后的托底和跟踪服务一直“跟不上”。

基于这样的认识，陆家嘴街道发现，应该联系专业的婚恋交友专业机构，以实现托底服务和“跟得上”的要求。

03

很快，我们和陆家嘴妇联建立了这方面的联系。对他们基本情况的了解，也让我和小楼老师有条件进行研究和分析，提出了以下问题。

——我们的服务地点，就处在陆家嘴地区，为什么放着那么多金融行业的白领单身青年不闻不顾，不能为他们提供相应的服务？

——开展金融城婚恋服务，最好的办法，是否应该是依靠当地的政府部门和工青妇群团组织，更高效地进行？

——在这样的地区开展婚恋服务，能不能将市场化手段和公益性的服务有机结合起来？

这样，一方面，可以通过提供公益性服务，使我们这样的专业机构从群团处获得一点微薄的劳务收益，以平衡支出；另一方面，可以在托底服务中，从愿意直接接受市场化婚恋服务、有较高收入的金融业白领单身男女那里，获得一定的经济收益。

于是，我们通过妇联，进一步与街道工会、共青团组织接触，加强了彼此的全面联系。

真所谓跟着潮流走，进入“大风口”。双方由于找到了缔结美满姻缘的共同点，所以在“婚恋关怀”上一拍即合。2011年7月，我们跟陆家嘴街道签订了合作协议，商定了“托底”跟踪服务的方法。主要精神是：对大型活动参与者，在现场如相中某个对象，事后可由婚恋交友机构无偿联系，牵线搭桥；没有相中对象的，可由婚恋交友机构免费提供1次相亲服务。而事后到婚恋交友机构登记择偶的，均可在一年服务期内享受低价收费服务。另外，所有参与者都可无偿参加婚恋交友机构组织的婚恋指导、交友礼仪、服饰仪容等知识讲座。

必须承认，陆家嘴街道对婚恋交友机构的选择是严格的，准入条件苛刻。当时，街道妇联主席纪华春，传达了街道党政领导的意见，这就是：与街道合作的婚恋机构，必须维护政府信誉，服务上实行全公益，对来自陆家嘴活动中的白领人群注册会员的，实行低收费。同时，在社区中开展婚恋交友服务，并作为政府民生服务的重要内容。纪主席还说：“我们在妇女、家庭计划指导服务中，听到的最大的呼声，是社区里的未婚男女真不少，其中未婚女孩更多。家长们希望梅园婚恋能够为‘宅男宅女’提供婚恋交友指导。观念变化了，再组织单身青年参加交友联谊活动，成功牵手的人数也能够多一些！”

04

在常年的活动中，我们跟陆家嘴群团和相关部门的关系不断加深，跟他们合作的“大手笔”也真不少，其中，2014年9月26日晚举办，嘉宾共为30对青年男女的“秋色浪漫夜上海”交友联谊活动，一直令我难以忘怀。

当时活动的主办单位，一方是陆家嘴街道，嘉宾以金融业男女为主；另一方是著名央企中国兵工物资集团华东有限公司，参加的均为该公司单身员工，同时邀请中建三局等大企业派员参加，梅园婚恋也安排了部分会员前来。交友对象有公务员、团干部，有工程师、建筑师、部门经理、财务和软件设计师等，本科和硕士研究生学历占了很大比例，性别比也较平衡。

在2个小时的活动中，中国兵工物资集团华东有限公司徐书记全程参与；浦东新区妇联发展部副部长周宇、陆家嘴妇联主席纪华春带队前来，悄悄为机关姑娘指点迷津；还有一家大公司的团委书记也到现场进行了考察。

坐落在延安东路上的外滩中心大厦，辨识度很高，它的莲花座顶，在高楼林立的浦江两岸别具一格。活动中，我们站在31楼东面多功能厅，临窗可见华灯绽放的浦西外滩和浦东滨江夜景，一座座闻名世界的高楼大厦尽收眼底，江面上的白色游轮也显得玲珑而清晰，令人惊艳而欣喜……窗外的浪漫与室内的激情碰撞，完成了一次深具青春气息和国有大企业色彩的联谊交友活动。

《劳动报》《I时代》报及时进行了报道，梅园婚恋微信平台也重点披露了相关信息。此后，大量家长和青年致电梅园和陆家嘴妇联，咨询情况，要求参加，充分体现了央企的“领头羊”效应。活动后，我和小楼老师专门跟陆家嘴街道群团领导座谈，总结了“融合、托底、跟踪，编织好服务网络”的经验，对今后的公益性大中型交友活动，提供借鉴。

05

2018年3月7日，也是一个值得纪念的日子。这一天，陆家嘴“群团婚恋工作室”在街道“三八”节纪念表彰大会上宣告成立，彰显了街道党政领导和群团组织对本区域“婚恋关怀”的高度重视。在成立会上，街道领导提出：梅园婚恋是上海婚恋领域的著名品牌专业机构。梅园创始人红梅老师、梅园现任总经理“小红梅”楼老师，是上海第一代、第二代诚信红娘的典范和代表。在婚恋工作室挂牌运营期间，将依照双方达成的共识和区域特点，整合全市资源，扩大交友平台，高质量地开展区域内及跨区域的大型交友活动，创造性地推进后续跟踪服务，为提高陆家嘴地区单身青年“脱单率”贡献更大力量。

显然，与南京东路街道相比，陆家嘴街道更突出了群团一体的特色。在双方协商时，他们谈了想法：陆家嘴是众多跨国银行的大中华区或东亚总部所在地，也是中国最具影响力的金融中心之一，汇聚了大批企业精英和白领员工。帮助他们在事业发展的同时找到人生伴侣、缔结美满姻缘、成立家庭、更好发展，成为地区群团的一个工作重点，地区群团多年来为此花费了大量精力，进行了不懈探索。他们还学习贯彻党的十九大精神，总结实际经验，提出了将婚恋关怀长效化、制度化、专业化的目标，力求从缔结美满姻缘这个核心角度切入，满足区域内企业精英、白领员工和居民群众日益增长的对美好生活的向往。

在婚恋领域，520的谐音是“我爱你”，被赋予了追求爱情的特定涵义。因此，这个日子很被看重。2015年的这一天，我们双方组织24位金融界白领姑娘，一早乘大巴来到解放军驻崇明某部，与20多名青年军官和技术干部举行联谊活动。

这次军地交友联谊活动的主题，为“相约青春　情动军营”，由陆家嘴金融中心总工会、解放军驻崇明某部共同主办，我们协办。军地双方领导十分重视，自贸区陆家嘴管理局副局长、陆家嘴金融贸易区综合党委书记薛英平，解放军驻崇明某部和兄弟部队的两位政委、某部政治工作部副主任等全程参加。金融城姑娘们一到部队，就参观基地和营地内务，观看了部队列队展示、军体拳表演，还体验了部队叠被子等军营生活。

这天下午，交友联谊正式开始，陆家嘴方面的领导薛英平致辞，预祝活动圆满成功。姑娘们和部队青年军官们满怀兴奋之情，进入兔子舞、永不倒、大抱团等“破冰”环节，整场气氛被不断烘托上升。在分组环节，组员们通过“选队长、画队旗、写队诗、分组自我介绍”，逐渐熟悉起来。在“传水杯+群龙取水”“甜甜蜜蜜、踩报纸”等游戏环节中，大家的集体主义情绪高涨，一位位姑娘的细致与关切、一位位小伙的勇气与担当，不断被展示出来，相互在支持和鼓励着，也在观察和揣摩着，场上气氛不仅更为热烈，也洋溢着热切的向往与爱意。

茶歇之后，才艺表演和情歌对唱，为高潮的到来积聚热度。果不其然，在最后的牵手环节，当主持人宣布“今天共有8对男女嘉宾牵手”时，场上响起热烈的掌声。

06

转眼到了2018年“七夕”节，我们与多方协商，转场张江，将著名的“汇智湖”，变成了寻找缘分的“爱情湖”。

8月19日晚，张江高科技园区携手陆家嘴街道，在这里共同举办了一场户外未婚男女交友活动。活动由市总工会女职工委员会、张江园区管委会、浦东新区总工会、张江园区总工会主办，陆家嘴街道总工会、团工委和妇联及浦东软件园股份有限公司承办，各相关单位领导到场加油鼓劲。梅园全程协办。参与男女从原计划100人，突破到150人。

据张江园区总工会副主席刘康泰、陆家嘴街道总工会副主席陈依岚现场提供的情况，由于工作节奏紧张、交友渠道不畅和男女员工结构不均等诸多因素，“张江男”几乎成为上海单身男职工的代名词，陆家嘴地区则未婚女性偏多。经梅园牵头，两家工会决定携手。通知一出，陆家嘴地区女生报名踊跃，张江霍尼韦尔、普兰金融、GE、拍拍贷、中医药大学、张江集团中学等一批企事业单位发动员工参与。两位领导现场表示，这样的活动今后还会经常搞，以推动更多单身白领青年员工缔结良缘，安心努力工作，为大国制造、中国2025做出更大贡献。

交友活动开始，即进入互动环节，分组、戴彩色夜光手环和头箍，让男女嘉宾集体感大增。“群龙取水、心有千千结”等游戏，增强了相互间的感情交流。大家发挥想象，男女反串，以歌舞形式表演了“现代版”嫦娥后裔、七仙女和董永的故事，展现了个人才艺。最后，工会等领导为喜悦结对的10对男女嘉宾颁发“牵手奖”，让气氛达到高潮。

07

2021年元月22日晚上6：00，随着第一声乐曲的轰然奏响，中国第一高楼——上海中心的爵士乐“爱在金融城”迎春相亲交友活动拉开序幕。

到这一天为止，我们梅园的甜蜜事业，可以说象征性地达到了一个高度、一个峰值。当时，我在微信朋友圈中激动地说：这场美妙音乐伴奏下的360°夜景+爱情大片，在喜迎辛丑春节的热切盼望中璀璨绽放！

在这以前，如何发挥陆家嘴金融中心的优势，以上海中心为基地，开展“婚恋关怀”，以推进全市的婚恋事业，一直是我们盼望的。经与陆家嘴群团反复磋商，运用他们的力量，这个目标终于达成了：第一场活动，是在2020年金秋十月，双方在上海中心朵云书院，举办了一场有60名青年男女参加的“上海之巅”交友活动，反响热烈，社会各界希望继续举办类似活动的呼声十分强烈。以此为契机，我们继续推进发力，赢得了陆家嘴方面的大力支持。新年伊始，陆家嘴金融贸易区综合党委、总工会、综合团工委决定立足形式创新、内涵深化，开展新一年度“爱在金融城”系统交友活动，以满足青年员工多元化、个性化需求，拓宽交友渠道。

这场史诗级迎春交友活动达到了上述要求，信息一经发布，旋即引来近千人报名。优先获得入场资格并全程参加活动的梅园会员激动地说：在魔都聆听星空辉映的爵士乐，有机会邂逅人生的真爱，真是终生难忘啊！

为陆家嘴金融城谱写金白领恋歌，这一实践过程真好。这场活动过后，我连着好几天没有睡好。我想起以前阅读愚公移山的故事，只觉得是个神话。自己创办了梅园以后，慢慢积累了信心。这就是：只要不懈地努力，只要一代代人接力地往前走，总能翻过一座山，再翻过一座山，达到一个此前认为不可能达到的高度！

第二十三章

一次“殿堂级”的跃升

上海市民政局婚管处处长沈家观等在梅园总部指导工作

01

2015年5月底，我们在媒体发布了一则公告：从2015年6月1日起，梅园婚恋将搬迁至浦东新区南泉北路紫金瀚宫开展业务，接待和服务客户。

找到紫金瀚宫商务楼，很花了我们一番心血。后来，好几位记者来采访时，都说：你们现在这个梅园总部，简直实现了一次“殿堂级”的跃升啊！

不过，也有不少客户朋友不解：“哎，原来在陆家嘴华申大厦好好的，为什么又要搬迁?”为此，我们在公告中这样回复：为了营造更优雅的约会环境，改进目前梅园存在的会员约会排队的不足。

这样回复，有点像外交辞令。其实是“话里有话”。2013年9月12日，梅园婚恋总部迁至华申大厦后，业务不断增长。然而，喜悦中的苦恼也日益凸显：这里的面积为120平方米，只有4个约见室，每逢双休日约见高峰，服务空间更是捉襟见肘，不少男女会员只好被安排到楼下咖啡厅或周边茶室。不方便不说，也不利于红娘老师及时收集反馈信息，更不能满足日益增长的会员约见量的需要，这些矛盾如何解决?想来想去，也征求了不少意见，我们决定再觅条件相宜的新去处。

02

梅园总部新址——南泉北路1035号紫金瀚宫5楼509室，位于南泉路近张杨路处，紧靠中电大厦南侧。从街面门楼往里走，绿荫中的欧式商务楼端庄大气。乘电梯到5楼，进入梅园总部，门厅墙面的铭牌设计，延续了粉红温馨的基调，亮丽、柔美而亲切。5复6再复7的室内结构，有别墅的味道，也更实用。这里，实际面积近300平方米，除了一个会议室以外，舒适的约见室就有8个。很多领证、已婚的老会员前来祝贺时，都羡慕不已："新会员面对的环境，比我们以前更舒畅、更有温馨气息啦！"

早在当年4月份，这一消息已通过微信在梅园会员中传开，引发了新会员和家长们的关注。当时，通过电话、QQ和微信向大家解释说明的红娘老师们，可真累坏了！

似乎就为给梅园迁新址喜上添喜，在华申大厦成功的会员们，也不断报来好消息：83男小章和84女小程姑娘，还有幼儿园李老师和工程师男生小宗，这两对最近领取了结婚证；77年法国海归张先生和81年银行主管章小姐，发来了新生宝宝的照片，还有毛先生和周小姐5月14日结婚，68年陈先生和72年曾女士送来了结婚喜糖……不料，故事中又套了故事。小龚姑娘在朋友圈中，看到了我和小楼老师转发的法国海归张先生的宝宝照片，十分感动，当月底，就由妈妈陪着，到我们梅园做了注册会员。

这些年来，前来梅园送喜糖的新人难以计数，抱着孩子来看望我们或发来宝宝照片的老会员越来越多，故事也越来越丰富多彩：小菊因提出的择偶条件苛刻，总没进展，红娘老师积极引导，让她与公务员男生牵上了手；技术男比女生玲玲大6岁，卡住了，老师与玲玲母亲沟通后促成好事，一年后，这一对成婚生子，小家温馨。

03

多喜临门，头脑清醒。面对大好局面，我和小楼老师考虑最多的，则是乘总部条件改善的"东风"，百尺竿头更进一步，把优质服务推上新台阶，实现会员牵手成功率的再提高。

"帮助更多有情人成为眷属，成就三代人的幸福，就是我们永远不变的天职！"在《劳动报·婚恋》专刊上，小楼老师以这句话为主线，刊登了一则总部迁址感言，标题叫"让更多会员在新平台牵手"，也切切实实地表达了我的心情——

梅园浦东总部迁入南泉路紫金瀚宫后，我作为执行经理，首先感到特别激动：新址宽敞明亮，约会室由原4间增至10间，缓解了原来双休日约会排队现象，方便了红娘老师及时收集会员反馈信息，提高了工作效率；迅速出现的新一轮会员潮扩大了生源。由于资源共享，数量更大、质量更高的会员数据库，促使男女会员匹配更为理想，浦西梅园新会员接待量也同比上升。

我也倍感压力：浦东、浦西及中房金谊梅园会员增加，表明广大市民期望值增大。因此，我们将按照梅园负责人红梅老师要求，做好会员注册后的优质服务，进一步提高会员牵手成功的比例，让更多有情人通过梅园这个新平台，恋爱、领证、结婚，建立起幸福的家庭！

世界上很多事，真有其不可理喻性。比如说，好事成双。搬迁是好事，接着又有一件好事光临：梅园跟江苏大学校友会合作。总部新址启用不久，来了一位客人，她是江苏大学上海校友会秘书长顾老师，跟我们商谈建立专为校友服务的婚恋工作室，这个工作室很快就成立并开始工作了。很多单身青年家长也闻讯而来，认为这真是自己孩子的“大利好”。

据顾老师介绍，该校每年有相当数量毕业生，直接受聘于上海汽车制造、金融、政府管理部门，大多是男生，他们期盼在申城恋爱结婚，安居乐业。“可是，不少校友因未能在上海找到恋爱对象，只好转到外地工作，真的挺可惜的！”她接着说，“我们曾组织青年校友参加过顾村公园万人相亲会，可因场面太大，单身男们面子太薄，没有一个牵手成功。今年，我们经充分对比选择，决定跟沪上著名婚介服务机构梅园合作，帮助一批批新校友落地生根，成为上海‘女婿’。”

我和小楼老师对顾老师的到来，当然从内心里欢迎。从婚姻角度讲，被大量引进的外地青年才俊，自身迫切需要解决婚姻大事。同时，也为破解上海的“婚恋难”提供了宝贵的资源和难得的机遇。我们愿在这方面做个开路先锋。

信息披露后，市民尤其是会员、家长高度期待，理由是：

（1）优秀单身男将增多。江苏大学是全国著名理工类高等学府。到上海工作的毕业生以男性为主，且多就职于高端行业，整体优秀。

（2）匹配将更加理想。梅园会员的“蓄水池”越大，男女双方的“优配优”就越令人满意。

（3）牵手成功率将提高。事实上，梅园的每一次创新，都促进了男女比例的进一步平衡，让更多会员拥抱了好姻缘。

04

2015年10月28日，东方网、网易、凤凰网等诸多网站，分别转发了《青年报》题为《万人相亲大会又来啦：两代金牌红娘为‘剩下之惑’支招》的通讯。

这篇通讯，由《青年报》首席记者范幼萍采写。范老师长期联系民政系统，对婚恋行业十分熟悉，对剩男剩女问题长期跟踪报道，对梅园婚恋的成长也十分关注。此次，她借上海市又一次万人相亲会契机，到梅园总部采访，了解了我和小楼老师在工作上的异同，从两代人的角度进行思考，想由此找到解决剩男剩女的某种途径和答案。

范老师采访的重点，是“两代金牌红娘”。她在通讯里这样描述——

计长远、谋大局的红梅老师

创办18年来，梅园已发展为有8处服务点的母爱型连锁婚恋机构。在创始人红梅老师领导下，梅园绝对不用一个婚托，严格规章制度，构建安全婚介环境；梅园母爱型红娘团队提供优质服务，成为业内一道美丽风景。还整合社会要素，先后与社区、工会联手开办了社区窗口、婚恋工作室和商场“爱情一条街”……“红梅老师”，已成为上海的著名婚恋品牌。

勇拓新路的“小红梅”楼老师

高级婚恋师、“小红梅”楼老师勇于开拓创新，成为导师——红梅老师最得力的助手：开设了白领交友网和再婚网，运用微信平台发布信息；用心设计方案，让各类联谊交友活动更精彩，托底服务更高效。她还积极联系，与社区、群团建立稳固联系，为会员们提供了丰富的匹配资源。

梅园正在成就更多有缘人

一位婚恋专家评价说：为啥梅园会员的成功率不断走高？因为红娘们都像红梅老师、“小红梅”楼老师一样，用真诚母爱提供优质服务，男女会员成功牵手走上红地毯的故事数不清，成就了三代人的幸福！

范老师的采访特别细致，在她的长篇通讯里，还记载了两个生动的片段。一个片段是：梅园婚恋的桌上摆满了一盒盒喜糖。“每个月都有牵线成功的情侣，告诉我们结婚的消息。”红梅老师说，每盒喜糖背后都有段择偶路程和感人故事。另一个片段是，楼老师曾为某女生介绍了一位浙大研究生。这位小伙子毕业后来沪工作，无上海户籍，家庭情况一般，当时还在无锡接受金融业培训。女生有点犹豫。楼老师就给她以具体指导，即，要考察对方是不是努力工作，是不是有发展前景——总之，是不是“潜力股”?经楼老师这样一点拨，这对男女会员牵上了手。男生在结束无锡培训返沪后，被提拔为公司大区部经理，双方的恋情也更浓烈了。2015年10月，这对新人在陆家嘴金茂大厦举办了婚礼。

正是这些细节和故事，引发了网友们对两代金牌红娘的敬重。通讯刊登和被转发后，我们梅园总部和浦西梅园电话如潮，一批单身青年要求报名做会员。

05

迁入紫金瀚宫，成为我们梅园在发展史上的一次新的跳跃。从该商务楼来讲，本来整天清静的一个所在，开始变得热闹起来，几乎重现了华申大楼的景象。

从我们的合作方面来说，杨浦区、黄浦区的社区和群团领导也都纷纷前来考察，了解情况。其中，黄浦区总工会的常务副主任阮顺红就曾带着好几位部门领导，前来商谈婚恋关怀的合作事项。

尤其让我们感到高兴的是，2020年9月18日，市民政局婚姻管理处的沈家观处长和张勇科长，也专门前来考察，还把其他机构因客户投诉留下的问题，委托我们处理，希望我们在诚信服务、提高成功率方面做出更好的榜样。沈处长指出，“梅园的品牌要传承，红梅老师精神要发扬”，这给我们指明了方向。2021年3月11日上午，浦东新区民政局副局长钱俊梅和婚管所副所长王田卉等一行，也前来了解和指导工作。在听取了我们汇报以后，钱局长首先肯定了我们取得的成绩，还进一步提出，婚恋问题，是每一代青年人都会面临的人生重大课题。梅园婚恋，就是要在潜移默化之中，为男女青年树立正确的婚恋价值观，建立美满的婚姻关系。几位领导也对我们的工作提出了要求，希望今后能和梅园婚恋多加强沟通，互相合作，为更多男女青年提供新婚辅导。他们认为，随着经济的日益发展，择偶标准更趋理性务实，教育程度、职业、收入、住房等社会经济条件逐渐被重视。这其中存在的许多问题，需要专门的婚恋机构顺应时代大潮，帮助更多年轻人突破困难，携手走进婚姻殿堂。

市民政局原局长马伊里（前左三）考察控江社区梅园婚恋父母相亲会，我（前右三）在现场陪同

梅园婚恋偕陆家嘴金融城在上海中心举办交友联谊星空音乐会

我（左）和《劳动报》肖振华主任在为双方合作的服务点揭牌

我（右）和豫园街道总工会领导为梅园婚恋工作室揭牌

市民政局婚管处处长沈家观和张勇科长为梅园婚恋点赞

我（右二）和楼老师、朱老师与前来考察的浦东新区民政局领导合影

我（右三）和黄浦区总工会老领导阮顺红（右二）、马骋骐（左四）等合影

我（中）和部分街道工会领导在退休俱乐部梅园婚恋服务点合影

市民政局婚管处处长沈家观向我们提出了要求："梅园的品牌要传承，红梅老师精神要发扬"。

我（第二排左二）、楼老师和红娘团队在华申大楼服务点合影

我在南东总工会年终送温暖送婚恋关怀活动上讲话

在公益性父母相亲会现场，我（中）在接受大家咨询

梅园婚恋和南东总工会联手举办军地交友联谊活动

在杨浦区交友活动现场，我向单身青年介绍梅园红娘团队

在万人相亲会上，单身青年和家长总会围着我（中）咨询婚恋问题

梅园协办的陆家嘴街道群团交友活动人气十足，笑语声声

梅园协办的世博园区交友活动，
男女嘉宾在游戏中表现突出

2017年，我（左）应邀到上海交
通台参加双十一专题直播节目

在杨浦总工会交友活动现场，梅园红娘现场调度，
增强了男女嘉宾们的互动性

2013年我接受电视台
星尚节目组采访

我和楼老师在上海婚恋服务
共享联盟启动活动上

楼老师在梅园接受电视台采访

楼老师在万人相亲会上接受荣誉证书

南东交友活动期间，我和楼老师在西山地质博物馆门前合影

楼老师等红娘和参加工会交友联谊活动的单身员工合影

我（左二）、楼老师、朱老师、姜老师和滑稽演员顾竹君（左三）等在电视台合影

照片中的女主人公，在梅园找到了自己的另一半。如今，他们一家三口在日本幸福地生活

图中男生是名牌大学硕士。因太过优秀，女生家长曾有疑虑。如今他们喜结良缘，双方家长都特别开心。

我身边的这对中年夫妻，专程送蛋糕来庆贺在梅园喜结良缘，如今生活美满。

我身边这位女士事业有成，但离婚后不相信还能获得爱情。可如今，她的丈夫爱她也喜欢她的孩子

爱情使者楼老师在梅园总部接受会员伉俪送来的喜糖

第二十四章

清醒：在市场竞争的漩涡里

2016年2月26日 星期五

寻缘 | Destiny

“借”梅园品牌蒙人，羞不羞？

红梅老师：保留追究法律责任的权利

近日，一名白领女生到梅园反映，自己在百度上看到了【梅园婚恋】—××网 【梅园婚恋交友中心】—××网，“上海梅园交友中心 上××网不将就”等条目。因慕梅园大名，就用手机联系，却发现其实是××网。原来××网侵权，并施展“拖车”障眼法吸引人气。

百度上，梅园婚恋被挂“拖车”

截止发稿时，在百度输入“梅园婚恋”，仍发现多部“拖车”，与文前姑娘反映一样。在该网站标注“梅园婚恋交友中心”的网页，列出很多征婚对象简介。点下方“红娘”字样，首页出现“4001”打头的全国电话，手机询问“你们到底是不是梅园婚恋？”客服却说本机构为××网，让人一头雾水。百度上海公司曾迅速将此类“拖车”从搜索网页撤掉，并通过法务专员要求其深圳总部整改。

众网友：障眼“拖车”又出现

最近，网友发现障眼“拖车”又重新登场。2016年年初，一位男生在该网站线下实体店准备填表付费时，正巧母亲来电，问他是否在“南泉北路1035号紫金瀚宫509室”浦东梅园总部？他才发现不对，拔腿就走。

为此，梅园负责人红梅老师表示：**“明年，梅园婚恋正好创办20周年。梅园的品牌是靠梅园人辛勤付出打造的。现在不点名，是希望该网站自省改过，与我们共同用诚信繁荣婚恋市场。但鉴于此类李鬼现象反复出现，将保留追究法律责任的权利！”**

律师称：涉事婚介要自爱“羽毛”

“‘盗名者’是国内一家著名婚恋网站，却‘借’梅园品牌蒙人，羞不羞？”律师提出，此类行径必须制止，因为这会破坏乃至恶化婚介服务领域的生态环境，会让诚信从业的婚介机构沾上污名，也会大大损害此类企业的自身形象。

律师表示，涉事婚介网站要自爱“羽毛”，不要做损人不利己的事情。对梅园维护自身和消费者权益的举措表示支持。媒体应批评揭露这类现象，促进婚恋领域风清气正。广大单身人士也要擦亮眼睛，按真实意愿接受婚恋服务。

2016年2月26日《I时代报》就有关婚介机构侵权刊登文章

01

人怕出名猪怕壮，
你有品牌他来傍。
浑水摸鱼脸皮厚，
依法回击是良方。

这是一位会员家长，在听说有人冒名顶替梅园婚恋时，写给我的一首打油诗，表示对欺世盗名者的蔑视，对梅园婚恋的大力支持。

这到底是咋回事?有点唐突了。就让我从头说起吧。

原来，随着梅园婚恋出了名，被冒名顶替的窘境就不可避免地出现了。有一段时间，时不时有人问我们的红娘：哎，你们的服务地点又增加了吗?有的甚至说，你们的总部是不是又换地方了?一开始，红娘没有搞明白发生了什么事，无非给解释一下，并不在意。不料有一天，梅园总部来了一位女生，一进门就叫："你们的服务处，到底是在南泉路、江宁路，还是在徐汇区那边?"

真是一头雾水！凭直觉，我发现不对头，联系到前些日子好多人时不时地发出疑问，马上让楼老师跟我一起接待了这位女生。落座后，这位女生也不说话，打开百度就让我们看。不看不知道，一看吓一跳：只要输入"梅园"二字，就会跳出一排"梅园婚恋+"的戴帽网站。我们自己反复试，结果完全一样。哇，梅园婚恋已经被不良的业内同行给假冒了！

从那位女生处我们了解到，梅园婚恋不光在不知不觉中被抢了生意，还背负着巨大的名誉风险。女生瞪起眼睛："你们知道吧?我们本来是冲着梅园这个牌子去的，啥人晓得，一走进那家冒牌公司，就麻烦了，他们拿出一大堆会员资料，都是优秀得不得了的……反正花好桃好，最后，就是让你先签合同，先摸袋袋。有现金的付钱，有卡的刷卡，你如果推说没钱没卡，就让你用微信或支付宝。再推托，就让你当场办个银行信用卡，不要太吓人噢！”

女生的这些话，说得我们一头汗。楼老师拍了拍桌子，表示不解、不服气：“你不睬她，还能把你吃了吗?”

“她们就跟你软磨硬泡，换人来跟你纠缠……总之，不把你的钞票挖出来，不让你离开！”

一时，我们真的吃惊不小，担心起眼前的这个姑娘来：“你的费用付给她们了吗?”

女生下意识地站起来，做起了现场演绎：“我先说要上厕所，她们让一个女客服跟着。我一急，大叫要打110，在她们惊慌、松手之余，我赶紧冲出门外，乘电梯跑掉了！”

02

当时，我们一方面赶紧感谢、安慰这位女生，并安排一位红娘听取她是否想在梅园婚恋注册找对象。另一方面，马上跟法律顾问联系，商讨应对措施。联系到2015年也曾有单身青年到梅园反映类似问题，律师提出，一定要重视，必须马上采取行动。

按照律师的意见，我们先后走了四步棋。第一步，当天下午，给该婚介在广州的总部打电话。那边接电话的小姐回复道，这是上海分部所为，跟总部无关。但总部会告诫上海方面立即整改。

第二步，第二天一早，我们又找到了上海百度公司，直接向他们进行投诉。一位主管出来接待我们。主管听了我们的述说，看了我们的投诉信，即上网查看，并马上表示：立即将这家婚恋公司的广告下架。

第三步，从百度出来，我们又马不停蹄赶到市消保委反映问题。第四步，下午，又联系了几家新闻单位。《I时代报》记者隔天前来采访，并于2016年2月26日，在该报第11版刊登了一篇报道，题为《“借”梅园品牌蒙人，羞不羞?——红梅老师：保留追究法律责任的权利》。全文内容如下：

近日，一名白领女生到梅园反映，自己在百度上看到了【梅园婚恋】—××网　【梅园婚恋交友中心】—××网，“上海梅园交友中心上××网不将就”等条目。因慕梅园大名，就用手机联系，却发现其实是××网。原来是对方侵权，并施展“拖车”障眼法吸引人气。

百度上，梅园婚恋被挂“拖车”

截至发稿时，在百度输入“梅园婚恋”，仍发现多部“拖车”，与文前女生反映一样。在该网站标注“梅园婚恋交友中心”的网页，列出很多征婚对象简介。点下方“红娘”字样，首页出现“4001”打头的全国电话，手机询问“你们到底是不是梅园婚恋？”客服却说本机构为××网，让人一头雾水。

众网友：障眼“拖车”又出现

2015年下半年，不少单身白领因上当受骗，曾到梅园反映。一位男生在该网站浦西实体店准备填表付费时，正巧母亲来电，问他是否在“浦东南泉北路1035号紫金瀚宫509室”浦东梅园总部？他才发现不对，拔腿就走。百度上海公司曾迅速将此类“拖车”从搜索网页撤掉，并通过法务专员要求其深圳总部整改。

最近，网友发现障眼“拖车”又重新登场。为此，梅园负责人红梅老师表示：“明年，梅园婚恋正好创办20周年。梅园的品牌是靠梅园人辛勤付出打造的。现在不点名，是希望该网站自省改过，与我们共同用诚信繁荣婚介市场。但鉴于此类李鬼现象反复出现，将保留追究法律责任的权利！”

律师称：涉事婚介要自爱“羽毛”

“‘盗名者’是国内一家著名婚恋网站，却‘借’梅园品牌蒙人，羞不羞？”律师提出，此类行径必须制止，因为这会破坏乃至恶化婚介服务领域的生态环境，会让诚信从业的婚介机构沾上污名，也会大大损害此类企业的自身形象。

律师表示，涉事婚介网站要自爱“羽毛”，不要做损人不利己的事情。对梅园维护自身和消费者权益的举措表示支持。媒体应批评揭露这类现象，促进婚介领域风清气正。广大单身人士也要擦亮眼睛，按真实意愿接受婚恋服务。

在几家媒体中，由于《I时代报》刊登的内容最充分，当天一早就被东方网、网易、凤凰等不少网站转发，形成了很大的舆论压力。我们再上百度，发现原来的“拖车”现象消失了。输入“梅园婚恋”，跳出来的，就是我们自己的电话、地址等各项内容。

有一位读者读了这则消息后，也为我们写来题为“致盗名欺客者”的打油诗，让我们很感激——

生意不好想歪招，偷盗华裳扮妖娆。
黑心蒙骗单身客，违法被捉成笑料。
市民只认服务好，热爱梅园赞如潮。
劝君思过改前非，诚信服务走正道！

03

我们是老实人，习惯说老实话，做老实事，可有人不这么想，总想傍名牌，抄近路，蒙骗人，赚快钱。在婚介领域，欺世盗名是一种，挖别人家墙脚是又一种。

婚介，提供的是劳动密集型服务，也是一个面向社会大众的行业。其工作人员，要跟众多单身青年和家长打交道，做不好，直接遭埋怨，做好了，也很容易被赞扬。其中的佼佼者，还会被同行看中。如果有同行心怀不轨，老想着靠挖别人墙脚壮大自身，为本企业捞金，那么，被赞扬的那类工作人员，就常常会变成被“策反”的对象。

那天，曲老师（化名）来找我，好像有很为难的事要跟我说。在犹豫了好一会之后，提出要求：“红梅老师，我也跟你不少时间了。我想提个小小的要求，不知道合适不合适?”

“没事的，有啥想法，都说出来。大家都熟悉，别有什么顾虑。”

“噢，噢，那好，那好！我想，单位里，每个人的工作能力是有差异的。因此，在收入上，也应该有区别。”我一时摸不清她的来路，还是有针对性地回答了："一直有差别啊，工作能力强、业绩好，绩效收入就多。这不是差别吗?"

曲老师似乎有备而来："您说得不错。但是基本工资呢?这也要体现差别呀！"这涉及整个单位的分配体系。我只能告诉她：你的想法、你的意见我知道了，以后领导层再好好研究，还要听取全体员工的看法，征求大家的意见。

又过了一个星期，曲老师又进了我的办公室，直接递交了一张辞职报告。她可是公司骨干啊，又是中层干部，在她手里成功的会员不少啊！我怎么能舍得放行呢?况且，这也来得太突然了！因此，我一时反应不过来，半天没有说话。

"那家婚介公司，您是晓得的，他们让我过去，基本工资是梅园婚恋的两倍。"她这样一说，我的脑子突然清爽，一下子把眼前的这一幕，跟此前的事情"圆"了起来。我真心地跟她表示，不希望她就这样拔腿走人。但也不会为了挽留她，马上将她的基本工资提上去，这违反了我管理企业的原则，违反了我待人处事的观念。我跟小楼老师、朱老师商量后认为，既然谈不拢，只好批准她的辞呈。曲老师离职后，行业内有消息传来，说她在人家公司很被厚待，基本工资确实比在我们这里高出了一大截。又过了半个月，梅园的其他红娘跟我反映情况：曲老师一直在暗中使劲、耗边，要将到梅园咨询过的家长、单身青年甚至注册会员拉过去，搞得人家以为梅园分家了……总之，我们这里被搞得十分被动。

然而，极富戏剧性的是，半年之后，曲老师又突然出现在我的办公室，一落座就哭开了，说自己上当了。那家公司就是想通过骗走梅园的骨干，搞垮梅园。开始两个月确实给了她高出其他员工的基本工资，第三个月，就给她降了薪。原因吗，很简单：她没有完成公司在合同里给她定的月度指标。

"直到这时候，我才晓得上他们的当了，我恨煞我自己了！我跟梅园是有感情的，您红梅老师培养我这么多年，我怎么能够忘记呢?我真是鬼迷了心窍，我一定要回来，告诉姐妹们，不能再上他们的当了！"哇，她一把鼻涕一把眼泪，又让我一时不知说什么才好。我的心本来就软，被曲老师哭天抹泪的样子，搞得心里酸酸的。

“不哭了，不哭了，人总有糊涂的时候，我们要吸取教训。”我反过来安慰起她来，好像是我们做错了一样。在第二天的中层会议上，大多数骨干不同意让她回来，可也有意见认为，“浪子回头金不换”，三国里有“诸葛亮七擒孟获”，更何况她在业务上确实有两把刷子。最后，我们决定让她重返岗位。她千谢万谢，立誓表态。此后的工作表现真的不错。然而，第二年3月份，她拿了工资后，突然不辞而别，又去了另一家公司。人家挖她，是因为我们曾在《劳动报·婚恋》专刊上刊登了她热心服务的小故事，这成了她炫耀、抬高自己的资本。

后来，曲老师又委托别人来告，说自己在外面兜了一圈，发现还是梅园好。她说，只有真心为客户，才能有好的收益。而且，想到红梅老师对自己的信任和原谅，夜里已经偷偷哭了好多次了……但是，这回，我们领导层商量后，坚决不接受这块“回汤豆腐干”了。我在一次员工大会上，还专门作了申明：今后谁还要心猿意马，这山望着那山高，都可以提出辞职的要求。不过，一旦因此离职，今后一律不再重新接收。

04

行业间“挖墙脚”，本来不是什么新鲜事。有时还出现一些“间谍式”的奇葩事，更让人哭笑不得。

一天下午五点过后，风风火火闯进一个中年女士，自称姓解。进门就嚷着要找我，见我从楼上下来，马上冲上来，拉着我的手，在自报家门后大声说：“红梅老师，在婚介行业，我就敬佩您。我在那个公司待够了、看透了，都是骗人的把戏，我就想到您这里来，好好向您学习，好好为客户服务！”

“人家这么诚心来投奔，能不收啊?再说，最近也缺人手。”我这样跟小楼老师、朱老师说。大家一商量，就按我的意见办了。由楼老师向她了解以前的工作情况，复印身份证、填写表格，安排岗位和班头。进入工作状态以后，她的表现也算得上兢兢业业。两个月以后，这位解老师（化名）突然消失，不来上班了。经一位跟她关系不错的红娘的反复联系，她才接了电话：“你不要说呀……我回到老公司了。我不详细说了，你懂的。”再仔细一核查，才发现她在工作中，收集并卷走了我们的不少客户资料。

如此遭遇，真像被人来了一步“闷宫将”！我将这件事的前因后果跟兼职律师说了一遍，听取他的意见，他苦笑道：“也没有什么其他的办法。人是你们收的，招工入职手续都很齐全，她不辞而别，很难追究。再说，她是不是其他公司指派她来做所谓‘卧底’，也不好说，就是有证据，这个官司，也不好打，打起官司来，也挺累的。”唉，也是啊，只能不了了之了。

静下心来想，个别专业机构用这样那样偏门的行径，以争取市场的主动，攫取别家的利益，终究不是办法，也成不了气候。我认为，以自己的艰苦历经，做事要做出名堂，无非几个途径：一是熬，时间上坚持，在行业里慢慢立住脚，再求行稳致远；二是钻，管理上突破，进入更高的层次和境界，不断创新以求得不断发展；三是诚，守正才能被信赖嘛。搞婚托啦，搞关门宰客啦，终不被社会、法律和道德所容。小伎俩会有一点用处，却不能长久奏效。

05

在市场竞争中，还有一条，就是要立足长远，放眼未来，努力迈上百年征程。千万别为了一时之利，为了省心省力赚大钱，把自己的“牌子”丢了。总之，要头脑清醒。

这条体会，是用实践换来的。有一段时间，有一家全国性的网络婚介公司派代表来洽谈合作。这位先生，先打来电话，表明了身份和意向。然后约定了时间，如期而至。

“红梅老师，楼老师，对你们梅园创造的成绩，我们是认可的。我说这句话，是有依据的，我们做了很多调研。嗯，对的，我姓王，可以叫我小王。”他大约35岁左右，头发散乱，衣服也很休闲，普通话说得很标准，京腔京调的，还有点卷舌，不知道是不是北京人。整个的神情和腔调，蛮居高临下的。

我有点诚惶诚恐：“王先生，不，王总……你们对我们有什么想法，或者说，有什么要求呢?不妨直说吧。”

“合作，主要是资源整合，强强联手。这是能把事情做大的必然选项。梅园的优势在线下，我们的优势，你们知道的，在线上，有一个很大的平台。”选项，这个词在当时，是蛮前卫的；强强联手，也很有诱惑力。

楼老师的神色，跟我一样，有点迷糊。她急于想知道对方的意图：“您能不能再讲得具体一点，比如……”对我们的催促，王总似乎有点不耐烦，一副“心急吃不了热豆腐”的不屑：“是的，是的，不急、不急。从合作来讲，我们是有一套完整的、成熟的模式的，包括合同都是规范的和格式化的。你们完全可以放心！”

云山雾罩，不知所云。我只好继续请求：“小楼老师讲了，请您再具体一点。”

他把手机放到桌子上。刚才，他一直边划动着手机屏幕，边漫不经心地回答我们的问题。这回，似乎认真了：“这么说吧，你们加入我们的平台，我们提供给你们资源和会员，由你们完成线下服务。至于分成嘛，我们在全国各地的比例是对半开。”

小楼老师马上看了我一眼，似乎在示意，哎，注意，进入“深水区”了：“那，好，知道了。可我们以后的名称呢，梅园婚恋这个名称，还能保留吗?”

“NO，NO！”这个问题让他感到很不快：“我们这个平台是由大资本投资的。你们进入以后，年度营业额的不断翻番是无可怀疑的。你们原来的企业名称，既不能保留，也不再有存在价值！”

他停顿了一下：“当然，还有一笔加盟费，要在签订合同时缴付总公司。毕竟，对你们来说，这样的合作，机遇百年一次，历史性的机缘，青云直上的腾飞！”

哇，我的妈呀！此时此刻，我和小楼老师总算搞明白了。那种感觉，就好比一个大户跟一家穷人说：你家孩子，我们就抱走了，他以后会进入最高等的学校读书，你们家长就等着他成为栋梁、成为大人物，等着他发大财吧！当然，从今以后，你们的孩子会随我们，起另一个名字……

“我们再考虑一下。”我脑子冷静下来，说话也不再谦恭，会谈也戛然而止。

几年之后，我们从同行那里听说：这家网络平台因资金链断裂破产，一大堆加盟的小婚介的加盟费，全部打了水漂，不光没有赚到什么钱，连各自品牌名称也大多被市场遗忘了。

06

说到这里，言犹未尽，我又想到另一家婚介公司，据说由一家投资公司助力，总部在北京。在上海现身市场，大约是在2015年前后。一时间，在报纸上、地铁上，电视台和电台里，都可以看到、听到他们的大篇幅、长时段的广告，气势十分宏大。

而且，还有一个特点，就是哪里有其他婚介公司的广告，他们就会跟到哪里，用更高的频次、更大的篇幅进行广告投入。我们在《劳动报》《新闻晨报》有专刊，他们也跟着去做整版，措辞大胆，敢于编造诸如“本公司优秀红娘”排行榜、“月度会员牵手成功率”，以及所谓令人垂泪的成功故事等等内容，不断突破广告法禁止的条款。他们的很多手法也很新很潮。比如，可以在输入个人信息后，进入所谓百人大群并获得匹配机会；还有，狂轰滥炸的电话，甚至不断打到了很多中老年人的手机里。

不得不说，在这家公司进入申城市场前半年时间里，我们的业务确实受到了明显的影响。就像大水涌来时，一片波涛汹涌，让其他船遭受了狂风大浪袭来的颠簸和恐惧。不过，商家就怕市场磨，水落石出露真相。后来，不少曾被这家公司拉过去，又转到梅园婚恋寻求服务的单身青年，告诉了我们很多被该公司连骗带哄的内幕。

最令人猝不及防的是，两年之后，这个牛气冲天的婚介公司，又突然销声匿迹了。这算不算资本涌入婚介领域表现的无序和泛滥呢?

我们在市场的漩涡里奋楫争先，每过一个阶段，就凭自己的努力换一个大一点的航船——这个进程，慢是慢了一点，但是很踏实。

而且，最值得骄傲的是，我们是这艘航船的主人，并且一直冲在行业的前面！

第二十五章

适龄婚恋：跨时代的课题

我就适龄婚恋话题，在交友联谊现场
接受电视台采访

01

2015年以后，80后乃至85后的单身青年家长们，普遍感到了“形势逼人”。

网上也有人调侃了，还编了个段子：

你是80后，还没……？

我是80后，怎么啦?

我是90后，爸妈说，

不要像有的80后，

还有不少的85后！

也就是说：在90后家长们的眼里，80后中的剩男剩女，已经成为反面教材。想想也是，2015年，80年至85年出生的男女生，已经分别达到35、34、33、32、31、30岁了——最小的也30岁了！要晓得，到了35岁，在择偶上的困难程度，每天都在增长啊！

到了2021年，这种“反面效应”倒逼出了新情况、新气象：才20岁出头的00后，其中已有女生“进场”了。这就是说，不光这些小女生们觉悟起来，她们身后的家长，则更怕自己的孩子，会重蹈大哥哥大姐姐们的覆辙啊！

02

我在报纸上第一次提出适龄婚恋，是在2014年11月19日。个中缘由，主要是受到很多真实案例的触动。有一个年轻姑娘叫小雨，那天，她到梅园婚恋报名注册做会员。办好手续后，她专门到我办公室，讲了自己的心路历程。

她说：“以前感恩节，我会给父母买美味点心或衣服等礼物。早些年，他们很高兴，但是呢，这两年变了。有一次，他们这样讲，你能早日脱单，才是给我们最好的礼物！这让我陷入了沉思。我现在才深深地知道，感恩父母，最重要的一件事，就是要适龄婚恋。这是我到现在为止，在生活中的一个最大感悟。”

接着，小雨讲了自己家里的故事。那年年初，邻居张叔叔到她家去，送来了他女儿结婚的喜糖。小雨正巧下班，推门入室，竟看到父亲脸上挂着晶亮的泪珠。“父亲一滴泪，打痛我的心！所以，自己要到梅园做会员，早日解决婚恋大事，让父母放下一直悬着的心！”

还有一对小夫妻，丈夫叫大琪，妻子叫修修，也让我印象深刻。2014年国庆前，他们领取结婚证书后，专程来看我。他的故事我是知道的。2013年底，大学同学偕妻抱子，到大琪家去做客。大琪妈妈抱着人家宝宝，竟一时哽咽起来，还刹不住车，泪水哗哗地流。这让当时还是单身的儿子大琪，一下子蒙掉了。此后好几个夜晚，他都睡不着觉。“我根本想不到，儿子没有恋爱、结婚，家里没有第三代，对父母亲竟有如此巨大的影响，甚至打击！”说到那时的情景，手捧结婚证书的大琪，眼里还挂着泪花呢。

无论是小雨，还是大琪，他们讲得动情，我听着，却常常感到心痛。因为我心里最清楚，社会上有多少大男大女，还那样旷日持久地“单”着——这需要有人去呼吁，去关心，去拿出实际行动帮助他们“脱单”啊！

正所谓，不能光埋头做婚介，还要抬头看大局，让更多的青年人适龄婚恋。而对那些年龄偏大的男女青年，仍要鼓励他们后来居上，进入婚恋的“快车道”。后来，凡有合适的场合，我都积极宣传“感恩父母，就应该适龄婚恋”，让单身青年在内心里接受，行动上落实。而且，我总是这样反复强调：“恋爱、结婚是人生的正常程序。所以，我们不提倡单身终老，不提倡糊涂拖延。否则，父母乃至祖辈就会终身有憾，忧郁难宁，更无法享受三代人的幸福！”

03

从我个人来讲，提出适龄婚恋，是因为我直接看到的、接触到的大男大女太多了。因此，也在内心积存了越来越大的焦虑。这种焦虑，又更多地来自家长的愁苦，来自对他们的理解与同情。好多好多次，有忧虑满面的母亲，有白发苍苍的老伯……他们坐在我面前，讲自己对儿女未来的担忧。他们常常像祥林嫂一样，讲儿子或女儿如何如何优秀，但就是一直单身，没有找到对象。尤其是一些上了年纪的老父亲，说着说着，已经泪流满面了，让我的心，压上了一种“无法承受之重”。

有一位老教授，赠我一首诗，讲自己的心情，读来令人垂泪，我一直收藏着：

男儿有泪不轻弹，只因伤心无处喊。
何况已过花甲年，最忧儿女孤身寒。
今日催婚又一年，爷娘夜里长短叹。
但愿喜宴非梦中，大把喜糖撒蓝天！

想想看，家里有个老姑娘，进进出出的，而人家的儿女早就抱上了孩子。那种感受，对于经历了人生重大曲折、不同坎坷的45后、50后，真的是“压力山大”、忧思重重，别有一番苦恼在心头呀！

鉴于这种形势，我也不断在脑海里为适龄婚恋勾画种种好处，作为说服单身青年的理由。

2015年6月，有个90后男生，叫小华。他说，2014年年底，他偕两个大学同学参加市里举办的“万人相亲会”。回家后，就老是睡不着。那天，实在憋不住，给我发了一条微信：在“万人相亲会”，我看到那么多80、85后的男男女女，真的惊到了！有一位70多岁、白发苍苍的老妈妈，弯着腰，在寻缘墙前看资料，说是为女儿找对象。我看在眼里，心里很不是滋味。这次所见所闻，促使我想早点找个女朋友。否则，过了30岁，再找对象，肯定会变得狼狈不堪！父母也很支持。可不少同事笑话我，说不少80后还“单”着，你急个啥？红梅老师，我该按着哪条思路走？

我马上通过微信回复：小华，你应该按照自己和父母的思路走！就算现在交女友，两年后结婚，27岁，也不小啦！人家说你急，是开开玩笑，也说明晚婚晚育的现象，对不少青年人中仍有负面影响，应该予以纠正。

我又跟他分析，如今80后中单身大男大女多，跟50后父母辈青年时期失学，后来又上山下乡，以致晚婚晚育的种种经历有关。为此，他们要求孩子好好读书，达到高学历，或出国争取好前途，以圆他们年轻时的梦。可学历高了或海归了，年龄也大了，于是一代人的婚恋被大面积耽误。你们的父母是60后，他们未曾经历50后的时代困顿，这为你们适龄婚恋、成家立业创造了良好的家庭条件和社会氛围。

那么，适龄婚恋好，好在哪里?我讲了几条，现在看看，也还是理由充分、逻辑对头的——

首先，好在资源丰富。以女生20岁、男生22岁为起始，3年为一个时段来看，这一阶段的可匹配数量大致为：第一阶段（20、22岁—23、25岁）最多；第二阶段（23、28岁—26、28岁）仍较充足；可第三阶段（26、28—29、31岁）就明显下降了。按男大女小的一般观念，女生年龄越大，择偶就会变得越加困难。

其次，好在时间宽裕。这样，男女双方在交往上可以深入，选择上可以从容。恋爱双方需要深入了解，情投意合，才能瓜熟蒂落，这需要时间。不成功的要重新选择，也需要时间。所以不抓紧，岁数一大，往往会“慌不择路”。事实表明，双方年龄相仿、条件相当，牵手成功率就高，离婚的隐患也少。目前，梅园90后会员不断增多，渐成主体，也希望这一年龄段的更多男女生，能成为寻缘择偶队伍中的一员，早结秦晋之好。

不久，小华在妈妈陪着下，专程来找我，当场注册做了会员。现在呢，小伙子早就做了爸爸啦。

04

一个新的观念，宣传不宣传不一样，坚持不坚持宣传更是不一样。

作为一个婚介机构，我们的声音虽然小一点，但讲多了，还是引发了回响。2016年，前来梅园注册的90后多起来，不少80后男女来注册，直呼："我们的年龄真的有点大了！"有鉴于此，我赶紧写了一篇文章：《"八九交替"：择偶将主体换场》。一开头的话就是警醒式的导语：进入2016年，80后和90后两个主体将逐渐换场——"落单"的80后，要格外抓紧了！

后面又写了三段，文字不长，却倾注了我的真实情感——

不少80后，失一步失却数年

阿敏30岁了，爸妈急煞，她自己也深感"不知何处是归程"。婚恋场上，大男大女年龄优势减少，自信开始下降，相亲激情不高，普遍存在"节节退却"心理。从30岁至45岁，逢"五"遇"坎"，成功择偶概率越来越低……一旦过了45岁，还会出现完全放弃的丧气情绪，让家长们揪心啊！

"当心失掉了一次，失数年！"阿敏自嘲。对"单"着的80后，最好的办法还是抓紧。不到30岁的，要有紧迫感，30岁以上的，要有危机感；过了35岁必须立"军令状"了！

期盼90后，早走一步早主动

坤坤90年出生，爸妈催他找女朋友，他哼哼鼻子：公司里80后"单"着的多了！

经婚恋专家分析，他才清醒了。我国《婚姻法》*规定，法定婚龄女为20岁、男为22岁。另外，最佳生育年龄女为23—30岁，男为25—35岁。这才是指导婚恋的法律和科学依据。1990—1993年出生者，已分别达到25岁、24岁、23岁和22岁。22岁，男生交友略早，但女生找一年、谈两年，筹婚又一年，已26岁，再拖拉一下，就要奔"三"……爸妈催促，就是让90后早走一步早主动！

专家：抓紧择偶，认准品牌

申城不少婚恋专家认为：婚恋领域面临90后成为主角的"拐点"。而80后抓紧择偶，必须找对途径，认准品牌。优质品牌婚介机构，汇聚各类优秀单身人士，更易提供理想匹配，实现美满姻缘。

---

* 注：2021年起，《中华人民共和国民法典》施行，《中华人民共和国婚姻法》同时废止。此文写于2016年，《婚姻法》仍在施行中。

05

25年从事婚介服务，我自己在脑海里慢慢形成了一幅“单身青年现状图”。我以2021年为截止时间进行分析，将单身族大体分为5个部分，以此来确定他们各自在婚恋领域的位置。这也有利于在倡导“适龄婚恋”过程中，有的放矢，收到更好效果。

（1)80后（1980—1984年）。这个部分的未婚者，年龄41岁至37岁，有一定数量，是待婚人群中的一个尾巴，在婚配上确实存在困难。其中的男生，有的有婚史，有的“挑僵”掉了，如果再加上行业、职务、收入和家境都一般的，择偶难度就会比较大。其中的女生，不少都很优秀，有海归的、有学历高的。但年龄成了择偶的最大障碍。

（2）85后（1985—1989年）。这部分中，未婚的有相当一部分，处在由青年向中年转折的关口。其中的男生，择偶的难度小一点，难度大的还是女生。

（3）90后（1990—1994年）。这部分人群，普遍学历高，家境也普遍不错。27—31岁的年龄，表明他们是目前婚恋领域的主力军。不过，却处于一个“拐点”阶段。抓紧的，正当其时；一个疏忽，就会陷入“大龄陷阱”。

（4）95后（1995—1999年）。这个群体，学历普遍更高，婚恋紧迫感较小。由于80后大男大女晚婚、未婚造成的“恐惧感”，不仅使他们的家长加倍警觉，也因为大男大女们的窘迫、尴尬，促使他们在婚恋上采取主动姿态。因此，适龄婚恋在他们身上有所回归，主动到婚介机构寻缘择偶的不在少数。

我这里顺便说一下，从2021年开始，也有一些00后女生进入婚恋领域，这是大好事。这对他们的大哥哥、大姐姐，显然也产生了一种压力。

06

我在上面描述了“单身青年现状图”，接着，我再进行一些粗浅的原因分析。

先看80后和85后。总体上看，他们是“崛起的、能吃苦的”一代人。其中最深厚的家庭因素，就是50后的父母们，几乎百分之百地中断过学业，其中的大部分，还有上山下乡的经历。青春被耽误的心理抱怨，反射于子女教育，直接的影响，就是不由自主地将家庭未来的希望全部寄托在独生子女身上。因此，人们看到的情形是，他们在学习上普遍努力，大多数人的学历达到本科甚至更高；童年时，家庭经济普遍不宽裕，也在他们的心灵上留下深刻印记。现在，无论是年龄还是素质，都将他们推上了社会、企业的中坚地位。

另外，相对于90后一代在婚恋问题上的宽松，80后上大学期间，学校往往明文规定不允许谈恋爱，更很难在大学期间结婚。在那样的时代背景下，这些规定也得到家长的普遍支持。所有这些，使学业上强、婚恋上弱，成为80后的普遍状态，也是他们中更多出现剩男剩女的基本原因之一。这种情况，到了85后才有了较为明显的改变。

如今，80后、85后中的未婚者已从择偶主力军的地位上退出，被极大边缘化，进一步增加了寻缘择偶的困难程度。这也从反面印证了“适龄婚恋”的重要性、必须性和紧迫性。

再看90后和95后。在倡导“适龄婚恋”问题上，我们还要对90后、95后加以重点关注。因为他们已经占据了主场地位，成为婚恋领域的主力军。总体上看，他们中的硕士、博士和留学欧美名牌大学的比例明显上升，属于“高学历、精致型”的一代人。家庭经济的富裕和本人学历的提高，使他们与80后的重经济条件、重行业、重职业职务比较，有了不小的变化，主要表现是重仪式、重外表、重情趣，对“三观”是否一致尤为看重。显然，这是经济、社会发展在思想和婚恋观念上的反映。

还有，我想强调，这一代人，在观念和实际问题的处理上，与父母一辈的代沟显得更深，我们专业工作者必须做到心中有数。比如，传统上认为，恋爱交友，总是男性主动。现在发现，90后、95后中的不少女生，反而比男生更主动、更大胆。而有些男生呢，反而变得被动了，常常不肯主动表白。再比如，80后85后中，男生多为“刷脸族”“外貌协会”的，要求女生漂亮。现在很多90后95后女生，也非常爱“刷脸”，对长得帅的男生，可以不计较职业和经济收入，这也是明显的变化。再有，作为全国的经济中心，上海外省籍的新上海人，也就是在上海有固定职业的青年男女，对自己找上海户籍的对象，往往缺乏信心。这使他们在别人介绍时，畏首畏尾。其中，男生比女生的信心更显缺乏。

07

适龄婚恋，既有社会学的意义，也有生理学和心理学的意义。对每个个体来说，应该格外重视抓住“黄金期”。《民法典》婚姻家庭篇规定的结婚年龄，男性始于22周岁，女性始于20周岁。此后至男30岁、 女28岁，双方可以匹配的适恋、适婚人群最大，也就是机会最多。然而一过这个节点，原来上升的箭头就开始下跌，即错过了这个最佳的年龄段。此后，双方可以美满牵手的恋爱者不断递减，可以理想配对的人数亦将同时减少。

2021年春节刚过，男生小李来找到我，讲他在家里的境况：“父母给我一个目标，今年，你要找到女朋友并确定关系。我说，29岁，还小。再说，有缘千里来相会，急啥？结果，您猜得出，父母都很气得好多天没有睡好！”

我说，男生29周岁，不能算小，已处在择偶“黄金期”的边缘。尤其要当心，时光无情，一不当心，跨过30岁的门槛，就会刹不住车。那时你会感叹，啊，周围同龄乃至小于自己的同事同学都结婚啦，我被剩下了呀！另外，我还特别提醒他，由于经济和社会的高速发展，人们的婚恋时间普遍推迟，这也会给人以错觉，认为“时间还早”，自己好像没有掉队。当然，大龄男比大龄女的择偶范围要大一些。“但是，你要知道，配偶双方的年龄差，以四五岁为宜，男方过大、女方过小，就会在各方面形成不适应，对家庭的稳定也会造成不良影响。你说自己年纪还小，是不是有点‘长不大’?我认为，你要警惕年龄与机缘的‘反向效应’。因此，必须紧紧抓住‘黄金期’。最重要的，还是行动起来，早日缔结美满姻缘，让人生变得从容，让父母夜晚能睡得着，睡得踏实！”

不久，这位小伙子在父母陪同下，在梅园注册了会员。他还向我许诺：“再过两年，我和妻子抱着宝宝，会专程来看您！”

显然，适龄而且抓紧，是适龄者的幸运。因为，在婚恋场上，大男大女普遍存在“节节退却”现象，会产生“不知何处是归程”的危机感。如年龄优势减少，相亲成功难度增加；自信开始下降，相亲交往时提不起努力争取的激情。再加上年龄继续增长，主客观各种不利因素又会累积起来。从30岁到45岁，逢“五”遇“坎”，就使成功择偶越来越困难……最后形成父母亲最不想看到的“脚踏西瓜皮，滑到哪里是哪里”的放任状态。一旦过了45岁，还会出现完全放弃的丧气情绪，声言不嫁、不娶，其中又以女性为多，这让年长者和家长们难受至极。

生活中这样的实例时有所见，绝对数也不少。家庭、亲友有责任给予帮助，社会群团也应伸出热情的手。然而，最好的办法，还是自己抓紧抓早。现在二十七八岁的，要有紧迫感和危机感；30岁及以上的，更要拿出精力和决心，并采取措施，如到婚介机构寻求专业服务，以加快相亲交友，促进成功牵手。

08

2021年，是我国“十四五”规划的起步年。这一年，国家推出了鼓励生育三孩和相关的配套措施。在不少场合，不少家长跟我讲起这个话题来，既兴奋又忧心忡忡。高兴的是，国家面临着又一次大发展的前景，忧心的是，自己的孩子还没有“脱单”，或者虽然结婚了，却迟迟不肯生孩子。

对进入青春期的每一个青年男女来讲，一个完整的人生，“恋、婚、育”应该是一体的，是应该同步进行考虑和规划的，怎么可以将三者割裂开来呢?这让我想起一个实例。2020年年底，有一个男生曾通过微信，给我提出了一个问题，于是，我就借题发挥了。

这位网名叫“思近眺远”的男生谈到，自己1993年出生，工作有成绩，但是寻缘尚无着落。爸妈催得紧不说，自己也感到十分心烦。那么，进入新的一年，该如何规划未来的生活呢?希望我给他指点迷津。

我即予回复， 2021年是国家“十四五”规划实施第一年，单身青年们也应做个规划，在未来五年里完成“恋、婚、育”三件大事。也就是说，我把这三个阶段的事，当成一个整体的链条进行思考和规划，即前半年或一年中找到对象，交往恋爱一年或一年半后领证结婚。此后，妻子进入怀孕期。等宝宝近两岁时，个人的五年规划基本甚至圆满完成。

这位男生对我的提法很感兴趣，马上表示认可。还希望我讲讲这个规划的好处。于是，我继续谈了自己的想法，告诉他，这样去思考和行动有几个好处。一是有了明确的目标。由于工作忙，事务多，不确定明确目标，你一拖就是好几年。二是有了努力的方向。也就是说，可以逼着自己朝这方面前行，当成重要任务切实、坚决地加以完成。三是有了刚性的约束。男子汉嘛，说话要算数。做了规划、表了态度，等于立下了军令状，再放空炮，既对不起父母，也会被亲友同事耻笑。

上了年纪的人，回看人生路，在掌握全局上会格外清醒。可对青年人来讲，寻缘择偶，不是到马路上“拉郎配”，还真不那么简单！所以，我接着提出，尽快“脱单”，说难也难，说不难也不难，可以找专业的、有品牌口碑、有良好信誉的婚介机构，以成就大事。

以前我宣传这个道理，理解的人少，这两年接受的就多了。一位妈妈在父母相亲会上讲：“儿子是个工作狂，事业成功，‘脱单’却毫无头绪。托了好多人，折腾了几年还是一场空。不料，在梅园见到第三个女生就‘触电’了。三个月后，儿子领着姑娘上门，又是我们喜欢的类型，当时我就开心得哭了！”她的体会打动了一大批家长，都回家跟子女说，梅园平台大、类型全、资源多，会员质量和匹配成功率同步提高，正是新老上海人可以托付的红娘！

家长脱口说托付，可知托付重千斤——我深深地知道这两个字的分量！

第二十六章

请记住：合适比优秀重要

我（左一）和红娘老师在迎春交友晚会现场跟一对成功婚配夫妇合影

01

上一章，讲了“适龄婚恋”。这个问题，积之既久，不吐不快，不予纾解，心烦难消。本章，我再谈一谈另一个相关的，同样重要的观念：合适比优秀重要。之所以要郑重其事地专章列出，也因为在这个问题上，绊倒了很多人；很多专业机构，也以“优秀”为卖点，把很多单身青年引入了误区。

事实上，我们在实际生活中看到，很多单身青年找对象，目标就是“优秀”的，不料在误区里转圈子，走不出来。

深究起来，这跟婚介服务机构以此增加自身吸引力有很大关系。比如，一开口就说：你看，我们这里的男女会员，都是“优秀”的，从什么大学毕业，从事什么行业，职业职务如何，收入多少多少……结果呢，就把很多的男女生，尤其是女生的胃口给“吊”起来了。

一位网名叫“还珠格格”的女生，一次跟我发微信就说道：“我33岁，跳舞蹈，得过不少奖项。择偶标准嘛，搞艺术不是郎朗那样的，搞企业不是马云那样的……别推荐给我。对我的这些要求和想法，父母亲很担忧，认为过头了，这样批评我：你这个姑娘目空一切，能找到谁？不怕把自己耽误了呀?我虽对他们的指责置之不理，可毕竟心虚呀！红梅老师，盼望指点，让我能找到正确的方向。”

这件事对我的触动很大。我想，很多单身青年的想法和要求，也并非无源之水、无本之木，做家长的，专业搞婚介的，有责任引导他们。你不引导，他们不知道错在哪里，时间一长，就真的要耽误一大批人呢！

我还想到了一个真实的例子。有一个自己开公司的女士来到梅园，红娘老师跟她沟通时，她提出的择偶要求竟然是：除了克林顿、奥巴马，别的男性都看不上。红娘老师哭笑不得，告诉了我。当时，我来到约见室，跟那个女士聊了聊，并笑问：那你是希拉里吗？寻缘择偶，本质上就讲个般配。双方合适的程度越大，成功的概率越大，婚后幸福的指数也越高。她无言以对。也许是觉悟了，她后来的择偶过程，还比较顺利。

02

在社交圈，很多高傲者往往朋友少、成事难。在婚恋领域，这种情况也同样存在。如果用现在的说法，就是“眼界高、情商低”。

无数事实表明，找对象时，目空一切者，其实是一种自我膨胀：恃才、恃财自傲，不知道自身的弱项何在，到底有几斤几两；只求优秀、高端，对对方的品行、学识、能力、智慧和性格等要素既不细究，也搞不明白。总是认为最好的才是自己追求的，不理解为啥合适的才是最好的，这就是误区所在。

后来，我根据和那位33岁女青年的对话和相关思考，写成了一篇短文，向这类单身青年恳切地提三点建议。（1）正视自己。如果年龄大了，错过了择偶黄金期，原来的优势反而成了弱项。你不认识，就要吃苦头。（2）平视异性。要在条件相仿的异性中寻找素质高、性格好，身高、形象相宜，相互爱恋又谈得来的对象。从而让双方都获得机会。（3）远视前景。两人结合，关键是能够好好生活一辈子，年轻时甘苦与共一起努力的夫妻，晚年时白头偕老的感情，往往也更为深厚、更为牢固。这才是正确的方向。

对类似的情况，我总是跟当事人提出：一味找“优秀”的、上档次的，其实是一种自以为是的“单相思”。这在部分女生中很有代表性。现在优秀的女生确实不少，如再遭遇“好高骛远”心态的绑架，天下就没几个能被她看上的男生。那样一来，旷日持久，被剩下的概率自然越来越大了。所以，“目空”的结局，往往是令人伤感的“自误”。而且，一些当事人就因为不懂得啥叫“理想的匹配”，所以哪天遇到好男、好女，反倒丧失了“识宝”的眼力，缺失了交往的热情。结果呢，肯定要错失机缘了。

03

巧合的是，那段时间发生的一件事，在网上炸开了锅，这就是成都高新区相亲会视频的流出。视频中，高颜值、高学历的高端女提出，对方身家低于5000万的不嫁。很多网友不服气了，大为诟病，单身的男生最为不满，奋起批驳者不少。可从女生的角度，反应却不尽相同。有一个女生就跟我发微信表示：红梅老师，我还想“非亿不嫁”呢！这想法不对吗?一定要找一个经济上一般般的吗?

这件事，也让我陷入沉思。作为一个母亲，我反复思考这位女生的提问：如果我女儿也这样纠结，怎么跟她交流呢?

先得说清楚，古今中外多有郎才女貌、大男小女的夫妻。成都高端女提出如此要求，有事实依据啊！不过，我慢慢理清思路，在微信中跟她交流。假设男生是一个“亿元男”，那么与他匹配的女生，会遭遇5个问题。第一是对等。女生的岁数、容颜能满足对方要求，素质能与对方的经历和财富对应、匹配吗?第二是婚史。半亿、上亿资产以上者比例很小，且发达时多已娶妻生子。他或离异或丧偶，女方能接受吗?第三是相处。他要大女生10岁、20岁甚至30岁，老夫少妻，生理、心理和生活习惯等落差极大，女方能习惯吗?第四是交际。女方能处理好跟他的较为复杂的家族、朋友圈的关系吗?婚后，是打算参与他的事业，还是做全职太太?第五是晚境，对方可能早“走”很多年，女方有接好盘、撑好家或一落千丈的思想准备吗?

即使满足所有条件，且认为这样才“值”、才有“安全感”，我仍要泼冷水——“非亿不嫁”好比彩票中大奖，大概率不可靠。购彩票，一辈子不中无所谓；择偶若一意孤行，苦果可是要自己吞下去的。

后来，我把上面的思考过程，也形成文字，在婚恋专刊上发表，在梅园微信平台引发了一场不大不小的讨论。一位网友还写了四句诗，力挺我的观点，对那些“高嫁姑娘”进行劝导——

非亿不嫁不可靠，
放平心态少烦恼。
姻缘相配才美满，
终生相爱乐陶陶！

04

合适比优秀重要，从观念和理论上进行探讨，其实古已有之。比如古人说的“门当户对”，就是在讲究双方的“合适度”。虽然那时更多的含意和指向，是家境和财富，但其中的合理成分应该予以重视。以现在的观念，我提出了男女匹配中“三个对”的衡量标准，作为我们红娘团队的工作指南。

具体来说：推荐对象，在基本条件上要“对头”，包括年龄、职业、收入和家庭状况等大致相近；在人品长相上要“对眼”，符合男女对对方在身高、体型、容颜方面的大致要求；在恋爱发展上要“对心”，即双方在观念、性格、兴趣和爱好方面大致相融，有长期发展关系的思想基础和情感共鸣。而上述三个“对头”中，“对心”更为本质，更能决定婚姻的未来走势。显然，这需要择偶者有眼光、用智慧、善考察。

我们在服务中发现，如果依据这“三个对”，前期工作又做得实、做得好，有的会员约见了五六个就牵手了，有的约见了几个就确定了恋爱关系，有的第一次见面，就表示“相见恨晚”，而且后来成了相亲相爱的人生伴侣。

从专业角度来讲，合适比优秀重要，包括长相、学历、经济和家境上的各种互补，包括双方观念、性格和气质方面的相互契合。可谓经验之谈。这其中的真实故事，还真的不少呢。

有一年，梅园浦西服务点来了一位大龄男，我们都叫他大刚，1976年出生的，是本市一所学院的管理人员、在职研究生，身高、肩宽，人厚道。还有一位女会员，昵称素素，1983年出生，是一家公司的销售主管，漂亮、温柔，单纯而明理。

我想起梅园总部会议室，放着的那一辆黑色的汽车模型。这是会员小林为庆贺与男友小伟成功实现“姐弟恋”而专程送来的。

2012年12月，80年出生的小林姑娘成了梅园的会员。红娘老师为她推荐的第一位男生，就是年龄比她小一岁的小伟。小伟家境不错，各方面都十分出色，与小林姑娘接触后感觉特好。可小伟父母认为，女生大自家儿子一岁多，不能接受。唉，这一挡，就误了一年。

此后，小伟在梅园又先后与不少女生约见，却始终提不起精神来。2013年年底，他通过梅园老师又找到小林，一次次表白自己的真诚和决心，认定“这辈子就你了”的态度，十分坚决。远在外地的小伟父母知道实情后，感动不说，还由此产生了歉疚之意，支持情真意切的儿子再续前缘。2014年元旦前，小伟在市郊参加会议时，不慎扭伤了脚。小林姑娘接电后，迅即赶去，接小伟回市区。这让小伟的同事们大为羡慕。春节前，小伟将父母接到上海，双方家长见面，商量两个孩子领证、结婚事宜。小伟父母激动地说：梅园红娘老师太有眼光啦，成就了一对拆不散的“姐弟恋”！如今，他们早就成了人见人夸的幸福伉俪啦！

05

世上很多事，理论上好说，放到现实中，往往“摆不平”。有的当事人，也会碰到这样的困惑。比如，有一个网名叫“寻爱天涯”的女生，曾告诉我：自己的择偶条件是“要有才”。梅园老师推荐了一位“云端男”，网络水平很高，还喜欢文学，才气十足，很符合她的心愿。可男生长得不算好看，这让她纠结起来了。她说，自己不知道要不要选择他。

怎么回答才好?我跟她说：双方合适不合适，一个重要原则，是综合平衡，这符合“门当户对”的传统观念，也引入了人们认可的现代思维。接着，我讲一个例子。有位科学家荣获国际大奖时说，自己是个矮个子、小眼睛的“奇才丑男”。当年没一个女生拿正眼看他，只有他现在的妻子，当时经人介绍后，牢牢地抓住他不放，理由是“容貌会随时光消退，才华将会与日俱增。”

寻缘择偶，谁不希望对方才貌双全，牵手时郎才女貌，结婚时夫妻亮丽？所以，合适不合适，还会碰到一个问题，即在才貌之间，如何选择。在很大程度上，这是一个引导的问题，有悟性、有眼光的男生女生，才会以大聪明、大眼光，对此予以权衡。

然而，生活不全照着想象来。这首先涉及机缘。想想看，有才无貌、有貌无才、有才有貌、才貌皆平，天晓得会碰上那一类？不好说。错失这回，下次是否好事重演，更难说。这还涉及审美观和价值取向。重貌者，弃丑如弃“敝帚”；惜才者，识才如获珍宝。如何选择，全凭自己的眼睛、感觉和心灵。这也涉及对生活与人生的思考。十全十美古难全，孰轻孰重自掂量。既然上帝不能将好事全给一个人，那只能在选择中力求“以人为本，抓住关键，求本弃末”。如何定夺，全在自己的思维能力的范围之内了。

我还告诉她：“从你的叙述和苦恼中，我感觉到你看中相貌，也珍惜才华。在这种‘才貌之间’的权衡中，比较稳妥的方法，是继续交往。其间，可再认真考察对方的性格、人品、能力、健康诸项，并反复‘叩问自己的内心’。做到既不勉强自己，也避免发生追悔。另外，建议你和父母好好商量。作为过来人，我相信他们会比你看得更远些，把握得也会更准确。”

姑娘接受了我的建议，他们夫妻现在生活得很美满。

说到这里，我又想起一个故事，可以佐证“综合平衡”的合理性。梅园另一对会员，他们牵手过程也蛮有意思。女生小周学历高，是名牌大学硕士生；男生小金长得高大挺拔，能力很强。学历只达到大专的他，通过努力，成为一家著名企业的经理。小金是小周首个约见的男生，结果被她第一眼就认定了。

“谁说硕士一定要找博士？”不少家长也接受了我们红娘老师的理念：“关键是准确掌握双方的择偶要求、性格和软硬件的匹配程度。这样，优势互补、相互吸引，大体相当，最终就可以成就一对美眷！”

对于男女双方是否合适，一般认为，就是必须“门当户对”。这里面，当然还是以硬件为主来说事的。那么，今天的年轻人是如何看待这个问题的？我曾在微信里问过不少年轻人，并与他们进行对话。结果，调查汇总的情况表明，他们是清醒、豁达的，很多方面跟我是不谋而合的，这让我很高兴。不久，我们就把这些内容刊登在《劳动报》的婚恋专刊上，读者对此多表赞同——

一方家境优裕，一方出生寒门，本人十分优秀，但两人都感到对眼、对心……读梅园故事，发现每对成功的匹配，都体现了符合时代特点、辩证思维的“门当户对”。——@执子之手

女硕士跟大专男成为幸福的一对，个头不高的男生跟漂亮女生牵上了手……梅园从软硬件匹配等多方面考虑、筛选后推荐，结果表明这是可以皆大欢喜的！@行者无疆

谁说女生只爱有车有房的？我就要找一个高高大大的潜力男，他没婚房我家有，这样难道不可以吗？盼梅园让我追求成真！@梦里飞花

红梅老师和她的同事们，用实践对“门当户对”进行新诠释：整体平衡，优势互补，兴趣相投，性格相吸……梅园的实践表明，合适、匹配，满足会员内心要求的撮合，让我们每个会员大受其益！@扬帆远航

06

在所谓合适的内涵里，主次分清，择其大者，抓住不放，也是一个重要方向。所以我经常强调，在选择对象时，先要抱西瓜，然后再考虑拣芝麻。

有个女生，跟我讲自己的苦恼：我想找个谈得来的男友，可闺蜜却说，谈得来有啥用？要找一个有钱的！可这样，就要依附对方，我也不情愿。我被各种“标准观”打扰，晕啦，请指导啊！

我就跟她讲了一个故事。有位姑娘，从井里捞到一只魔戒。魔戒说，只要放了它，便可满足姑娘的任何要求。姑娘呢，只要一个从千里之外走着来，向自己求爱的王子。原来，姑娘的母亲曾获得过这样一个魔戒。然而，那时姑娘的母亲没有人提醒。结果，姑娘的母亲提出：“给我一个有万贯家财、骑着白马、服饰华贵的王子。”不料没两年，那个没有德性的王子将家财败得精光，也让一个好好的家庭一拆两散。如

今，这个姑娘吸取母亲早年的教训，要找一个肯吃苦耐劳、不畏艰难的男生为夫，从而获得了自己的人生“佳配”。

梅园好多女会员也常遭遇此类迷惘：想找个“有钱的”，别人说太过物质；想找个志同道合的，别人说太过浪漫……你若跟着转，就会无所适从。这种“标准”之困，源于多元观念冲突。如父母一辈较传统，往往希望女儿找个经济条件好的。有的女生则想通过婚姻改变命运。但也有很多女生理念进步，视界开阔，坚持将精神契合放在前面。

可见，对择偶标准的研讨和沟通很有必要。我为此提三句话：（1）眼里要有人。首先将对方这个“人”作为根本。在双方硬件（长相、学历、家庭背景等）大致匹配的前提下，着重考察其人品、性格、能力和健康等软件，而当下的财务状况可放在后面。（2）脚下要有根。一定要有现代自主精神，别顺着别人的评价、眼光走。所择对象，要谈得拢，观念和思维方式相合；玩得来，兴趣和生活品位相投；走得远，都愿意为家庭发展共同努力。（3）心里要有数。能够将周围乃至社会上的实例作为“推导”结局的参考，了解、推演不同类型婚姻哪种可能失败，哪种导致凑合，哪种才会真正恩爱圆满。我跟那位女生说，相信你掌握了这三条原则，就可以使自己的择偶标准简明合理，预期良好，找到牵手一生的伴侣。

07

让有情人终成眷属，历来是需要外力相助的。媒婆也好，月老也好，还有现在的婚介，都是同样的角色、同样的使命，要成就美满姻缘，都须尽撮合之责，用爱心之力。我们给合适的青年男女进行匹配，而且最后成功了，其中的感情，有时也是多样的、复杂的。为什么?因为这个过程并不简单，并不是平铺直叙，也不像诗歌那样浪漫。我想起一位95后男生写的一首诗。题为《有幸，在青春的年纪——记录梅园婚恋红娘老师的鼓励》。现抄录如下，以表达我们对青年一代理解的感谢——

绿叶鼓励花蕾，
千万不要错过花期：

勇敢地迎着风雨，
我来衬托你的美丽！
红娘鼓励会员：
千万不要错过时机：
认真地寻找伴侣，
我来引导你的足迹！
蝴蝶翩翩飞来的时候，
已然春临大地。
爱情像美丽的花，
一朵一朵绽放惊异——
成双成对，灿若云霓，
山河壮阔，自信无比……
有幸，相亲相爱
在这个青春的年纪，
让所有的适恋男女啊，
展示最大的向往和欢喜！

第二十七章

牵手成功，用心细说奥秘

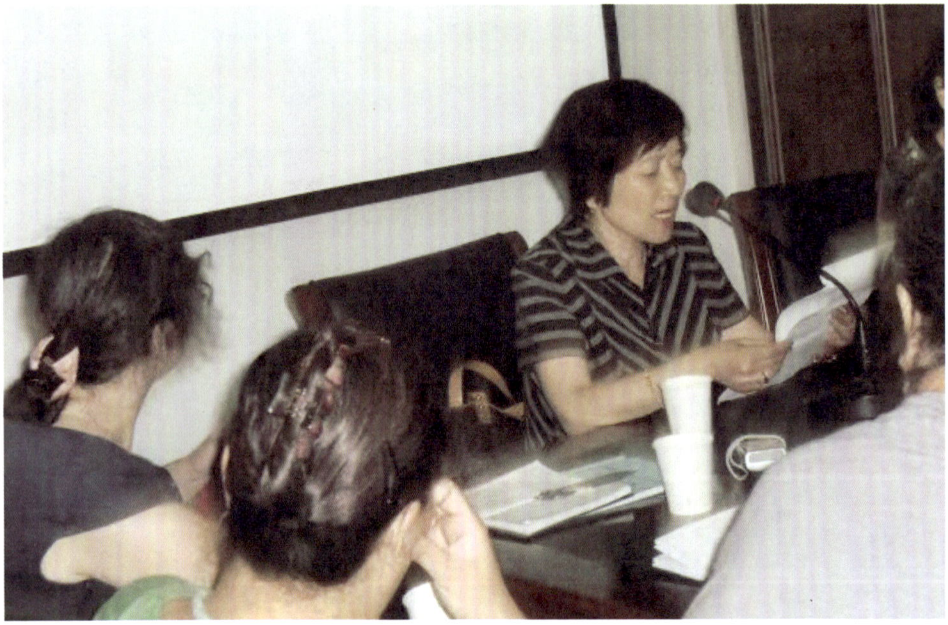

我在陆家嘴街道婚恋关怀会议上传授推荐和匹配经验

01

现实生活中，很多单身青年虽然进入了寻缘择偶状态，可老是在恋爱场上晃来晃去，不得进展。

出现这一现象，原因何在?经过长时间的观察和思考，我发现，一个很大原因，是思想观念不对头，思维方法不对路。结果，就在误区的“沙滩”上搁了浅。如果有人去认真点拨一下，情况就会完全不同。

新世纪开始后，80后作为主力军进入婚恋领域。这一代人，几乎都是大专、本科，还有不少出国留学，成为改革开放年代受益最早的一代人。他们的思想比较多元，对我们婚恋专业机构也提出了更高的要求。其中不少新观念、新提法，需要我们与之探讨，形成共识，大家一起去伪存真，推动进步。

有一段时间，所谓“星座配”“血缘配”在不少青年人中很流行，不少人甚至以此作为自己寻找配偶的命运学、生理学依据。显然，这要求我们用自己的经验和知识，进行相关的引导。

1981年出生的小曹姑娘，是一位“海归”。父母为她的婚恋大事操碎了心，就是没有结出甜蜜的果实。到梅园婚恋注册后，她与几位男生约见，也不了了之。经我和红娘老师分析发现，问题出在她对“星座配”十分迷信。比如，她在约见时，认为与自己的星座不搭配的，就会神情冷淡，或主动回掉对方……这使她一次次失去机会，导致牵手失败。

真是无独有偶。还有一位1979年出生的大男生，不知何故，竟会沉湎于“血缘配”。他的理论是：血缘父母给，是先天的，它确定的缘分也是稳固的，并可以带来幸运。所以，跟自己能对上“血缘”的，就可以交往恋爱，对不上的只能拉倒，谈了也没有好结果。这些实例，对我的刺激很大，引发了我的大量思考。一方面，跟这些青年朋友要交流，进行沟通，给予指导，帮助他们摆脱思想桎梏，找到心仪的对象；另一方面，也要扩大这方面的宣传，让更多有类似想法的单身青年，走出这类古怪的、没有科学依据的观念上的阴影。

面对一个一个难题，遭遇一次一次观念冲撞，推动我开办了思想类的指导性栏目。我在《直击心灵的“对话”》一章，已讲述了在《劳动报》开办专刊的情况，由于开办专刊时间最长，成效也很显著。此后，又在《适龄婚恋：跨时代的课题》《请记住：合适比优秀重要》两个章节里，讲了婚恋最适时的年龄区间，讲了双方选择的匹配和优选。在这一章，我想再就碰到的一些具体问题，尽可能通过实例表述，以给单身青年提供借鉴和启发。

02

除了诸如寻缘中“星座配”“血缘配”等不科学的观念影响，在择偶过程中设置的条件太苛刻，失恋后对重新寻找对象的心灰意懒，离异后再找“二次缘”所担心的重蹈覆辙……细究起来，所有这些被人为设置的障碍，名目繁多。不加以举例细说，还真的讲不清楚。

先讲离异。当年，有一位1979年出生的女士，离异后，7岁的儿子由她抚养。她告诉我：“有时半夜醒来，深感孤单。可真要再找个人，又心生畏惧，不敢多想。”她为此发来微信，问道：“红梅老师，我还能再寻‘二次缘’吗？”

当然可以，而且完全可以通过努力，实现婚恋史上的“第二次握手”！我先告诉她：离异，从先前的甜蜜坠落于如今的苦涩，或因青春单纯，或因轻率不慎，或因双方经营缺少经验，总之悔恨和教训多多。但泥泞已过，也不要过多自责，就当成财富珍藏起来吧。

为什么?因为生活还要继续。每次觉悟，都意味着新的开始。

接着，我讲出几条理由和注意事项。告诉她，离异者也有可以理由重新追求爱情。首先就因为年轻。2015年，你才36岁嘛。更何况，近年来的闪婚闪离者，才30岁左右，前面的路还很长，有寻爱和被爱的权利，故不要去自我阻断。有的已经有了儿女，且子女年幼，也需要一个完整的家庭。另外，再婚后还可以再生育，使这个家庭在新的组合里变得更温馨、更美满。

当然，我提出，寻找“二次缘”，也必须注意以下几点。

（1）必须把对方的人品、性格放在第一位。然后再考察对方外貌、职业职务和经济方面的条件。对方再婚、初婚都可以考虑，不应太过纠结。

（2）必须反省和改掉自己原先的“毛病”。通常来说，自由婚姻中的变故，男女可能都有责任。双方性格不合，或双方处事极端，或一方行为不端，往往原因多多。

（3）必须把对方能不能接受自己的子女，作为先决条件提出来。对方若也有孩子，你也要有这方面的承诺和行动。

（4）必须对以后是否再要一个孩子，有良好的沟通和婚前的规划。

从梅园的实践看，随着离异的增多，短婚未育或婚后有孩判给对方，这类人群中希望获得婚介服务的对象，也相应增加。我们在这方面积累了很多经验，有良好口碑。所以我经常说，要把这一群体，作为常年服务的重要对象，让他们在梅园找到“再爱一次”的理想伴侣——跌倒了、爬起来，再找一个可心的人走下去，就是我为这一群体提出的期待。

再讲大男大女的机缘递减。尤其是大龄女生，更要求有这方面的警惕性，提高危机意识。我一直提出，男女生在适恋期，可以匹配的对象数量最大。年龄越大，适合自己的对象越少。对女生更是如此。不少大龄女生面临的窘境是，人家按你的要求，推荐了年龄比你大，职业、职务和经济条件符合你要求的男士，但后者往往已经离异或丧偶，且家中有孩。你接受不接受?有一个女生为此叹息，唉，一结婚就要做继母，这也太狼狈了。听了让人心酸。

03

单身青年中，还有一个现象，就是设置择偶的要求、标准后，固守不变，进行格式化、比照性选择。一旦对方有些许“不达标”，设置标准者就不肯往前走了。结果，让很多很有希望的匹配对象，在约见之后不了了之，令人惋惜。女生要求苛刻的，又多于男生。这也是不少优秀女生被“剩”的重要原因之一。

这方面的实例不少，说出来，有的令人啼笑皆非。有一个女生，网名叫@淑女谁逑。梅园红娘老师向她推荐了仇先生。这个男生能力强、有潜力，很让她喜欢，就是身高呢，比她跟红娘老师提出的要求，矮了1厘米。她问我，希望对方在身高上达到自己提出的标准，是不是过分了？

这让我想起15年前，当时有个女会员叫阿英，也曾跟我提出，给她介绍的男生啥都好，就是矮了“1.5厘米”。后来，她领着儿子来看望我时，讲了心里话：“我丈夫现在是公司老总，那家国有企业被评为市级先进……要不是您当初耐心引导，让我不要为一点点身高耿耿于怀，他就从我手里溜走啦！”

我跟姑娘讲了这个例子。接着告诉她：男女会员关注身高、颜值，可以理解。但差一点点也不行，就走过了头。有个男会员提出非美女不见。可跟一个漂亮姑娘交往后又来诉苦，说她“太作、太傲，吃不消！”瞧瞧，难不难？

说来说去，还是单向思维在作祟。你要求对方必须“达标”，可世上缺的就是十全十美。一味如此追求下去，只会越挑越僵，这个错误叫“绝对化”，方向只能是“死胡同”；只把眼光盯在“颜值”上，就会忽视对方的内在品质，并因此错失好机缘，这个错误叫“浅表化”，结果往往是“后悔迟”。反过来，对方也会这样那样地要求你，你是不是也能达到对方主要的甚至全部的要求呢?遗憾的是，你也不是一个十全十美的人。大家如果都这样僵持，那么，这出戏就无论如何都唱不下去了。

为此，我跟那位女生提出：寻缘择偶，首先要从整体上把握。综合评定对方的外貌、学历、人品、职业和经济条件，并与自己的条件进行对照，看看是否匹配？还要从主次上辨识。比如仇先生能力强、有潜力，只是身高差了1厘米，要紧吗？前者要弄清的是“平衡”，后者要搞明的是“本末”。既然你们整体上蛮对等、蛮匹配的，他的长处又大大压倒了他的短处，那就不妨交往起来，过一段时间再确定是否牵手，不是很好吗？老会员阿英的经历给了我们很好的启示。若干年之后你会说，1厘米啊，算个什么事嘛！当时，我的脑子怎么进水了呢？

04

男女青年在交往过程中造成失恋，原因有很多种。比如，父母反对。双方是异地恋甚至异国恋，家长们常常会出面干涉，认为婚后麻烦太多，还是“长痛不如短痛”“晚断不如早断”。又如，一方被对方甩了，有的是一方升迁，认为对方配不上了。有的是第三方插足了。再有，一方罹患大病或有其他变故，不想拖累对方，分手了，也会使当事人无法走出前段感情。还有，双方在遇到问题时处置不当，也会使感情出现断裂。

在失恋者中，男生似乎更容易受挫。失恋后会出现自我“蹉跎”“放任”，失去“希望”和“激情”。当然，这类情况，跟恋爱的长短、情感的厚薄成正比，也与当事人的责任感以及性格相关联。而积极的引导，重新推荐新的交往对象，可以起到很好的化解作用。有感于此，我在一则专栏对话里，曾写了一首打油诗——

失恋怕什么？青春一堂课。
茫茫人海里，缘分在等着。
人生遇挫折，笑当财富收。
择偶不等待，重新再来过！

对女生而言，因为自信、疏忽、高冷，少有恋爱经历，也常见把好事办砸的情况。这方面的引导，能起到事半功倍之效。网名叫@苹果青青的女生说：我先后跟三个男生见面相亲，妈妈每次都让我好好打扮。我照办了，可很反感。红梅老师，素颜就不能相亲吗？如果男生来自“外貌公司”，而不懂得欣赏女生的气质，这样的男生不谈也罢。

恋爱经验少、又有点傲气的女生，常会这样赌气。有的女生还认为，能够接受未经修饰的她，才是真正的接受。这表明，她们对恋爱的奥秘和两性心理学还缺乏了解。

我在对话栏目中，专写一文，告诉她这样的女生：从恋到婚，始于“刷脸”，终于领证，大致有“相会初识、牵手交往、持续热恋、确定关系、领证结婚”几个阶段。而初会时识面容、看长相所留下的“第一印象”，往往决定关系的断或继，还是蛮关键的，不能看轻了。因为，此时女生的妆容穿着，或俗或雅，或淡或浓，或粗或细，或美或丑，集中体现了本人的偏好、兴趣、品位，其气质和内涵也能由此表露出来。有眼力、有一定要求的男生，往往可以由此读懂不少信息，看出不少“名堂”。可见，“表面文章”其实“大有文章”，不能不当一回事。同时，这也是一次智力测试，男生能否准确破解其中“密码”，也为你对他的“反观”提供了机会。

话说回来，恋爱双方对容貌的关注，会随着关系的日渐亲密而慢慢淡化。越到恋爱后期，越是看重对方的性格、能力和担当，“颜值”会慢慢被推到边缘。但千万要注意，这并不表明初会时的形象并不重要。刚见面，男生通常不太认同太过随意的女生。就好比说，你会接受大大咧咧、不修边幅的男生吗？初缘难以后继，日后对其好气质、好性格的喜欢也就无从谈起。所以，初会，请扮得靓一点，以魅力、真诚和尊重走好第一步，由抓住对方的眼，进而抓住对方的心。

05

进入婚恋专业机构后，很多男女生都会出现一种迷糊状态，进入一种选择“困难症”。在亲友介绍的情况下，由于能够提供的对象较少，这类现象还不突出。然而一到婚介所，情况就变了，有点像进入大商场购物，或上了“淘宝”，反而出现了“眩晕”等不适症状。

网名叫@爱在何处的女生，就因此向我提问：我今年33岁，父母说我老不成功，原因是我面对条件、性格不同的男生，常常做不了决断。一来二去，年岁渐长，进入了大女的行列。红梅老师，在择偶上，我出了什么问题？该怎样加以改变？

这使我想到了一个故事，我就直接用这个故事来为专栏文章开头了：你叙述的情况，很像外国寓言讲的一个故事。有一头毛驴，站在两捆草料中间，先看这捆多一点，又看那捆鲜一点，始终犹豫不决，不知道该先吃哪一捆。到了最后，竟活活饿死了。

别以为这个寓言是在讲笑话。其实，很多青年男女在寻缘择偶时，也会处于这样的境地：认为这位有才能，但收入低了；那位经济条件不错，但性格上不对路；人蛮厚道，可是不太浪漫，可碰到了浪漫的，又怕对方靠不住……犹豫来犹豫去，丢掉了很多机会。

我们梅园一直跟会员强调，择偶的关键，是明白自己到底“要什么”，同时还能做到“求大放小，抓本弃末”。其实，找一个体貌相当、人品不错，性格契合或互补，相互爱恋，能够永久恩爱地生活在一起的人，才是根本。其他的小差距、小问题，都可加以忽略——事实上，所有的美满姻缘中，都包含着各式各样、大大小小的“不完美”，同时也包含着各自的体谅与呵护，由此从不完美走向了事实上的完美。

06

上海人，身处国际大都市，历来有某种优越感，体现在找对象上，就留下了一个不易改变的“痼疾”，在家长身上表现得尤其顽固：地域强迫症。有一个男生，注册后提出的择偶条件是：相貌好，性格温柔，善良有爱心，地域不限。我们推荐了一位条件符合的外地女生，他很喜欢，可父母坚决排斥。认为一旦结成姻缘，以后女生老家的七大姑八大姨，免不了到上海来，非把家里搞得七荤八素不可！

有个网名叫@轻柔似水的女会员跟我谈道：梅园给我介绍的会员小邹，留学美国，回国后在上海金融机构从业，人爽直、有能力。可母亲听说他是西安人，不同意我继续谈这场恋爱。红梅老师，上海人一定要找上海人吗？我该如何说服老妈改变主意呢？

我告诉她：不少上海本地的家长和会员，提出择偶要求时，往往会加一句，“外地人不考虑”。产生这种想法，一源于盲目的优越感。“阿拉是上海人”的老腔调虽已过时，可至今仍有市场。二源于狭隘的地域观。改革开放40多年，全国各地的发展日新月异，不少老上海人却不甚了解。三源于陌生的惧怕感。无非是生活习惯不对路、经济条件不对等，婚后外地亲友往来麻烦多，等等。

如何破除这种“地域强迫症”？我提了三条思路：要勇于顺大势。上海本是移民城市，目前常住人口中，新上海人占半数还多，其中高学历、高端就业的待婚人群，为上海的优质婚配提供了足量的资源。要善于选优者。上海户籍单身青年择偶时，应该将学历、人品、能力、健康，职业、职务和发展前景等放在前列，进行选择，而把籍贯放在次要位置 。要勤于做调适。新老上海人的婚配，无非“老与老、新与老、新与新”三种类型的结合，双方都要互相学习和适应。而婚后的亲友往来，可通过合理安排妥善解决。现在大家的经济状态都好了，这不会变成什么难题。

后来，我曾跟这位姑娘的妈妈进行了深谈。我的想法是，大量外地青年才俊进入上海，为有效解决上海优秀单身青年男少女多的匹配难，尤其是大男大女这部分群体的婚配难，提供了历史性契机，我们要抓住这个得天独厚的机遇——对你女儿来讲，对方的户口所在地不重要，重要的是，这个男生跟你女儿是否匹配，能不能相恋相爱？能不能面向未来，在婚后好好生活？后来的事实证明：这一对小夫妻生活的恩爱程度，令人羡慕。

地球人都会承认：对人生另一半的选择，是一门很大的学问。从我们服务的实践来看，还有一个观念要多宣传，就是先大后小、抓大弃小，用一个形象的说法，就是先装石头再装沙。有个网名叫@爱萌萌滴的女生，曾发微信，给我出了一道题目：男生甲，家境不错，有房有车，能力一般。男生乙，家境一般，婚房不大，无车，但厚道、有担当，是公司技术骨干。该如何选择？我自己吃不准，几个闺蜜的意见也不一致。红梅老师，请帮我这个会员理理思路。

怎么解答这个难题?我的观点比较鲜明：选择对象，要讲究先后顺序，本末大小。好比往瓶里装东西，先装石头，装满了还能再装沙子；若先装满沙子，就不能再装石头了。

所以，我给你的思路是：先考虑对方的品格、学历、能力、健康状况，也就是“石头”，再考虑其他。若反过来，先选有婚房有车的，对方父母能提供更好物质条件的，也就是先将“沙子”装满瓶子。而对核心素质等并不在意，那么“石头”就不易装进去了……这样，会导致本末倒置、因小失大的错误。

寻缘择偶强调“先装石头再装沙”，是因为，婚恋的主体是男女双方，而非各自的家庭。还因为，当下的经济状况是可变的，婚后小家庭的发达与否，要靠夫妻共同努力和悉心营建，即不断创造物质条件的“沙子”。更因为，对方这个“人”最重要。素质一般的，发展空间必然狭窄并难有突破。素质强的，工作或事业在婚后更有条件不断上升，这方面的实例很多。

婚姻是人生大事，站高望远、把握全局，才能获得长久幸福。这样的思维方式，对婚后的家庭生活、子女养育等同样大有助益。而相亲时就想着房车等物质条件“一步到位”，显然太过短视了。我建议这个女生多和红娘老师沟通，我也要求红娘老师多予关心，帮助她在梅园尽快找到称心如意、有发展前景的好男生。

07

在婚恋服务中，尽量满足单身青年最基本的合理要求，对符合时代、符合家庭延续的观念和做法给予有力支持，是婚恋服务行业职业素养和道德水准的基本体现。这个体会，来自一个真实的故事。

2021年6月底，胡女士和如意郎君领取结婚证书后，马上给我发来微信，表示诚挚谢意：“您对我们会员的诉求和意愿高度重视，成就了我们的新家庭，我们夫妻感此大恩大德，也感谢你们为千万个家庭送来福祉……”

胡女士生于1976年，十多年前与一位男士结婚。婚后，首孕的孩子夭折。此后，夫妻因要不要再生育产生分歧。她一心想再要个孩子，前夫却想维持丁克。为此，双方的感情逐渐降至冰点。无奈之下，胡女士只好跟对方协议离婚。离婚后，胡女士想要孩子的愿望更强烈了。

经人推荐，胡女士找到了我，把婚姻经历和想法和盘托出。我听了很受触动，马上安排红娘老师通过资料库，推荐了一位各方面相配，也有生育意愿的秦先生：他1969年出生，离独，虽有一女，但由女方抚养。他从事金融，经济状况好，而且也希望婚后再生孩子。

撮合方案一出，双方都很满意。领取结婚证后，秦先生说：我的妻子有强烈的母爱，我爱她，我们的家庭一定会和睦而美满。

为了这件事，我专门写了一篇对话，标题为“丁克是一种短视和狭隘”。

我的观点是：支持和帮助胡女士，不光因为她有强烈的母爱，还因为她具有长远眼光和宽阔胸襟。而丁克，却是一种短视和狭隘。

人总是要老的，现在经济条件好了，晚年大多无须孩子的钱财资助。但精神的赡养，肯定不能少。仅从这个角度看，丁克也是一种短视。人生在世，要有家国情怀，基本程序是缔结婚姻、哺育子女、赡养老人。假设婚后不肯生养孩子，这个家庭势必面临断代之危。相关联的是，离开了一个个家庭的延续和支撑，国家又如何发展壮大?

可见，家国情怀，历来是“国之大者”，而丁克的狭隘也显而易见。首先，推卸了责任，即推卸了对家庭、父母长辈和子孙后代的责任。其次，丢失了担当，即不能从人口生产上为社会贡献自己的力量。如果大多数人只管安享两人世界，无视国家发展、民族复兴对人口质量和数量上的需求，那该造成多么严重的后果啊！

所以，我在文中这样写道：有人认为，丁克是个人自由，管不着。但我还是要强调，为了家国兴旺，不主张丁克！

这篇对话在上海电视台新闻坊微信平台推出以后，反响不小。有一位大学退休教师读后，专门写了一首诗，力挺我的观点，题为《礼赞：做一个母亲的愿望》——

她想生个孩子成为孩子的亲娘，
哺乳孩子把孩子抱在自己的胸膛……
为此，她断臂式地终止既有的婚姻，
毅然决然告别了丁克主张的那种荒唐！
从没有一种期盼比这更加神圣闪亮，
从没有一种渴求比这更加伟大昂扬。
让时代肯定她最热切的向往，

让婚姻满足她最真切的理想！
如果，没有新生命的哺育生长，
五千年大家庭如何才能永远兴旺？
如果，没有新生命的接力续航，
我们的新中国如何才能保持辉煌？
让我们以敬仰之情为她歌唱，
以最真挚深情的诗文给她表彰！
生儿育女，她的权利就来自上苍，
满腔母性，迸发出基因给予的力量。
她感动了红梅老师母爱的柔肠，
她感动了一群母亲——梅园团队的红娘！
祈祷天下所有女性做母亲的愿望，
都能谱成梦圆盛世的华美乐章；
从此享受做幸福母亲的光荣，
沐浴人类生生不息的荣光！

我希望如此有激情、有期盼、有家国情怀的诗歌，能长上翅膀，飞得更远，能影响更多的单身青年，也为更多家庭播撒幸福和阳光。

第二十八章

20年大庆：难得人生辉煌

楼老师在梅园婚恋20年庆活动上主持会议

01

清晨，太阳升起，彩霞满天。

镜头：从浦东陆家嘴摇向浦西外滩

然后，镜头又从浦西外滩摇向浦东陆家嘴

以上是画面，接着是画外音——

宽阔浦江，源远流长，滋润两岸，壮美舒展。

从浦东陆家嘴眺望浦西外滩，再从浦西外滩眺望浦东陆家嘴——人们看到的，是上海惊艳全球的大气象、大场面和大前景。

正在建设全球卓越城市的大上海，不是同样需要呼唤一流的、与之配套的婚恋关怀与婚介服务吗?为此，需要政府部门、群团组织和专业机构的共同努力，需要一批与这座城市相匹配的红娘队伍。

写到这里，有人会问：红梅老师，您这是写的哪一出，抒发情怀吗?看不懂，有点莫名其妙啊。

让我告诉大家，梅园婚恋举办20年庆活动时，拍摄了一部热场的电视短片。以上就是短片脚本片头的文字。短片的名称叫“做无愧于新老上海人的红娘——上海梅园婚恋交友中心创办20年回眸”。

2017年年初，我开始思考和酝酿20年大庆。人生百年，20年占了五分之一，比例不算小。从我个人而言，创办梅园，更是大事，不能不重视，不能不加以回顾和总结。而这部只有8分钟的短片，概括了梅园20年经历的坎坷，走过的艰辛，正是值得我自豪的人生中，一个重要里程。

02

这样的一场庆典，对我、对梅园婚恋，无疑都是极为重要的，也是我在婚恋的职业生涯中，第一回碰上的重大庆典。到底怎么搞才有意义，才能出彩?说实在的，心里可真的没有底。除了小楼老师、浦西梅园负责人朱老师，我还请了黄浦区总工会老领导马聘骐，《劳动报》肖老师、《新民晚报（社区版）·家庭周刊》周老师，《青年报》范老师等各方面的老朋友，一起协商，集思广益，听取他们的想法。

最后，大家比较一致的意见是：把20年视为梅园婚恋的“成绩宣传年”“品牌彰显年”，尤其要变成“优质服务提高年”。据此，首先组织了系列回顾文章，在《劳动报·婚恋》专刊、《I时代报》专版上刊登；准备了稿件素材，以提供给前来采访的记者们；制作一批易拉宝和墙面展示图片，撰写了电视短片脚本，落实拍摄单位。还有，就是准备庆典活动中所用的串联词和讲话稿。另外，庆典大会怎么开，邀请哪些贵宾，也一项不能缺，要一点一点思考起来，落实下去。

策划书好写，推进和实施却不容易。毕竟，我们是一家每天都在高效运转的企业单位，而且常年的服务工作又不能停。好在我们抓得紧，加上早起晚归，策划书中确定下来的那些任务，慢慢都有了眉目。

“梅园婚恋20年庆系列文章”，前后就写了近20篇。每篇不长，但都言简意赅，在浓缩中体现深度。这些文章陆续在纸媒刊登后，反响热烈。限于篇幅，我仅抄录几篇。

风雨同舟今回眸（1）

1998年10月至今，梅园婚恋与无数单身青年同舟共济，已创办20个年头，宛如一个传奇。

梅园在创始人红梅老师带领下，坚守诚信，严格制度，保障安全，杜绝婚托，提倡母爱型服务。“红梅老师”已成为本市婚介行业的标志性品牌。

新千年以来，梅园创新不断，开设社区婚恋服务窗口和工会婚恋工作室，开创商场爱情一条街和常年活动基地。与社区、工青妇和企事业单位合作，定期或不定期举办大型交友活动。8个服务点可为全市市民提供便捷服务。新会员来源多、数量大、质量优，可匹配度高，成功率也不断提高。红梅老师，“小红梅”、现任经理楼老师成为电视台、报界和网络经常宣传的“网红”。

“红梅老师”知名品牌（2）

20年来，她将红娘的责任视为天职：“婚姻，是个人和家庭幸福的一个源泉。让更多有情人成为眷属，就是我毕生的追求。”

20年前，人们对婚介还不接受。酸甜苦辣、艰难坎坷常伴随左右。她用真诚与坚韧奋力破解，让广大市民的信任不断增长。

曾设想，每介绍成功一对就拍一张合影，编成影集永久纪念，却因种种原因不能如愿。然而在她心里，这本影集却越积越厚，宛如跨世纪的巨著。就像一世操劳的母亲，看到孩子们一个个长大成材，奉献社会，总是无比欣慰与自豪。

她，就是梅园婚恋创始人、上海婚恋领域的知名品牌人物——红梅老师。如今，她带领“小红梅”楼老师，原《劳动报》朱老师和一批红娘，正在向新的20年行进，继续用母爱编织美满姻缘，培育世间永开不败的幸福之花！

电视台采访引轰动（4）

2004年3月，上海电视台采访了梅园婚恋。对梅园来说，这是“历史上的第一次”，引发轰动。当时，一个小小婚恋机构获得如此殊荣，是因为她们的高效率和重诚信。而采访线索则是会员口碑：“梅园没有婚托。”“梅园的红娘老师像母亲一样认真亲切 。”

梅园从此出了大名。此后，上海电视台教育频道邀请梅园红娘老师集体担任婚恋节目嘉宾，《青年报·生活周刊》《新闻晨报》等进行了跟踪采访。2010年7月21日，《新民晚报（社区版）》在三版刊登了题为《天职：让有情人都成为眷属》的半版通讯，详细报道了梅园将真实诚信当作企业“命根子”、把服务对象当作子女兄妹提供优质服务的事迹，在上海婚恋行业和广大市民中引发又一场波澜，再一次让上海市民记住了一个诚信红娘的名字——红梅老师。

党支部引导新里程（15）

2017年6月4日，经浦东新区社会组织综合党委批复，梅园婚姻介绍所党支部正式成立，成为沪上首家成立党支部的婚恋机构，也开创了梅园20年来的一个新里程。

在党支部成立之际，党支部书记表示，要按照上级党组织的要求，在常年婚介服务工作中，要充分支部战斗堡垒和党员先锋作用，同时积极培养和发展新党员，让支部组织注入新鲜血液。还要发动党员配合行政领导，教育和动员全体红娘老师，传承好梅园优质服务，传承好联手社区、群团和企业的优良传统，从商业服务、公益性服务两方面，帮助更多企事业单身员工早日“脱单”，找到人生的另一半，为社区稳定、家庭幸福和企事业单位发展做出更大贡献！

03

2017年11月18日下午，我们在南京东路一幢大楼，借了一个顶层会议厅，召开了“梅园婚恋永恒发展再铸辉煌研讨会暨20年庆”大会。

当时，我们邀请了不少嘉宾：市总工会原秘书长张立群，浦东新区民政局专项事务管理处副处长施泉平，市婚介协会会长徐天立，黄浦区小东门街道党委副书记、总工会主席张红莺，半淞园路街道党委副书记、总工会主席胡向明，外滩街道党委副书记、总工会主席许金武，南京东路街道总工会副主席黄宪祖，还有黄浦区总工会老领导马骋骐。

另外，邀请了黄浦区小东门街道总工会、半淞园路街道总工会、黄浦区总工会老码头群团服务站，浦东新区周浦镇工会、陆家嘴街道妇联，中船重工726研究所工会代表，杨浦区控江路街道社会组织服务中心、殷行街道睦邻中心的各位领导，还有与我们长期联系的媒体朋友，也来现场拍摄或采访。当然，同样重要的，就是特邀了部分梅园婚恋新老会员。

当时，将梅园20年庆以“研讨会”形式推出，就是想把庆典活动变得简朴而有意义，简要回顾昨天、总结经验，研讨工作，就是为了凝聚各方智慧，推进梅园婚恋在新形势下的新发展。大会的主持人，由小楼老师担纲，这样更实在，更切合我们真实、真诚的形象。

会前，播放了我们精心制作的短片，作为热场。然后，我作了主题发言。我开头就讲，梅园创办20年来，搞过很多次小型的庆祝活动。然而，像今天这样，邀请如此众多的领导、媒体朋友和梅园新老会员等嘉宾，还是第一次，这是激动人心的。接着，我讲了如何才能做好婚介服务工作的三条体会——

一定要具备母爱之心。最重要的是，要把每位单身青年当成自己的儿女和弟妹，做到慧眼匹配，热心引导，及时排解误会；着力传播正确的恋爱观，并倡导大男大女抓紧婚恋不拖拉，90后男女适龄婚恋早成家。同时，每个红娘老师都通过手机微信，跟广大会员和各界单身朋友保持联系，提供咨询，加以引导。母爱心还要求我们，把诚信当成企业的“命根子”。

一定要发扬创新精神。在“工会+企业+专业机构”的模式下，协办、承办的年度大中型交友联谊活动达到百场左右。

一定要实现优质高效。据不完全统计，20年来，通过我们的辛勤劳动牵手成功的伴侣达到数万对。今后的核心目标，仍然是履行天职，让更多有情人成为眷属，造就三代人的幸福。

最重要的体会是，就是努力将美满姻缘注入美好生活。党的十九大报告指出，要不断满足人民日益增长的美好生活需要。而子女婚姻和家庭延续，就是美好生活的重要组成部分。当下，家长们在这方面的忧愁，对美好生活中“短板”的叹息，也是我们的所思所虑，更是促进我们做好工作的无比动力。因此，贯彻十九大精神，就必须进一步做好婚介领域的公益性、市场化服务，让更多有情人成为眷属，让更多家长悬着的心放下来——这就是我们的“天职”！

04

接着，会议进入研讨阶段，按照我们拟定的三个议题，依事先约定，由嘉宾们通过发言，表达观点、提出看法和建议。

——如何延伸群团交友联谊公益性活动的成果

对此，原《劳动报》朱老师做了研讨题目的说明。接着，黄浦区南京东路街道总工会副主席黄宪祖、陆家嘴街道妇联主席纪华春、浦东新区周浦镇工会副主席乔莲珍、殷行街道包头路睦邻中心主任张志强等领导作了发言。

——如何应对微信“吸粉”和资本对婚介老品牌的冲击

就此，上海妇女儿童服务指导中心主任巾帼园董事长周珏珉、上海电视台主持人郭亮、上海闪租网 CEO 闻鑫作了发言。这三个人，都值得介绍一下。周珏珉是上海婚介行业协会的前会长，也是上海数届万人相亲会的总策划，她在发言中谈到的网络对婚恋服务的深层次影响和转化，给我们的启示是多方面的；郭亮老师是上海家喻户晓的公众人物，他对婚介领域的关心，让我们受益良多。而闻鑫是一位网络运营专家，几年前，通过我们梅园找到了心仪的对象，他对梅园的支持是发自内心的。

成功会员陈杰的妈妈，成功的老会员石巍等，也先后发言，他们讲了子女或自己通过梅园找到理想对象的故事。

——如何确保老牌正宗婚介机构始终站在成功率的制高点

朱老师、赵老师先后发言，成功会员舒华俊的妈妈、蒋舫玮的妈妈和新婚的老会员赵瑾等发言，提出了很宝贵的建议，给了莫大的鼓励。

会议的最后阶段，请部分领导讲话。一位是浦东新区民政局专项事务管理处副处长施泉平，他是浦东民政部门中，亲眼看到梅园发展全过程的见证人。他在讲话中说：“梅园创办时，只有两三个人，她们的营业执照，还是我在当年批准发给的。梅园能发展到今天的规模，几条经验值得总结。有一个好的团队，这是一。梅园这个团队的特色，就是母爱型的服务，像妈妈一样为自己的孩子找对象。有一套好的理念，这是二。就是要始终讲求诚信，全心全意为单身朋友的‘脱单’尽心尽职。有一个好的品牌，这是三。都说梅园有一个现象叫‘滚雪球’。大家看，市民你传我、我传你，这样大家才更相信你的服务。”

施泉平最后说，政府群团很重视年轻人的婚恋。最近，由团中央、民政部和卫健委等联合发文，要求做好大龄男女的婚恋工作，这在历史上从来没有过。因此，梅园要做好今后的工作，还要跟上形势。因为现在青年人的观念变化了，只有了解了他们的思想和思维方式，才能做好婚介。当下，社会的运行方式也发生了变化，技术手段上也要跟上去，这样才能将婚介工作做得更好。

另一位讲话的，是市婚介协会会长徐天立。当时，他到任时间还不长，但梅园在业内的良好口碑让他十分关注。他希望能在自己的任上，总结梅园经验，以推动全市婚介行业的发展。最后，上海市总工会原秘书长张立群也讲了话。他充分肯定、热情鼓励了梅园和工会系统的合作。

如今，我回顾那次研讨暨20年庆活动，深感荣耀，不光是会议的组织工作令人满意，还有一个原因，就是11月18日，是2017年入秋后气温最低的一天。大家冒着寒冷前来参加活动，让我们全体梅园人十分感动，也让这次大庆，成为梅园人记忆中的一个难忘的坐标。

05

梅园的发展研讨会暨20年庆，之所以在全市产生很大影响，还有一个重要原因，就是各大主要媒体进行了大量宣传。比如，《新闻晨报》《新民晚报（社区版）·家庭周刊》等都刊发了新闻，《劳动报》《青年报》都用整版篇幅刊登了大通讯。上海电视台、浦东电视台和《浦东时报》都进行了及时报道。其中，还有一家杂志社——《浦东开发》派员参加了会议。

到了2018年底，《浦东开发》杂志社，又派一位编辑前来约稿。她告诉我，杂志社为纪念浦东开发开放30周年，选定了本区有重要社会影响的10大人物。而创办上海早期现代婚介所的梅园创始人，也被列入其中。我既感到意外，也深感无比荣幸。很快，杂志社在2019年年初第一期“我们的40年”专栏，刊出了我的文章“红梅：小婚介的大变身”。

40年前，我绝对想不到“红娘”可以成为“爱情天使”；20年前，我绝对想不到婚介能进入高端商务楼；10年前，我绝对想不到婚介能够跟众多群团、社区联手，在上海将公益性服务做得风生水起……正是因为有了改革开放，这一切都成了现实。

作为全国改革开放的前沿，浦东对我的最大影响就是“做排头兵中的排头兵、先行者中的先行者”。而这些年来的实践，契合了大时代对我们的要求。我在文章中还讲了两件值得庆贺的喜事：2017年6月4日，浦东新区社会组织综合党委批复同意梅园婚姻介绍所建立党支部，为全市业内首家；2018年3月27日，区民政局核准颁发“浦东梅园婚恋交友中心”新证书，几十年不变的“婚姻介绍所”的名称得以改变，首次获得突破。

还要讲一个细节。在我起草这篇文章时，正好有一位老父亲来看望我。他的女儿是在梅园找到夫婿的，一年后生了一个可爱的小外孙。听了杂志社跟我约稿的事，他十分兴奋，一个劲地表示应该让更多的市民了解梅园。回家以后，他还在微信里发来一首诗，并附上了小外孙的照片。因此，我在文章结尾处用上了这首诗——

红梅香飘远，婚姻更美满。
母爱酿甜蜜，造福万家欢。

我想，这就是一个现代优质婚介服务机构，给市民群众生活带来的幸福感吧。

06

弹指一挥间，忽忽二十年。在为梅园婚恋的20年做一次总结、一次回望时，我一直在想：今天的一切都来之不易。但酸甜苦辣也好，成绩显著也好，都已成为“过去式”。未来的路还很长，上海的广大市民，对我们还有着更大的期待。我们一定要在政府部门、群团组织、企事业单位和社会各界支持下，在过去的基础上，积极适应网络时代的新特点，进一步整合专业服务和公益服务及多方资源，提高单身青年、员工精准匹配的水平和成功率，为帮助更多有情人缔结美满姻缘，建立幸福家庭，不辱使命，不懈努力。

人生有涯，难得辉煌；婚姻常青，家国兴旺。从根本上讲，这就是婚恋事业必然永恒前行的内在动力！

第二十九章

抗疫：高高举起的爱心

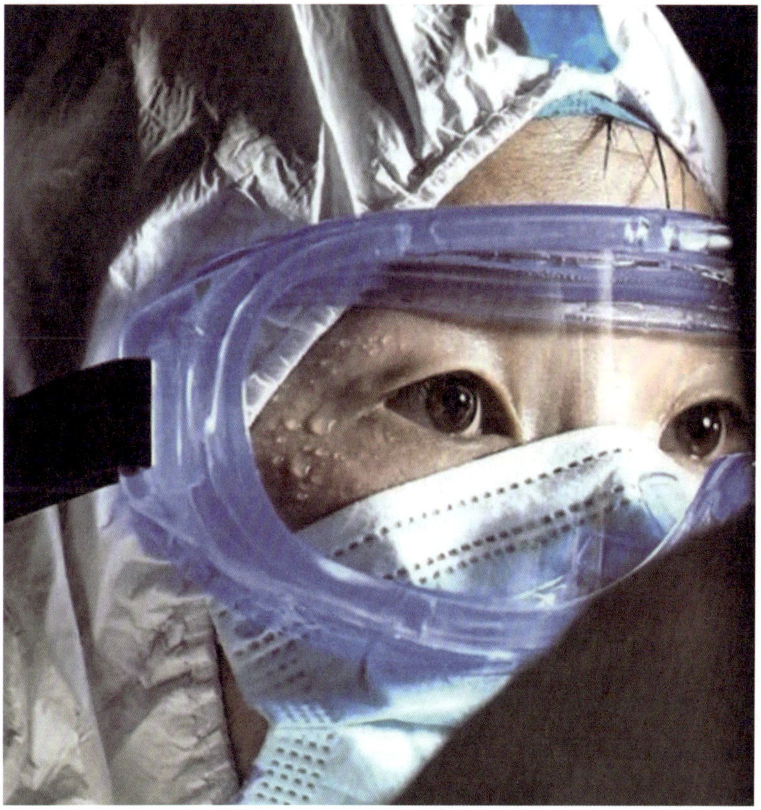

难忘的2020年抗疫斗争

01

有一句话很流行：世界上，唯有爱和生命不可辜负。

反复诵读之后，我加上两个字和一个顿号：世界上，唯有爱、姻缘和生命不可辜负。

这样添加，既是想增加点行业色彩，宣示姻缘的重要性，也是我在抗疫过程中刻骨铭心的一种感悟。

2020年年初，一场突如其来的新冠病毒疫情，把原本正常的社会、经济和生活秩序全都打乱了。从1月23——除夕前一天开始，武汉封城。与此同时，上海和全国其他地区为防控疫情，同样严阵以待、严格管理。

正是在这个过程中，“唯有爱、姻缘和生命不可辜负”的信念，在我的脑海里盘旋，督促着我的工作和行动。

其实，从1月24日，即除夕那天开始，梅园婚恋11个服务点的大门，就已经全部关闭了。当时，我和小楼老师整天如坐针毡，睡梦里也在盼望疫情能够早点过去，好让工作尽快运转起来，不要耽误单身青年的婚恋进程。那时，我们对新冠病毒几乎一无所知，更不可能知道这场抗疫斗争将是多么艰巨和持久。

按照往年的经验，在春节前后这段宝贵时间，会有一批单身青年前来注册，会有很多男女会员约见相亲。另外，根据我们得到的准确信息，当年春节期间，会有10多对会员将举办婚礼，这下子也被迫取消。最让红娘老师们着急的是，几十对在春节前牵手的会员们，见面约会无法进行，恋爱进程严重受阻。

焦虑的不光是我们俩。梅园红娘团队的老师们，微信一个接着一个，把我、楼老师和朱老师的手机打爆了，问题只有一个：“怎么办?”经研究，我们领导层统一口径：“服务不能停，就在家里办公！”

慢慢地，我的头脑也逐渐冷静下来。是呀，新冠疫情有其自身的规律。全国性的严格管理，也是情势所迫，是大局，是全国人民的根本利益所在。好在我们处在一个网络时代，线下不能服务，就转移到线上，让工作不停，情感不断。所以，我们全体工作人员必须振作起来，婚恋服务可以用另一种形式继续下去。

02

“非常时期，要有非常措施。大家可以献计献策！”春节期间，我在梅园婚恋工作群，提出了这样的要求。同时，集中大家的建议，向全体工作人员提出，为了将婚恋服务全方位推开，红娘团队所有红娘的手机要24小时保持开机状态，通过微信与单身青年进行沟通、提供咨询，为此后线下面对面服务打下基础，争取时间。

红娘老师们的积极性就此调动起来，我和楼老师、朱老师共同概括的“联系不中断，服务不中断，撮合不中断，线上牵红线”的口号，在红娘团队中叫响了。大家都团结一心，积极努力，尽量让单身青年寻缘择偶的大事少受影响。一场“非常时期的非常恋爱、非常服务”在梅园各个服务点展开，温暖了广大会员和家长们的心。

根据上海市启动应对疫情一级响应的现实情况，我和楼老师、朱老师马上在视频中研究部署，及时跟进，提出具体要求，制定扎实举措，推动红娘老师们的线上服务落到实处。

——对原本要举办喜宴，或计划2月2日领取结婚证书的会员，通过微信进行慰问，勉励的话语是：“只要有真爱，什么时段都是好日子！”

——对节前牵手时间不长的会员，鼓励他们通过拨打电话、微信沟通、视频连线等方式，尝试或继续网上恋爱。

——对正在恋爱或已进入筹备领证、办婚事的会员，积极回访，了解双方的恋情进展和情感动态，帮助消除矛盾和误会。

——对仍在寻缘状态的新会员，推荐合适对象，让他们在网上先谈起来。

——积极组织网上注册和报名活动，调动更多单身青年的积极性，为今后约见下好“先手棋”。

红娘老师积极行动起来，与会员们进行沟通联系。她们在微信上的慰问，感动人心——

“祝您平安，您有任何需要，请告诉我，我一直在您身边……”

“您安好、我无恙，疫情期间见真情！我们梅园婚恋的所有老师们祝您平安。”

“我们会倾听您的所需，尽我们最大的努力帮助您。让您在寻缘择偶的道路上得偿所愿，是梅园婚恋所有老师的责任和心愿！”

2月8日元宵节当天，我在梅园婚恋微信平台，推送了一篇“致梅园会员、家长和单身朋友的一封信”，代表全体红娘老师表达我们的心声。

亲爱的梅园新老会员们，

亲爱的会员家长们，

亲爱的单身朋友们：

大家好！由于疫情当前，全国人民在党中央领导下投入抗疫阻击战，打破了梅园婚恋23年来年初三就上班的惯例。我们的所有计划和安排，也因此发生了变化——

如果没有疫情，我们有不少在春节打算结婚的会员，要办喜酒；有不少成功的会员，会在20200202“特殊对称日”领取结婚证书。

如果没有疫情，年初三以及此后的假日里，有不少会员到梅园各服务点约会相亲；我们接待老师也会真诚热情地接待每一位来访者……然而，一切的一切被按上了暂停键！

亲爱的会员和单身朋友们，这些天来，我的心，我们所有红娘老师的心，跟你们一样纠结，一样波澜起伏！在此，我敬请大家不要着急。相信在全国人民的共同努力下，在无数医务人员和专家的浴血奋战下，疫情很快就会过去。因此，首先请大家保重身体，消除焦虑。就像梅园一位老师说的：“在疫情中寄一份温暖，在佳节中寄一份祝福，愿我们一起在疫情防控的日子里，增强信心，与希望同行，与健康同乐，心有阳光一路芬芳！”

亲爱的会员和单身朋友们，最近，我们已制定了网上服务的方案，梅园红娘团队会通过手机、微信，与你们加强网上联系，做好相关服务，做好基础工作。等疫情过后，我们将会加紧工作，为会员多配对，把疫情中的损失尽快补回来，为缔结更多美满姻缘而不懈努力！

03

这封信在梅园微信平台发出去，在广大单身青年和家长中形成广泛的呼应，梅园红娘团队也以“联系不中断，服务不中断，撮合不中断，线上牵红线”的实际行动，赢得了广泛赞誉。

一位妈妈在微信上说：“感谢梅园老师关心！我对女儿的婚事充满信心。你们是我最爱戴的朋友，保重！”多么暖心！

“虽然无法约会，但我们一直通过视频联系，请梅园老师放心！”这位男生对只约见过一次的女友十分钟情。

有一位会员为此写了一首题为《红梅赞——写给梅园创始人红梅老师》的诗。希望会员和红娘老师共同携起手来，为美好的明天共同奋斗。

人生大事缔姻缘，家国延续守江山。
梅园婚恋承大业，赤诚母爱牵红线。
红梅花开香满天，万对伉俪万家欢。
二十三年征程远，创业创新成典范！

今春病毒降灾难，全民奋起战凶顽。
红梅老师定方案，推荐匹配抢时间。
红娘团队同心干，网上服务谱新篇。
待到春暖花开日，会员齐唱红梅赞！

这一切，让我和梅园婚恋全体工作人员都十分感动，更加充满力量。我也以四句“顺口溜”，在微信上回复他们：“新冠无情人有情，婚恋服务不能停。阴霾散去终有日，婚恋事业永常青。”我还告诉他们：

我们一定会以感恩之心回报大家的信任，一定会牢记职责使命，把梅园这块诚信服务的品牌擦得更亮，把母爱服务、优质服务做得更好。

04

3月初，上海开始复工复产。我们及时跟进，总部先打开大门。作为第一步，当时所有线下签约、注册和会员的约见服务，均集中于梅园总部。浦西梅园、人民广场服务处等服务点也适时复工，开展正常服务。

婚恋服务虽然得以重启，但各种活动仍不能举行。根据其他行业“云上销售”“云上直播”等经验，我和楼老师决定推出“云相亲”服务。为此，我们戴着口罩，驱车前往殷行街道等，协商如何推出这一充满挑战和创新的活动。

经过短暂和紧张的筹备，申城首场援鄂医护人员“云交友”线上相亲活动，在3月20日晚6：00—9：00举办，主题为“星空相约　情牵一线”。我和殷行街道党工委书记邱红，华山医院和江南造船集团等相关领导在线上参加。由殷行街道团工委和总工会主办，梅园协办的这场活动，在筹划和联系过程中，迅速得到了市、区医务部门行政领导，团组织、工会等群团积极响应，报名的医务工作者、公务员及部分社区企业员工中的90后女生就有多名。江南造船集团闻讯后，同样给予热情支持，报名参与的20名男生均为党政领导部门、技术研究和企业管理方面的骨干。很多报名的单身青年在网上留言中说：这次疫情让我们深刻认识到，家庭才是最好的港湾，美满姻缘才是美好生活最核心的纽带。

“云相亲”活动开始后，现场与远在武汉的援鄂护士们连线，了解她们在战疫中的工作生活情况。她们说：一切都好！感谢上海亲人的关心帮助！护士小束幽默地说：“我们将于下周返沪。现在，我什么都不缺，就缺一个男朋友！今天，我虽然不能参加这次‘云相亲’，但心里好暖好暖！”

为了将活动搞得严谨细致、生动活泼、富有成效，殷行街道团委和工会组织与梅园共同制定了相关方案，采用腾讯会议方式，参与人员于活动前在网上签到，进入云端活动现场。此前，运用电子报名表收集报名信息，制作了男女嘉宾照片墙和缘分号码牌，为活动的有序举办打下了扎实基础。整个“云相亲”的场景也十分感人，殷行街道党工委书记邱红，首先激情致词，在网络送上祝福。

值得再写一笔的是，梅园婚恋创新举办的“云相亲”，立即引起了《劳动报》《解放日报》“上观新闻”和网络媒体的关注，并给予了大篇幅报道。这一创举，也为在特殊情况下开展公益性婚介服务，开了一个好头。

05

疫情催生的“云上相亲、云上直播、云上会议、云上约见”等新方式，开辟了人际交往、商业运营的新场景，对未来肯定会产生重大的影响。

正因为如此，我这里要专门记录一下当时“云相亲”提供的仪式。也许，这种仪式感，对“云”上的各种活动，会带来更大的视觉冲击，形成更宝贵的心理价值。

“云相亲”活动一开始，主播首先介绍活动的主题和现场领导，请领导送上祝福，并发上一个红包，开启第一个幸运奖。然后进入“暖场”环节，50多位男女嘉宾以各自喜爱的水果蔬菜为题介绍自己，营造温馨气氛、消除陌生感，建立初步印象，拉近相互间的距离。

在“互动真心提问”环节，主播分发20个密码箱，由女嘉宾抽取并向目标男提问，由男嘉宾回答。

在“心动一刻”环节，情感老师通过心理测试小游戏，让男女嘉宾更全面地了解对方。

在接下来的“亲密更近一步”环节，每位嘉宾均可通过爱情墙，选择2位嘉宾作为重点了解的对象，并告诉现场的红娘老师。

在“才艺表演”环节，活动进入一个高潮，引发了大家的极大兴趣。事实上，根据以往线下活动的经验，才艺表演一直是嘉宾们表现自己、了解对方的好形式。凡才艺表演出色的男女生，都会受到更大的关注。活动后被要求联系的机会，也较别人为多。

活动中，主播在表演环节后，抓住契机，推出了男女同唱一首歌的即兴节目，被点名的男、女生从心仪的对象中请出同唱者，以考察双方在才艺表演中的默契度。最重要的是，这一方式，激励了嘉宾们在活动中“有爱一定要说出来”的热情，既可以主动在屏上表白，也可以通过云端送花、送小礼物，表明心迹，而不是将心动的感觉藏在心里。另外，相亲活动特别讲究“高潮迭起”。因此，主播通过互动游戏、三次开奖等，让红包飞到得奖者手里，让网上气氛越来越热烈。

当然，能否在“云相亲”活动中牵手心仪对象，最为参与嘉宾和家长们关心。在活动过程中，有5对写中互选卡，牵手成功，比例高达10%！组织者表示，活动后，红娘情感老师还将对男女嘉宾的选择进行统计，凡男、女均属意对方，可配成一对的，将跟踪联系，做好后期的托底性跟踪服务。活动刚结束，杨浦区领导就发来微信，了解活动情况，给予热情点赞。

06

在疫情期间的宣传创新上，还有一件事，需要告诉大家——3月28日，也就是“云相亲”不久，梅园联合南东梅园婚恋工作室，在喜马拉雅开了一场网络音频直播首场秀。

这种形式，比广播电台的效果更胜一筹，既可即时收听，也可事后收听，还可以通过微信传播，十分方便，因此受到欢迎。加上主持人、受邀主讲人可随时接受网友现场提问，很像一台广播现场采访直播。

那天，有一男一女两个主持人，出面的主体单位是全市首家工会婚恋工作室——黄浦区南东社区梅园婚恋工作室。受邀的嘉宾，分别是南东街道总工会副主席高珺、我和楼老师，以及在梅园婚恋工作室牵手心上人的青年职工。

直播的主讲人是高珺。她除了介绍南东梅园婚恋工作室的初衷、服务流程和安排，开展的有特色的相亲交友活动，还着重讲了疫情复工复产后，工作室的新活动和新举措。她说：在疫情前，我们工会提了一个要求，叫“阻断疫情，不要阻断爱情”。为此，南东工作室有计划地开设云服务，通过网上注册登记，既做到零接触，又保证服务力度不减。同时，在疫情期间，婚恋工作室每个月也将以线上的形式，推出男女嘉宾推荐、情感课堂、美食文化等活动，并在南东文化直播间呈现。

另外，她还针对网友提出的问题，借用“因缘际会”这个成语，讲了自己对爱情的看法，这就是：爱情有随机性、巧合性、多变性，勉强不得。但一定要讲清三个问题：一是树立正确观念。婚姻是人间正道，缺失婚姻的人生，是有缺陷的人生。二是应该适龄抓紧。无数事实表明，在黄金期寻缘择偶，婚姻伴侣间的契合度、甜蜜感和幸福指数最高。三是积极争取。也就是说，要拿出时间、拿出勇气，行动起来、抓紧不放。因为找对象和其他事理一样，不要等着“天上掉馅饼”。如果那样，结果往往是误时、误事、误自己。一旦错失，不易弥补。

高珺说到这里，直播室的一位小伙子要求发言。原来，他是90后，工作在黄浦区北京西路的一家科技公司，“我是在南东工会梅园婚恋工作室找到爱情，并组织了家庭的。疫情期间，夫妻宅家，尤其感受到了家的温馨。我特别感谢南东街道总工会，感谢梅园婚恋！”

他回顾说：“早先呢，也有人介绍了一些女生，但一直不对眼，真的很失落、很沮丧。在迷茫中，同事推荐了梅园，我就想试试看，没抱多大希望。想不到，来到工作室，最大的感受是特别亲切，好像遇到了亲人。在这里，我可以敞开心扉，把心里话倒出来！后来，我就牵手了现在的太太。谈恋爱的过程中，梅园老师们也一直跟踪回访，时时关心，完全是享受母爱的感觉。”

在全国的抗疫斗争中，14亿中国人民团结一心，斗志昂扬。对我们梅园婚恋来说，则是放不下对单身青年的爱心。在直播结束前，我也即席讲了心里话。

我说：谢谢主持人，特别感谢南东街道总工会多年来的支持和帮助。南东梅园婚恋工作室的成立，满足了企事业单位和社区单身青年的需求。在实际工作，这里的红娘老师承担了观念引导和咨询服务的职责。然而，成绩只能属于过去，还有更多的单身员工等着我们的服务。我希望通过婚恋工作室的努力，通过红娘老师的服务，让更多单身员工牵手对眼的异性朋友，缔结美满姻缘，建立幸福家庭。我们有一句话，讲了不下23年，我今年再重温一遍：青年朋友，你们婚姻的成功，就是我们最大的幸福！

今天，我国正面临青年人婚龄普遍推迟、婚育意愿普遍下降，出生人口锐减的严重局面。为此，国家出台了一系列相关政策，民政、教育、工青妇群团及有关部门也紧密联手，推出了一系列措施，减轻青年人的结婚、生育压力，以促进家庭延续和出生人口增长。在这样的历史背景下，我更感到了自己身上的责任。

为什么这样讲?道理简单，结婚比例的提高，是出生人口增长的前提条件。作为专业婚恋服务机构，我们肩上的担子，该有多么沉重啊。

然而，没有退路，我们必须承担起来！

第三十章

我心沉重：面对最大的忧虑群体

我（右）和李苹副总经理在为退休俱乐部服务点揭牌后留影

01

每个时代都有自身的忧虑。也许，对这样那样的忧虑，后世子孙会感到不解。然而放到当时，就是一个现实的、令人揪心的问题。

如果问：从2000年开始，中国父母们逐渐积累的，到了2020年前后更是驱之不散的最大忧虑是什么?我的回答是：他们的最大忧虑，是儿女的婚姻大事。而凸显这个问题的巨大背景，就是中国结婚率的持续下降。

2021年10月14日是重阳节。当天，上海电视台《新闻坊》手机APP平台，推出了梅园婚恋的一则推文，题目叫：“重阳节，是什么令老年人深夜垂泪?儿女孤独终老，是父母的责任吗?”一下子引来了上万点击量，留言处挤爆了网民的留言。可见，这个话题击中了无数网民心中深切的忧虑和痛苦。为了省却叙述的啰嗦，我将那天的推文转载如下。

今年国庆后，上海退休俱乐部在组织“重阳游”时，又听到很多老年人令人垂泪的真情故事。

梅园婚恋创始人红梅老师说：重阳节，希望单身青年倾听父母心声，理解父母忧虑，反省、感悟，抓紧寻缘择偶，让他们悬着的心早日放下来!

01/你结婚了，老了才不孤苦

李阿姨孤身一人，或结伴去农家乐，或去跳广场舞、打麻将。但晚上，她在窗前看万家灯火，常暗自流泪。其独子漂泊海外，两三年回来一次，现在只能视频联系。那天，她给儿子发了一段话：你早点结婚就好了……妈怕你那天老了，像我一样孤独！儿子即复：“妈，等疫情过了，我想回国工作。有朋友介绍，梅园婚恋不错，我会到那里给您找个称心的儿媳妇！”

02/你组家庭，晚年才有伴侣

2014年，女儿小倩考上公务员，周阿姨的脸上笑开了花。可5年过后，女儿年龄渐增，仍孑然一身，让周阿姨和老伴整天唉声叹气。一天，她指指桌面跟女儿说：你再不抓紧，就像桌上的黄叶菜，谁肯挑选？你能挑的，唉，也只有……在梅园注册会员时，小倩说：我妈怕我以后成了孤老，病了没人送医院。他们老了，还整天为我操心，让我的心碎了、心疼了。

03/你有儿女，我们才会安心

小曲在梅园注册后，要求尽快推荐一个女生，好先安慰病中的母亲。原来，他养了一只狗，却不愿找对象，为此跟父母分开居住。近日回家，才发现母亲住院，父亲整天陪着。老母亲拉着他的手：有一天你老了，狗狗能帮你做点啥？“妈妈病倒了，却只念着儿子的婚事。我一时泪崩，无言以对，再不抓紧，对不起父母亲啊！”

其中的李阿姨、周阿姨和小曲的父母，都是参加退休俱乐部组团游的上海退休人员。后来，他们分别陪着自己的儿女到梅园找对象。现在，三个单身青年都有了自己温馨的小家庭。

02

这里，要说到上海退休俱乐部，说到他们跟我们梅园婚恋的关系。

上海退休俱乐部是一家综合性公司，组织老年人旅游，是其主要业务之一。仅从公司的名称，就可以看出经营者对中国老龄化时势的把握。《劳动报》肖老师跟退休俱乐部的李苹副总经理十分熟悉。李总告诉肖老师，退休俱乐部在旅游服务中发现，老年旅友谈论最多的是儿女婚姻，很多家长因子女迟迟未能“脱单”而忧心忡忡，却找不到解决难题的途径。这个症结，已经成为一个“社会之痛”。

“我跟李总联系时，她就讲为老服务中的很多事情，老年人为子女尚未婚嫁睡不着觉，甚至痛哭流涕……你们看，这成了李总讲述的重点。所以，我建议你们跟退休俱乐部合作，从退休老人入手，帮助更多单身青年尽早‘脱单’。”另外，肖老师还告诉我们，李总性格爽快，思路清晰，对为老服务特别上心。她在各地考察旅游景点时，连菜品的质量、客房的卫生和安全等各类细节，都仔细观察，提出的要求也十分具体，是一位爱干事、能成事的企业领导。

肖老师传递这些信息时，一方面让我对未来的合作有了信心。另一方面，老年朋友们的内心忧虑，也马上在我内心引发强烈共鸣。

2021年全国两会期间，人民代表、政协委员纷纷呼吁，希望采取举措，推动“空巢青年”向“筑巢青年”的群体性转变。近八九年来，我国的结婚率连续下降，沪、浙、粤等沿海发达地区在全国更是“倒数”，人口出生率也持续下滑。国家连续出台二孩、三孩政策。但人口增长仍显乏力，这跟结婚率没有跟上紧密相关。

从婚恋服务的角度来讲，90后当时在30岁左右，95后已经成为婚恋主体，00后也已在悄然跟进。所以，上海的结婚率要上去，九十年代出生的青年是大头。同时，还要努力解决80、85后中大男大女的“婚姻掉队”问题。因此，除了需要政府部门、群团和社区共同关心，还有一个核心驱动力，就是广大家长。在这方面，我们是有切身体会的。早在2012年，梅园婚恋就在本市首创父母相亲会，得到了市民政部门领导的充分肯定。事实上，50后、60后家长已成为这一问题的最大忧虑群体。

2021年年初，由肖老师牵头和引见，我和楼老师专程到退休俱乐部总部，跟李总和她的同事进行了洽谈。双方沟通后才得知，退休俱乐部资源不少：承包了上海电视台“我们退休啦”栏目，有专业的拍摄力量，可以将婚恋宣传纳入其中。结果，双方一拍即合，合作方式和早年跟《劳动报》如出一辙，即凡通过俱乐部的电视节目、旅途和APP平台宣传所引入的会员，均由双方按实际数额进行分成。

03

双方在2021年4月份开始了合作，研究确定的主要合作方式，就是由退休俱乐部摄制组到梅园婚恋相关服务点，或到成功会员的家里，用纪实的方式拍摄制作成节目；组织专家、会员或家长，并邀请梅园婚恋的老师到退休俱乐部拍摄专题节目，在电视台播放。4月8日，梅园婚恋跟“我们退休啦”栏目进行了第一次合作。初战告捷，电视节目播出结束后的几天里，梅园接到的电话有几百个，跟红娘直接加微信的也有上百人，效果奇佳。

与此同时，我们在电视台播出信息，吸引退休人员到梅园“人广点”，参加不定期开展的父母咨询会。每次举办这类活动，都让我们增加了内心的责任感。为了说明这种责任感的生成，我想讲讲现场的情况。

这样的活动，通常放在下午举办。信息事先在梅园微信平台、退休俱乐部APP发布。每次活动前的报名人数，都大大超出会场的容纳能力。一进入会场，就跟开战一样，我、楼老师和其他几位老师的身边，都会挤满了满面焦虑的家长。有时，被接待的家长起身去倒杯饮用水或上厕所，其座位马上就会被别人占了去。有几次手机来电，楼老师起身到室外去接，三句两句说完，马上发现自己已在走廊被家长们包围，返身不得了。有的家长还争吵起来，认为别人无端“插档”。参与活动的家长，多为老夫妻一同前来。如果是只身前来，则多为母亲。还有一个情况，最让我们感到心情沉重的是，前来咨询的家长，多是为女儿前来的。有时，谈着谈着，那些母亲——甚至还有父亲，会不由自主地流下泪来，让我们的红娘不敢直视他们的眼睛。

退休服务点开张以后，坚持定期、不定期开展父母咨询会和其他相关活动，让更多的单身青年进入会员的择偶轨道。2021年年中，上海退休俱乐部的总部搬到祁连山南路的普罗娜广场，在底楼设立了老年旅游专用柜台。我们也在底楼大厅租了一块地方，作为老年朋友的专门咨询场所。

三个月过去了。到了11月初，退休俱乐部的梅园恋服务点装修完成，办公和约见室布置一新，干净整洁，可容纳几十人的举办父母咨询会的会议室宽敞明亮。考虑到地理位置和领导层力量配置等因素，我们确定由朱老师同时担任江宁路浦西梅园、退休服务点两处的负责人。对挑起这副担子，朱老师义不容辞，看法也颇为深刻：目前的适恋、适婚青年多为独生子女，一对婚姻成为两个青年和两对家长的重大事项。家长不仅牵肠挂肚，还常常直接成为其中的角色。然而，两代人的观念冲突、家长的不当干预都会困扰男女青年择偶，增加婚配难度。因此，通过咨询、沟通，引导家长改变自身陈旧观念，了解新一代的思维和行为方式，协调双方观念差异，成为帮助子女早日“脱单”的重要课题。

04

2021年11月25日，我们和退休俱乐部在普罗娜广场底楼，举办了梅园服务点、上海鹊桥联谊汇“双启动”仪式。

这场仪式，既简单又隆重。会议主持人，是长期跟我们合作的电视台节目主持人丫丫。那天下午，参加“双启动”活动的，有浦东新区社会组织综合党委副书记田继涛，浦东新区民政局婚管处领导，黄浦区外滩街道党工委副书记许金武，中远海运集团机关工会主席童永平，上海退休俱乐部副总经理李苹、项目主管王嫣，还有上海鹊桥联谊汇成员单位的黄浦、浦东、杨浦三区的街镇社区和群团领导，部分媒体记者，以及在接受梅园服务中成功的部分会员和家长。

我和退休俱乐部李总先后讲话。然后，我俩一起上台，为退休俱乐部梅园服务点揭牌。接着，会议转入上海鹊桥联谊汇的启动。田书记、许书记，还有南京东路街道总工会副主席高珺分别发言。有两位妈妈上台发言，讲自己女儿在梅园为他们老夫妻找到称心女婿的过程。

田书记说：企业的这类活动，他们通常是不参加的，去参加了，就有为企业站台的意思。但梅园这次活动不同。因为，社区和企事业单身青年、单身员工的婚姻问题，也是党组织高度关注的。将美满姻缘注入美好生活，完全符合党的宗旨，是“为人民谋幸福”重要内容，我当然要来参加。

许书记的发言，简短而亲切。2021年以来，外滩街道跟梅园合作建立的工会梅园婚恋工作室，就是在他的全力支持下建立起来的。他对鹊桥联谊汇今后的有效工作，充满期待。

我在发言中，讲了这样几句话：国家发展、民族复兴，最基础的是家庭延续和人口繁衍。帮助更多单身青年缔结美满姻缘，就是我们的使命和追求！非常高兴的是，我和李总在这个核心点上完全一致。这是我们双方的缘分，也是我们社会责任感的完美“重叠”。因此，双方对于做好服务点的婚恋服务，充满信心。

这次活动的最后一个内容，就是梅园红娘的集体诗朗诵。这首诗的标题叫《感恩》，作者还是晚报的周世忠老师。至此，活动进入了一个高潮。我将这首诗转载如下——

第一章　今天，歌唱全新的启航

当太阳升起，感恩目标，让我们积蓄能量，
当太阳落山，感恩夜晚，让我们总结过往。
今天，我们相聚，规划新的方案推进新的远航；
今天，我们誓师，签署新的协议谱写新的篇章！
新的航程，铺展我们的夙愿，困难中不会沮丧，
新的航程，高扬我们的主张，风浪中格外坚强！
我们感恩，党政领导为婚恋关怀指明了前进方向，
我们感恩，街镇开辟了服务社区市民明亮的新窗，
我们感恩，工会群团为提高凝聚力送上爱的馨香，
我们感恩，企事业把员工寻缘择偶排进工作日程，
我们感恩，退休俱乐部已提供了偌大的服务平台，
我们感恩，鹊桥联谊汇集聚了群团更雄厚的力量！

第二章　深情回顾创业的辉煌

1998年10月2日，有一个小小的婚介所，
在浦东新区一个居民新村的裙房悄然开张。
创办人说：我的心里有父母的焦虑和期望，
婚介的天职，就是为姻缘编织甜蜜的向往——
让更多的男生成为新郎、女生成为新娘！
这所温馨的小屋，连接千家万户的门窗，
塑造了梅园诞生后最真实最质朴的形象。
创办24年啦，梅园在婚恋领域里躬身拓荒，
为上海居民小区，留下一串串温暖的光亮！

这位创始人，就是市“诚信红娘”红梅老师，
她一直带领红娘团队在创新的上海放飞畅想——
在控江在殷行，设置了社区服务的公益之窗，
在南东外滩半淞豫园五里桥开设恋爱的课堂，
在金融城世博园在浦东各镇架设情侣的桥梁，
让一批批企事业为单身员工送上关爱的芬芳。
游轮游森林游各类交友，让欢乐溢满了大江，
上海中心云端联谊音乐会，在新春轰然奏响……
每年100多场大中型男女青年的相亲活动啊，
吸引90后95后00后，在恋爱长空携手飞翔！

第三章　单身青年的热情赞扬
你们，见不得家长因子女单身而满脸泪光，
你们，见不得青年因丢失缘分而失落慌张……
推进服务，你们将诚信和安全视作企业总纲，
驰骋潮头，你们将母爱型服务化作行业榜样；
坚持创新发展，你们打造了社区服务的模板，
提倡适时婚恋，你们坚固了家庭延续的殿堂！
红梅老师，小红梅楼老师，原《劳动报》朱老师，
梅园婚恋团队每一位兢兢业业的红娘啊——
点赞你们讲解天伦的永恒与爱情的成长，
亲切的引导，帮助我们在寻缘路上放开眼量；
点赞你们传授识人的方法坚持素质为上，
常年的耕耘，帮助我们与理想伴侣匹配成双！
从此，我们理解父母，主动告别了孤芳自赏；
从此，我们立足百年，享受伉俪的恩爱情长！

第四章　共同描绘远天的霓裳
如果三口小家庭，前来感谢，看望红娘；
带动小姐妹们同来，复制喜讯，连理情长；

如果曾有过短暂婚史的年纪轻轻的女士，
结缘有眼光的未婚男，捧出了甜美的酒浆……
那么，魔都看到了家长喜极而泣的闪闪泪光，
那么，魔都记录了精准匹配所需的情商智商！
那么，请单身朋友与社会各界行动起来，
携手群团携手红娘，向理想张开追求的翅膀——
将自己牵手喜剧的情节，融入生活的欢畅；
将自己勇往直行的坚定，写进爹娘的心房；
将自己宝宝咯咯的笑声，视作最高的奖赏；
将自己美好憧憬的图画，绘成远天的霓裳！

第五章　2022，向着未来表达敬仰
2022，迎接新的一年，我们的激情格外高涨，
向未来致敬，我们继续将崇高的使命扛在肩上——
婚恋兴邦，不让单者孤苦、令家庭冷场；
生育兴国，不让姻缘摔倒、令都市彷徨……
无数故事，由温暖的大爱托起择偶的热望，
无尽心血，由赤诚的初心送来岁月的吉祥！
让我们跟社区群团企事业更紧密地携起手来——
把不息的追求，镌刻在魔都繁花似锦的城乡，
让我们在服务单身青年的进程中更坚定信仰——
把无私的奉献，镌刻在民族伟大复兴的前方！

“双启动”仪式结束后，很多家长冲上来握住我的手，久久不肯松开。当时，我的心暖暖的，肩头也感到沉甸甸的，越加深深地感到：责任，越来越重了。

尤其值得一提的是，当天晚上，《劳动报》微信平台、青春上海网站、东方网等，都用大篇幅图文推送了“双启动”活动的内容。第二天和此后几天，《至爱》杂志在网站推出文图，《上海老年报》等纸质媒体也刊登了文章和图片。这样的速度和参与的媒体数量，在梅园婚恋以前的活动中，也是少见的。

05

我一直有这样的预感：一次大的举措与活动后，常常会连带着发生很多故事，高兴的、叹息的，有了结尾和仍没有结果的。11月30日，《上海老年报》“红枫”副刊刊登了署名王月芳的一篇文章。这位王阿姨，参加“双启动”活动以后，找老同学执笔，写了自己的经历，很有代表性，读了让人垂泪。好在，其女儿已成了梅园会员，进入了找对象的“快车道”。为了共享，我也将这篇题为《谁与共孤光》的文章，转载如下——

又是一次断崖式降温。早上起床后，老伴没戴帽子出门逛了一圈，血压陡然升高到180。吓得他赶紧坐下，不敢动弹。我让他服下降压药，戴好帽子加件衣服，再每隔半小时量一次血压。下午，指标慢慢降下来，我们这才松了一口气。

“这天气，真像我们下乡那一年啊。”老伴说。

那一年的那一天，也是这样，突然冷得厉害。全年级的同学都在车站瑟瑟发抖，出发的送别的，喇叭里说“广阔天地大有作为”，心头压着未知前途万千忐忑。那时我们同级不同班，面熟但不算认识。在这同一天离开上海，一个去了云南，一个去了大兴安岭。谁能知道，二十年后会重逢于单位工会组织的大龄青年联谊汇呢？

那时我们已经三十六，在漫长岁月跌宕人生里艰难腾挪，猝不及防重逢的时候，就像忽然撞进了自己的少年光阴。这不过是一转眼，就到了含饴弄孙的年纪了——年纪是这年纪，可身边没有孙，口中也没有饴。

上周，作为单身青年的家长代表，我们俩参加了退休俱乐部梅园婚恋服务点的揭牌仪式。顺便为女儿囡囡登记了信息——这是专为家长们设立的婚恋服务点，算是人民广场相亲角的专业升级版吧。

囡囡今年三十二了，是我们三十八岁那年才有的孩子，在爱里长大，仍有点不谙世事的天真。和当年我们为了调回上海，摒牢不在当地恋爱结婚不一样，她是觉得根本没有这个必要。人为什么要结婚生子呢？付出自由和心力，到底可以获得什么？满足繁殖的原始欲望吗？成全社会的集体期待吗？她说。

我听着她的诘问，瞠目结舌，言语讷讷，不知道该怎么解释：我们不是要“逼”婚，只是年事已高，不想把她一个人孤零零地留在这个世界上。如果我和老伴不在了——这一天迟早都会到来——我们的囡囡，一个人。不能想，一想就心如刀绞。

“中秋谁与共孤光，把酒凄然北望。”苏轼那样圆满的灵魂也渴望陪伴，也需要世界的回应。当我想起那一年火车站的冷，当囡囡跟三岁时一式一样地翻白眼，当过年聚会，某亲戚三十年如一日地吹嘘自己到处都吃得开……我和老伴交换一个默契的眼神。那是几十年风雨同舟，荣辱与共的伴侣的默契。

为什么要结婚，为什么要有伴？囡囡啊，因为我们终将先走，因为你身边的世界会变小变慢变空，因为——人生漫长，谁与共孤光？

意犹未尽，再讲一个故事。

2021年9月的一天，父母咨询会结束。当所有的家长散去，我们在收拾会场时，有一个年轻漂亮的姑娘站在走廊里，说要跟我聊几句，并自我介绍叫小静。我以为她要谈找对象的事。不料，小静说，自己就是梅园的会员，因为联系她的客服老师不在场，所以我们不认识她。小静说：自己和男友领了结婚证，准备结婚了。她在梅园微信上，看到有关父母咨询会的现场图片，感触很大，所以来讲讲自己的经历，希望青年朋友们能够更主动、更抓紧，不要让父母再为子女的婚恋大事操心了。后来，我把她的故事转述给了晚报家庭周刊周老师。不久，周老师以第一人称的手法，写了一首诗，标题叫“我的心碎了，我的心又圆了——重阳节，一位梅园女会员写的‘婚前诗’”由我们推送于梅园的微信平台，并被新闻坊收入了一期推文的留言处，获得了大量点赞。我在微信里，也将这首诗转发小静。当天晚上，她回复我说：这首诗，写了一个真实的我，也写了真实的我的父母亲。“读着、读着，我就流泪了……我感谢您和您的团队，也感谢这位周老师对我们的理解和肯定！”

现在，我把这首诗完整地转载如下——

01/父母的身影

望着大风中的父亲
那踉跄而孤独的身影
我的心，碎了
望着病床上的母亲
那老迈而佝偻的身形
我的心，碎了
望着父母相互搀扶着慢行
走到幼儿园的铁栅前
眼巴巴，观看操场孩童的欢腾
我的心，碎了
望着父母逗着邻家小孙孙
脸上满是慈祥和温馨
泪汪汪，转身打湿他们的衣襟
我的心，碎了

02/父母的笑声

曾经，我的心碎了一地刺痛灵魂
我又努力实现家庭延续的胜境
父母原本早就应该尽享天伦
都因我糊涂误了几年光阴
如今，我热情担起责任
跟爱侣牵手情定终身
憧憬宝宝们的诞生
魔都璀璨灯海里
将会响起父母
欢欣的笑声
点亮窗棂
圆满了
我的
心

也许，有一天，在中国的婚恋史上，会有人记载这样一段事实：21世纪的前10—30年，60岁以上的父母亲们，变成了中国结婚率和人口出生率下降的最大忧虑群体。接着，又会这样记述：后来，越来越多的政府部门、工青妇和社会团体，跟婚恋专业机构联手合作，主动、积极行动，帮助更多的青年人清醒和成熟起来，扭转了阻碍中国前进、未来发展的两大下降趋势。

我心沉重，所以长期纠结于此。然而我又真心希望，这首诗所描述的催人泪下的情景，能够成为一个时代结束前的一个故事，一个插曲，一个句号，一个标志。

第三十一章

诚信，坚守精神品格的底线

梅园婚恋被评为“2018年度优秀婚介机构”

01

2021年年末，出现了一波多风多雨的日子，全国婚介行业再一次接受灵魂拷问。

当时，几家全国性的网络婚介大公司，被上海电视台新闻坊、澎湃新闻等媒体揭露劣迹。

比如，澎湃新闻12月7日的一则新闻，讲的是江苏地区的情况，标题很厉害：红娘的秘密——找卧底当“托”捞客，见人报价。被揭露的那家婚介的劣迹，由江苏省消保委曝光。

再比如，上海电视台新闻坊12月9日微信平台的一则新闻，标题就令人触目惊心：知名婚恋品牌翻车！2.2亿会员，私密聊天记录随便看……事发地，为该品牌的上海线下门店。各地媒体纷纷转载有关内容。

12月10日，成都商报红星新闻又刊载了连续报道，标题为：江苏省消保委约谈某公司某老总。报道中说：近年来，婚恋交友平台侵犯消费者合法权益的问题引发社会广泛关注，消费者关于规范婚恋交友平台服务行为、保障其合法合理诉求的呼声愈发强烈。为此，江苏省消保委开展了专项调查，并于2021年9月26日发布了《婚恋交友平台服务状况消费调查报告》，调查发现，所涉5个平台存在包括但不限于退费规则不明确、宣传承诺不兑现、会员信息审核形同虚设等问题，严重侵犯了消费者的知情权、公平交易权和信息安全权等合法权益。因此，要求这几家网络婚介公司首先自查整改。

02

江苏的网民如何反应，我们不大注意；上海网民的反应十分强烈，我们着实感受到了。在新闻坊那篇新闻的评论区，就跟帖上万，90%是讲自己上当，或认为婚介骗人。

这一波舆情，可谓浪涛汹涌，也让上海本土线下的各个婚介公司惶惶不安。

梅园婚恋的红娘团队虽不紧张，可也议论不少。这些年来，此类曝光事件时有出现，有的线上婚介公司甚至发生会员上当，被不良分子诈骗数百万的恶性案件……媒体一经披露，其他婚介公司的经营情况就会马上受到冲击。真是一家患感冒，大家都咳嗽。

说实话，每次出现这类风波，我们的业务都会或多或少受到影响。很多不了解我们情况的单身青年和家长们，就往往会在这个时段止步，不到任何一家婚恋机构去。

如何看待此类舆情的影响？上海一些媒体就此前来采访或调研时，也向我提出这个问题。那些有见地的记者表示：有严重问题就无情揭露，是媒体的责任。而对其他所有婚介公司来说，吸取教训的最好方法，就是做好自己。《新民晚报》一位资深记者笑着说：红梅老师，你们的任务，就是在一个名声有问题的行业，努力做一家好企业。我完全同意这个说法。

若要仔细盘点一下，广大消费者即那些单身青年和他们的家长，最诟病或最痛恨不良婚介的，有这样几个问题：使用“婚托”，让他们扮演各种婚介机构需要的角色，合伙骗取会员钱财；网络平台核验身份资料不严或资料泄漏，导致坏分子假扮择偶者，通过婚介平台诈骗钱财；通过虚假广告吸引会员，并强行向会员收取费用，收费后却不好好兑现服务合同里的承诺……我常在夜深人静之时，思考这类问题，并会想起一句老话：头上三尺有神灵。我坚信，欺骗消费者终有报应。因此，我们梅园要坚持诚信的路子，永远不能改变。

03

其实，进入婚介这个行业以后，我就发现，为了企业的盈利和生存，是很容易滑入潜规则的。“婚托”就是一包最易上瘾的“毒品”：来钱快，好抵赖。梅园1998年10月创办开业后，人气日见旺盛，就有“婚托”自动找上门来了。

这是一位男性，约30岁模样，西装笔挺，头势清爽、油亮，蛮帅气的，上门后，直接就要找我。他见室内空间小，要求到门外去谈。我们在一片僻静的小竹林前站定，他开始说明意图，绕了一点小圈子：“我想到侬搿搭兼个职。”

我感到一头雾水，脑子一时没转过来：“阿拉都是四五十岁的阿姨做红娘，男同志不要的。”

“红梅老师，侬大概不领市面。我坦白跟侬讲，我就做倷格‘婚托’。比如讲，人家要一个研究生，收入要高，卖相要好的男生，我就帮倷去相亲……”他停了停，又补充道：“侬不要担心我没有学历证明。倷要啥资料，我有啥资料！”

在那个瞬间，我沉默了。是的，关于“婚托”问题，我和红娘之间也时有争论。有的说，人家搞，你不搞，明显就会吃亏。有的说，你不搞“婚托”，好像挺诚信的。等到哪一天企业经营不下去，要破产了，你才会认识到，这个“婚托”，有时还能救救阿拉的命呢！

一时间，我似乎站在了一个十字路口，孰是孰非、何去何从，需要我这个当家人做出决断。很快，我平静下来，在心里问自己：“如果你女儿碰上个‘婚托’，你怎么想?白花钱不说，还要大大伤害她的心啊！赚黑良心的钱，晚上睡得着吗?大家都这么搞，这个行业不是要完蛋了吗?”

此时，那个“油头男”并不着急，在一边抖着腿，等着我的答复。也许，在他的经历中，还没有碰到过被人回绝的尴尬吧。我一个转身，往婚介所里走，一边挥挥手：“你走吧，我们不需要！”那天晚上，我们几个红娘碰了个头，我讲了白天发生的事，并跟大家约定：“哪怕以后亏得开不下去了，我们也不能用‘婚托’！这种伤天害理的事，不能沾一点点边。以后有这种人，你们坚决回掉，如果他（她）要纠缠，就告诉他（她），我们要报警了！”

2012年下半年，浦西梅园成立以后，也曾遇到过这样的事情。那天上午，一位红娘接到一个座机电话：“哎，梅园吗？你们要不要有人帮忙？我的长相，包你们满意！”也是一个年轻的男性。他还炫耀自己的本事：“人家都抢着要我。我看中你们梅园，是人气旺……”接电话的老师气啊，可她不动声色这样回答：“我们要‘婚托’的，不过，要请警察来，当面给你审核一下！”对方一听苗头不对，马上“卡壳”，从此消失，再无声息。

那位老师事后跟我和楼老师、朱老师汇报时说：绝不用“婚托”，是红梅老师立下的规矩，也是我们红娘团队的心愿，所以，我当场给了那个家伙一点颜色看看。

04

从创办梅园婚恋之初，我就把诚信当成企业的“命根子”，并坚守这条精神品格的底线，做人的基本要求。而决不搞婚托，也成为梅园始终遵循的职业操守，成为梅园实现优质母爱型服务的重要保障。

回想起来，从20世纪90年代初到现在，不少婚介机构屡屡因“婚托”等问题爆雷，我们一直平安无事，就是因为坚守底线不动摇。各项规章制度，也在这个过程中逐步完善了起来——

首先，执行制度，一丝不苟。即要求注册登记者本人（或亲属）填写表格；提供身份、学历等证明原件，用公安系统身份证识别器核对真伪，对所有证件查验无误后留下复印件；要求提供本人照片或当场拍摄存档；所有资料均保存两年以上。还有，特殊对象，严格把关。对于企业老总，体育、娱乐明星等身份特殊者，除查验证件，还要登录其所经营的企业、单位网站，待查验证实，最后再签订合同。对有疑点者，通过政府部门专网仔细查对，必要时到所在公司或单位实地查看，疑点不能排除或身份证明非原件有缺失的，费用再高也不予注册。再就是，事先告诫，避免纠纷。明确要求会员初期交往不发生大笔经济往来，不发生越界行为。

这些制度的制订和严格执行，保证了征婚信息准确无误，让个别心存不轨者不敢再次露面，也让会员间的纠纷少有发生。25年来，梅园从未发生过一起有关“婚托”、会员信息不实等方面的投诉，得到了婚恋行业协会和民政主管部门的充分肯定，被授予“诚信创建企业”铭牌，并获得六个有关诚信的集体荣誉称号，我本人也被评为“诚信红娘”。梅园成为寻缘择偶者名副其实的“安全港”，也为今后的长久发展铺平了道路。

说到这里，我想起两个实例。2014年7月底，洋山港一家企业的董事长前来征婚。他1965年出生，离异后单身。考虑到他的情况特殊，经与对方商量和解释，我就和楼老师驱车前往，进行了考察。董事长对我们负责任的态度十分钦佩。不久，在公司交易库于8月中旬开张时，他特邀我和楼老师作为贵宾，前往参加，并感慨地说：“梅园的服务，不光真实、真诚，而且真心，值得我和我们的团队好好学习！”

2021年国庆后，梅园总部来了一位高收入的漂亮女士，她在上海打拼，有经济实力。可在填写个人信息时，她一会漏写自己的姓，一会提出可否不要出示身份证。红娘老师要求她必须提供身份证原件进行查验。事后，楼老师通过公安专用系统中查验，系统显示“查无此人”。再次联系时，该女士闪烁其词，语焉不详。最后，我们决定，坚决拒绝接受她注册为梅园会员。

对硬件不符合要求的，不予接受，仅仅是一方面。在软性要求上无法达到寻缘者要求的，我们也认真解释，不作承诺。在客户不愿改变自己要求时，我们就婉言谢绝，不接受其为会员。这样做，虽然减少了收益，但维护了企业的真实、诚信，也在实际上维护了客户的利益。

2021年9月，在梅园“人广点”父母咨询会上，一位妈妈跟我说：其女1982年出生，博士生学历，月收入数万。要求男方不能大自己2岁，必须未婚，学历和收入不能低于自己，身高长相必须达标。我觉得这个标准太过苛刻，很难推荐相应的、符合她本人要求的人选，就跟那位妈妈协商道：“那么，能否根据实际情况，让你女儿相应地放松择偶条件?这也是为了让她找到合适的对象。”

按照我们长期的从业经验，女生已近40岁，年龄偏大，推荐和匹配难度本身就大，要求再高，几乎无法达成所需。其母跟女儿在视频中商量后，当场回复我：女儿提的条件一个不能变。于是，我只能告诉她：你女儿的要求，我们难以满足，所以，暂时不能接纳她为会员。

05

诚信，不是虚无的东西，而是真实的存在。从我们内部讲来，要真正落实到每一件工作、每一个服务对象上去。从社会的角度，客户也会对我们的人员和处事，做出相应反馈。说到这个问题，我想起很多令人感动的事。一次，我坐公交车，刚跨入车厢，就有人让座。原来是一位家长，她说："红梅老师，我在父母相亲会上见过您，我女儿是你们梅园的会员！"一天，我刚踏进公司，就被一对陪着儿子来注册的父母拉住了，一个劲地说："今天，阿拉看到活的红梅老师了……"他们说，经常在电视节目里看到我，并以此为由说服了从事航天工作的儿子："我们儿子的工作圈子太小了。他上网查了梅园的很多资料，同意来注册，说相信您领导的机构！"

我再讲一个细节。我的右脸颊，从小就长一个痣。2021年9月初，经医生建议，做手术切除。不料，这带来了不少麻烦。有一位女士，20年前在梅园找到了如意郎君。11月的一天，她又来找到我，要为自己的外甥囡找个对象，并一定要见见我。可当我站在她面前时，她竟说无论如何不像我，准备拔腿走人。一位老师领悟了她的意思，马上将我的近照，以及2004年电视台采访时拍摄的照片，一并拿给她看，并进行了解释，她这才相信了，还一个劲打招呼，连声说："不好意思，不好意思！"最后，高高兴兴陪外甥囡办了注册会员的手续。

这些年中，也有业内人跟我们红娘说悄悄话：别人搞"婚托"等花样经，你们不搞，不是明显会吃亏吗?

那么，企业坚持诚实守信，到底吃不吃亏?我在员工大会上多次讲上述故事，还下了自己的结论："这样做，不仅不吃亏，还对企业的长远发展大有好处。"我现在再讲几条，请看是不是这么回事——

晚上睡得着觉。市场上这类风浪再大，我和楼老师、朱老师和红娘团队，却从来没有因为怕主管部门来查处，而搞得彻夜难眠。

客户越滚越多。一个会员成功了，他们向别人介绍梅园时，都是肯定和大胆的，心里没有障碍。除了讲我们服务好、推荐准，讲到我们没有“婚托”时，声音大，很自豪。

合作伙伴放心。从杨浦区控江街道、殷行街道，到黄浦区南京东路、外滩、半淞园路、五里桥、豫园等一批街道总工会；从浦东陆家嘴街道群团、陆家嘴金融城，世博管委会，到周浦、康桥、航头、新场等镇和花木街道的总工会，以及中远集团等大中型国有企业……他们之所以愿意跟我们携手推进“婚恋关怀”，成为合作伙伴，请我们协助开展一年百场以上的交友联谊活动，就是因为我们办事认真、效率高，诚实守信。2021年11月25日上线，提供跨区域资源共享公益性服务的“上海鹊桥联谊汇”，由梅园作为各成员间的牵头机构，就是一个重大的成果。

2022年1月21日，承蒙陆家嘴金融城帮助，上海鹊桥联谊汇在上海中心大厦22楼，召开了首次年度协商会议。不少成员单位领导说：在中国第一高楼里参加会议，我们都是第一次，既兴奋，又鼓劲！

正是在客户认可、社会各界信任的基础上，我们才不断赢得了各种合作机会，获得了发展的条件。同时，也让我们有了扩大服务范围的信心和能力——服务点从1个到12个，就是这样一条前行向上的轨迹。

婚介机构要把命运掌握在自己的手中，除了资本、技术、团队的质量和能力，还有一条，就是必须坚守诚信不动摇。这个信念，在我和楼老师、朱老师的心里，在整个红娘团队扎下了根——因为，诚信，是企业的生命线！

第三十二章

在大上海保卫战的日日夜夜

2022年4月，楼老师（右）成为一名志愿者

01

也许，即使再过多少年，2022年3月到6月的那些日子，都会在上海的抗疫史上，凝固为一个最具标志性的时段。

农历2022年——壬寅虎年的大年初一，是2月1日。在春节的整个黄金周，我们仍按梅园的传统，在除夕和初一休息两天，此后至6号（初六），依旧正常服务。

岁末年初，由于退休俱乐部服务点、上海鹊桥联谊汇“双启动”活动的蓄势，农历新年的势头看好，前来咨询、注册的单身青年和家长的数量，都比往年来得更多，一切充满生机。

然而，真是天有不测风云。到3月初，上海疫情出现多点暴发迹象，被封控管理的小区不断增多。上海市教委宣布从12日起，中小学全部调整为线上教学。不久，上海市以黄浦江为界分区分批实施核酸筛查，从3月28日起，浦东、浦南及毗邻区域实行静默管理；从4月1日起，浦西地区实行静默管理。

02

这次重大抗疫行动，被中央确定为“大上海保卫战”。我们梅园婚恋也经历了自武汉封城以来，又一次最艰难的时期。

对我个人而言，这也是一场精神上的洗礼和跋涉。从梅园婚恋服务点全部关停以后，我失眠的老毛病又犯了，夜里总是睡不着、睡不好。企业在经营中的“颗粒无收”，是经济效益的危机；大量会员的推荐、匹配被突然中止和延误，是社会效益的缺失，更让我的心灵承受着煎熬。楼老师、朱老师和红娘老师们知道了我的焦虑，都在微信里劝导我，给了我温暖和力量。我也天天跟大家沟通，群策群力、见招拆招，努力去实现服务工作在疫情中损失最小的目标。

一开始，我们根据武汉封城、上海严控期间获得的经验，每个服务点只留下一两个工作人员值守，其他人员居家办公，跟所有会员保持线上联系，以便在疫情好转、管控放松以后立即转入正常的工作状态。然而，很快，我们的这些想法和安排，就跟不上形势的发展了。

经认真研究，我们领导班子迅速反应，并随着形势的变化，首先采取了安抚会员、稳定人心的工作举措。每一个红娘老师都积极行动起来，跟各自联系的男女会员保持联系和沟通：对来不及安排约见的，给予情绪上的安抚；对已牵手的，通过微信进行方法指导；对因疫情推迟婚礼的，既耐心开导，又真诚祝福。

随后，我们积极组织微信推文，进行及时和持续的宣传。在疫情中，不少会员和单身青年做了志愿者，居家隔离和投身一线，使他们感触多多。在跟红娘老师沟通、互动中，不少人反映了自己择偶观念受到冲击的情况。为此，我和楼老师针对不少女生在疫情中的思想变化，先组织了一篇推文：《经过疫情的洗礼，你想找个什么样的人生伴侣？》整理了几个女生的自述。

一位女生说：我喜欢帅气男。现在增加一条，还要“乐观豁达”。我们志愿者中，张大哥是医院后勤部门的，忙前忙后，常常会说说笑话，让大家放松。有个护士跟女儿视频时流泪了。吃晚饭时，他把盒饭拿给那位护士，说，你是最美妈妈，以后女儿会比妈妈更棒！让她又恢复了抖擞的精神。红娘老师，我的男朋友要是有这样的特质，多好，家庭会阳光快乐很多啊！

另一位女生表示：我一直有个“小心思”，男生物质条件必须要好。参加志愿者后，跟电力工程师琪琪分在一个组。他哪有困难往哪冲，做核酸时搭建帐篷、搬运重物，帮助老人登录健康云、下载核酸码……工作有缺位就顶上去！红娘老师，我如今认识到：生活之所以幸福，是有人遮风挡雨。夫妻双方都为对方付出，相濡以沫，方可获得婚姻中最大的安全感啊。

还有一个女生讲道：我比较马虎散漫，也想找个随性和粗线条的，大家轻松过日子。可做志愿者时发现，社会、家庭需要计划严谨；遇灾遇难时需要头脑冷静，以及谋划和操作水平。我们组长大黄，工作安排井然有序，不光符合领导要求，大伙跟着干也十分舒心。所以，我想告诉红娘老师，以后就推荐能善理全盘的男生，我渴望这样的性格和能力的互补。

相对应，我们又组织了另一篇针对男生的推文：《疫情中的思考：哪一款，才是我愿意牵手并缔结美满姻缘的女生？》，根据收集到的情况，讲了三个男生的故事。

男生甲的故事是：在隔离点做志愿者，要安抚隔离人员。最被大家点赞的，是那位阿兰。有发牢骚、争吵的，她三下五除二，就说得人家心服口服。与家人视频，她跟儿子说，你懂事，长大会比爸妈更棒；跟父母和公婆说，菜在网上订好了，不要焦虑！红娘老师，我以前光想找漂亮的，进误区啦！我注册后，请你们推荐深明事理的女生啊，这才是和谐美满的保证。

男生乙的故事是：我是个丢三落四的人，妈妈让我找个善于持家的女孩。我怼她，烦死了，我要找个走得出去、能上台面的。这次跟志愿者小组长玲玲姐共事几天，才明白妈妈的苦心。玲玲姐分工、办事，都十分细致周全。有时空下来，还跟我们讲自己小家庭的理财经，启发蛮大。所以，红娘老师，我就想在梅园找这样一种类型的女生，让我变得完整，也让父母放心。

男生丙的故事是：唉，箐箐有男朋友了，否则我真会追她！我们在志愿服务中共事，我发现她对老人和小孩特有爱心。做核酸时，她为老人登录健康云，还准备了小糖果、小玩具，哄那些见到医生就哭的小宝宝。箐箐在幼儿园做老师，获得过不少先进称号。红娘老师，谁有这样的妻子，小家怎么会不温暖?疫后我即来注册。我的要求，您肯定知道了。

哎，由于这些实例和故事是真实的、有血有肉的，在微信平台推出后，点赞的不少，还引来了很多留言，帮助我们掌握了单身青年的思想变化。

在此基础上，我们又推出了《上海3月的重大疫情，对单身族的婚恋观有哪些冲击和影响?》一文。在文章中，归纳了青年朋友在疫情中产生和交流的三种主要思想认识。一是，人生总会存在不确定性。他们认为，这次疫情的最大触动，就是发现不确定性的真实存在。这既可能来自社会、自然灾害，也可能来自自身疾病等。所以，缔结姻缘，才是获得身心陪伴，保证人身安定的最基本条件。二是，父母亲需要子女的照顾。很多青年在封闭期间，家里的肉、蛋、奶，面包水果和所有蔬菜，都由他们网购完成，减轻了父母压力。由于居家办公可成天陪伴父母，也让两老安心、开心。三是家庭是社会稳定的基础。一位男生做了志愿者，在陪同医护上门给高龄老人做核酸、配药物时看到：空巢老人通常情绪低落，居室凌乱；有子女照料的老人，身体和情绪都比较正常。那种安享三代天伦的老人，精神上更快乐。所以他下了决心：等疫情结束，马上到梅园注册找对象……没有家庭的延续，就没有社会的稳定和人生的幸福。

03

说实在话，上海这波疫情的严重程度，远远超出我们的想象，先后进入方舱医院的阳性感染者数量超过60万，全国很多省市都派出了援沪医疗队，其规模比武汉封城时要大得多。

早在4月中旬，我就在群里跟领导班子商量，以我自己和楼老师的名义，给梅园婚恋全体会员和他们的家长，写了一封慰问信，号召大家一起同心协力，鼓舞斗志，渡过难关——

亲爱的会员朋友们，

亲爱的会员家长们：

此时此刻，小区里少有人影，大街上几无车声。我们在家中，给同样居家抗疫的你们写信。

从今年3月中旬开始，申城疫情不断加重。目前，全市封控已超半月，原计划为梅园婚恋一大批会员安排的约见全部“搁浅”。好多好多次，在梦里，我们为男女会员推荐、匹配，跟前来送喜糖、送锦旗的会员或家长合影，心里乐开了花。可又常常忽地惊醒，这才发现仍在封控中，男女会员的一张张笑脸，在眼前一一闪过……我们的心，沉重而倍感疼痛！

这波疫情，远远超出预计。前期，在梅园服务点逐个关停时，我们仍以为可很快重启。后来，疫情渐重，红娘团队即从线上了解会员情况、给予真诚安抚，提出具体建议、进行热情指导。近日，我们又想赠送蔬菜大礼包对会员表示慰问。但由于管控极严，根本无法施行。我们还想进行微信“云约会”。但因梅园对资料管理有严格规定，红娘老师宅家时只能凭记忆介绍男女会员情况，向双方推荐存有诸多不便。同时，也根据多数会员意见，我们没有施行这一方法。

这些天来，我们心急如焚，夜难成眠，心心念念的，就是缓解每位会员的急切、每位家长的焦虑。然而，在如此困难情况下，很多会员反过来安慰我们：这是天灾，不是你们的责任，大家一起攻坚克难！一个小伙子还表示：“就盼疫情早点过去，好马上跟那位女生约见……上海封控，百年未有，更让我对难得的惊世之缘，无比珍惜！”让我们泪涌眼眶，感动得说不出话来！

现在，上海抗疫进入最关键阶段。在党中央直接关怀、市领导全盘布局，医疗机构倾力出击、各省市大力支援和全市人民共同努力下，社会面清零的目标不久将会实现，浦江两岸也将逐步解封，全面进入复工复产，形势慢慢好转，令人鼓舞和期待！

疫灾无情，魔都有爱！这次经历，促使单身青年更理解父母之心、更珍惜宝贵姻缘，也最大程度提升了我们的责任感！在此，我们向大家保证：在梅园婚恋各服务点开门迎客后，将加倍工作，全力推进咨询、推荐、匹配、约见以及跟踪回访等各项服务，把在疫情中损失的时间抢回来，让更多有情人早日成功牵手。

五月的鲜花，将铺展在前行的路上——让我们共同携手，抓紧春播夏耘，去迎接缔结美满姻缘的金秋大丰收！

4月19日，这封公开信通过红娘团队，发送至每一位会员和家长的手机，又在梅园微信平台发出，向社会传递正能量。红娘们很快收到了会员和家长们的热情回复，都表示，不仅感谢梅园，也对疫情后的寻缘择偶充满信心！

04

在整个封控期间，我们的红娘团队几乎都陷入了相同的心理状态：焦虑！我就跟楼老师、朱老师商量：我们焦虑，单身青年和他们的家长不是同样焦虑吗?那么，消除焦虑的最好办法是什么?齐心协力，一起行动！为此，我们决定启动一次“云相亲”，向全社会展示一种同心抗疫、坚持就是胜利的精神！

经过紧张筹备，并运用2020年积累的经验，我们筹备了主题为“鹊桥牵线　守‘沪’爱情”的线上交友相亲，时间安排在4月10日下午。活动由上海鹊桥联谊汇成员单位——闵行经济技术开发区工会、黄浦区南京东路街道和五里桥街道总工会三家主办，约50位单身青年员工参加。男生主要来自闵行开发区。梅园婚恋对整体活动方案的策划精心细致，板块紧凑，内容也十分丰富。

进入腾讯会场后，我自始至终坐在镜头前，跟踪和了解全程进展。在活动中，主持人紧扣疫情，引导男女嘉宾对自身社会责任进行思考。大家分别讲述了做志愿者的体会，或居家办公过程中得到“大白”“小蓝”帮助时的感恩之情。有一位女生成为小区购物“团长”，全力帮助小区居民，并着重为不能熟练使用手机的老年人提供爱心服务。

男女嘉宾们还普遍谈到一个现象：在这次疫情中，父母和其他老年人不会用手机团菜、接龙。如果我们子女不在身边，简直不敢想象他们会如何解决这一“生计”问题。我们一参与，就把家里的食品搞定了，还让邻里老人的难题得到轻松解决，心里的感慨，真的不是一点点！一位男嘉宾说：“现在，我对父母的催婚更为理解了！”还有好几位女嘉宾则表示：“我们以前对父母的催婚老是反唇相讥，以为他们说的，都是空话、套话。现在真心认识到，抓紧找对象，对社会稳定、家庭延续和自身幸福，都至为重要！”

“兴趣对对碰、蔬果猜一猜”等环节，让嘉宾们饶有兴致：一男一女两位嘉宾唱了歌曲《小酒窝》，引来阵阵欢笑；黄瓜、西红柿、苹果、西兰花等蔬果，先讲出特点，再由他人来猜，别有一番滋味，也非常符合疫情在生活中体现出来的特点。活动结束前，通过男选女、女选男，2号男嘉宾、4号女嘉宾得票最多。他俩将分别获得梅园提供的一次性推荐和匹配服务。而在交友活动后，为参加活动的单身男女提供托底服务，正是上海鹊桥联谊汇确定的一条重要服务内容。

在“云相亲”结束后，红娘团队马上根据我和楼老师的要求，开展网上评估。男女嘉宾都表示，等疫情被战胜后，希望尽快进入寻缘择偶“快车道”，早日找到心仪的另一半。另外，红娘团队依据其中6位男女嘉宾的明确意愿，即时与意向双方反复沟通，提供托底服务。其中，有2对在“云约会”后开始了网上相恋。

05

在总结首次“云相亲”活动得失之后，我们又在5月20日晚，以“鹊桥牵线 守‘沪’爱情——520公益云相亲”为主题，成功举办了第二次“云相亲”。本次活动由上海鹊桥联谊汇所有成员单位共同举办，我们依旧全程协办。

男女嘉宾在云会场签到后，首先进行自我介绍，随后进入表白阶段，气氛十分热烈。接着，就进入爱情密码星座“剧本杀”身份秘密分配和剧情展开。楼老师告诉我，这是一款以交流为主的爱情密码星座“剧本杀”，爱情谜团由此逐渐揭晓。参与者中，有洞察力、善于表达的参与者均会受到异性关注，成为被物色的对象，可相互私聊。活动结束后，红娘老师将根据现场意向提供托底牵线服务。

男女嘉宾们参加活动后高兴地说，这样的交友活动生动活泼，趣味浓厚，对激发想象和热情、了解异性和把握机会很有帮助，对我们很有吸引力。

近年来，“剧本杀”成为被青年朋友热衷的娱乐、交往形式。我对这一趋势尽管不熟悉，但坚决支持楼老师用爱情密码星座“剧本杀”新形式，切入“云相亲”。在“5·20”活动参加人数被截止后，不少单身青年没抢到名额，纷纷留言建议加办场次。经过各方沟通协调，鹊桥联谊汇决定在5月28日增办一场公益云相亲交友活动。

疫情中的这第二场活动，仍把寻找星座爱情作为切入点，以自我介绍来破冰暖场，好几位男女嘉宾以唱歌、弹琴、讲笑话、朗诵等展示了才艺；在对对碰游戏环节，不少嘉宾选择在才艺展示中被自己看中的对象，主动大胆表白，既引来了笑声，也激发了大家的热情。腾讯会议专门设置了语音聊天房间，也让大家特别暖心。由于比较轻松活泼，符合青年人的特点，赢得了参与者的欢迎和点赞。他们在评估中都提出，希望多开展这样的线上或线下活动。

回过头来想，我还要感谢上海的新闻媒体。在几次“云相亲”活动后，《劳动报》微信平台、东方网、《至爱》杂志网络版等，都先后进行了报道，给了我们莫大的鼓励！

“5·20”相亲活动结束后，晚报周老师即发来题为《“云相亲”：难忘“5·20”——献给鹊桥联谊汇和梅园婚恋》的诗歌，表达敬意。而这首诗，几乎完全表达了我当时的心境——

“5·20”，这一天
被谐音献给爱情
而当下，只有清零
才是最大最大的爱心
“云相亲”破译爱情密码
正是单身族面向未来的憧憬……
解封，儿女执手慰问父母双亲
解封，青年轻松见面表白真情
天有不测风云，“5·20”又做见证——
热爱生活，热爱生命
珍惜机缘，珍惜家庭
就是申城这一场艰难抗疫
给出的振聋发聩的结论
请我们永远铭记在心
并且真诚地感谢

岁月和新冠
看似无情却最有情义的提醒

06

几年前就有人预言，微信视频将是未来网络商业宣传的一个“风口”。梅园婚恋在这方面的实践，让我们认识了这个“风口”的魅力。

在封闭管理的特殊环境下，人们只能通过手机与外界联系，了解和掌握外部信息。手机上的视频宣传形式，也更加如鱼得水，流量暴涨。

一开始，我也是偶尔看看各大网站或转入微信的小视频。哎，不得不说，好多视频确实有吸引力。有鉴于此，我对梅园自己拍摄的视频节目也变得上心起来。

我们开辟的视频节目，除了楼老师，还有其他老师作为主持人出镜，但一直不温不火。从角色、身份、能力和吸引力来讲，楼老师最适合操作视频节目。可由于她平日工作太忙，事务缠身，抽不出多少精力来做这件事，所以总是断断续续的。所以，我就跟她说，最近时间宽裕，应该在视频节目上加以突破，她也大有同感。

一开始，我们将视频节目话题的选择放在奇闻轶事上。比如小区一封，食品普遍紧张。有一个丈夫爱吃独食，不顾家人。楼老师抓住这个网上新闻，做了一个“吃独食的丈夫”，想通过这个实例，提醒女生在择偶时学会选择。不料，收看的人不少，留言反馈的不多。我们思来想去，觉得还是跟择偶需求离得有点远。几个回合下来，我和楼老师达成共识：将焦点集中在如何“找朋友、谈朋友，找什么样的朋友和如何谈朋友”的核心上。这样一来，情况果然有了改观。

进入5月以来，楼老师的小视频在话题、内容和表述上，侧重于单身青年的年龄价值、选择要求、恋爱交往技巧等，这下，就越来越能抓住单身青年和家长们的心了。年龄问题比较突出。一个视频直指要害：男女生脱单的黄线、红线在哪?楼老师分析，女生的黄线在32岁，男生过了35岁，又没有婚房和买房的实力，则面临红线……但不要气馁，抓紧才是解困之道。再比如，第一次见面，对方太直白怎么办?楼老师认为：男生直接提出结婚，有明确诉求，不是坏事呀！那就按他的思路谈下去。还有一个现象，相亲后继续联系时，女生表现冷淡，如何处理？楼老师拿出三个窍门，点拨这类男生：趁热打铁，主动发信息，让你在女生那里有存在感；要多见面，女生愿意出来，就说明她也有心有意；在见面时，你要有绅士风度，举止得体，大气豁达，魅力就有了嘛。

当然，这种情况也比较多，就是有的女生对维持双方恋爱关系没有底气。楼老师传授经验说，首先要理解男女双方在思维方式上的差异，一旦碰到误会，就容易相互谅解。暂时不懂你，不等于不爱你，因为双方的熟悉，需要时间和过程；伤人的重话，先说给自己听，看能不能接受，很多实例表明，原本相互喜欢的一对，就因为说了一句气话、狠话，把关系毁了。

另外，一些条件特别好的男女生，他们找对象，是好找还是不好找?楼老师解答：条件太好，也可能难找。要求高了呀，无意中会给自己设置了障碍。办法嘛，就是调适自己的要求和标准。

楼老师每次在播出一期视频节目后，我们都会对点击量的多少进行分析，找出其中的规律。我慢慢发现，话题，即针对性，文稿，即聚焦点，气场，即精气神以及粉丝量——这四个方面缺一不可。话题不好，节目基本就报废了；话题好，文稿没有写到点子上，效果也一般。楼老师是市“爱情使者”，有知名度、本就有一批粉丝，加上做节目时精气神足，语气铿锵有力，给人信心，流量就大。出手的节目，只要前三者能达到要求，形成合力，反响就会令人满意。

我跟楼老师说：疫情以后，我们在小视频节目的制作上，还是要花大功夫。因为从类型来看，小视频属于短、平、快，只要质量高，就会有瞬间的冲击力。虽然我们的每个视频节目，时长不超过2分钟，但用得好，效果不比一篇千字文差。

07

说心里话，这次在上海暴发的疫情，确实带着无法预知的特点：一开始，不知风从何起，一头雾水；封控前，毫无准备，又茫无头绪；封控后，从手足无措，到慢慢站稳脚跟，全局也逐渐进入有序状态。随着封控时间的延长，我们也渐渐适应了全市的大节奏，我和领导班子的精神没有崩溃，而是通过恰当的应对，又一次在“云服务”上赢得了会员和单身青年们的认可，获得了不少有益的经验。

与此同时，我还提出，不仅要为抗疫在舆论宣传上提供正能量，还应该多做一点力所能及的实事。第一件事，就是在4月8日下午，为黄浦区外滩、豫园两家街道办事处，各送去了9箱（即54套）金典牛奶。外滩街道党工委许副书记、豫园街道总工会徐主席，感谢梅园在抗疫最关键时刻给予的支持与关心。他们还给我打电话表示：你们的关怀，让冲在抗疫前线、已连续值守20多天不回家的街道干部们，深受鼓舞。

在2022年，我们跟黄浦区各个街道的合作计划，原本早已拟好，即在鹊桥联谊汇框架下开展各项相亲交友活动。不料，就在首场活动将于3月26日举办时，上海新一轮疫情暴发，活动被迫搁置。自3月28日全市实现压茬封控以来，街道成为抗疫的第一线，工作人员身心疲惫，生活物资也十分紧张，浦东和浦西之间交通管制，仅为联系送货车辆，我们就一次性付出了900元运输费。当然，礼轻情意重。在困难条件下购买牛奶，又想方设法联系物流送上门去，真切地表达了我们的心意。

第二件事，就是鼓励梅园红娘和会员参加志愿者队伍，直接投入抗疫斗争。“小红梅”楼老师是2021年转正的新党员，她积极响应党组织号召，加入了居住小区抗疫的志愿者队伍。在疫情最吃紧的那些天，她一大早就在小区内维持核酸检测秩序。红娘曲老师也是一名党员，她在疫情高峰时，以党员志愿者身份参加各项工作。小区疫情平稳后，她又担任太极拳队教练，给大家上网课，指导学员在居家期间练习太极拳，提高免疫力。资深红娘杨老师，是梅园党支部书记。在疫情期间，她随时传达浦东新区综合党委相关精神，带领党员以良好的精神状态投入抗疫阻击战。

在这里，我要特别提一提岳老师。她是梅园的一名年轻红娘，其所居住的小区居民数量多，居委人手紧缺。为此，她主动担任志愿者，帮助搬运物资，为居民的生活保障贡献力量。常常上午忙完，刚吃完午饭，下午又要搬送团购的保供菜，还要帮着分拣。她的不怕苦不怕累的精神，受到了居委会和居民们的赞扬。

在上述工作基础上，我要求梅园运营部，宣传楼老师、曲老师、杨老师和岳老师的事迹，还请红娘老师们，将梅园会员中的志愿者照片、事例收集起来，在梅园微信平台大力宣传表彰，收到了很好的社会反响。不少单身朋友在看到相关推文后，还跟我们梅园红娘微信联系，有的直接指定要求跟哪位男生或女生在疫后见面，进行交往，希望跟这样有爱心、有责任感的异性成功牵手，走向未来。

喜欢这样几句话：这世上，没有过不去的坎。重要的是，你有没有趟过苦难的勇气，有没有忘记肩上的责任，有没有丢弃前面的目标！

第三十三章

轻舟已过万重山

为纪念浦东开发开放30周年，《浦东开发》杂志邀请我，以全区10位企业家之一的身份刊登文章

01

转眼到了7月，2022年下半年开始了，上海新一轮抗疫也进入全面胜利的阶段。梅园婚恋的主要服务点也已大部分重启开放，前来咨询、注册的单身青年和家长也日渐增多，一切基本恢复了常态。

一个周日的傍晚，夕阳还留着白天的余威。阳台的小圆桌上，摆放着打印出来的我的《自传》大样稿，厚厚的，看上去很有分量。

我从小圆桌边站起来，走到在窗前，望着浦东的一幢幢高楼，一片片鳞次栉比的城区。往北眺望，高楼的间隙里，可以隐约看到黄浦江闪闪亮亮的江面。突然，我想起外孙喜欢背给我听的一首唐诗，李白的名篇《早发白帝城》——

朝辞白帝彩云间，
千里江陵一日还。
两岸猿声啼不住，
轻舟已过万重山。

外孙语文学得特别好。他背完诗以后，跟我解释：外婆，您知道吧?这首诗，表达了诗人历尽艰险，进入康庄旅途的愉快心情。

天色有点暗下来，我抱着那一大摞整齐的书稿回书房去，好像完成了一场跋涉，一场持续不断的旅行，现在回到了家里，稍作休整；又好像仍在过电影，在脑海里回放着《自传》里叙述描写的大大小小、点点滴滴的人事和情景；也想象有一叶扁舟，送我在长江上顺流直下，那种轻松、惬意和旷达，真的无法用语言表达。

我此时此刻的心境，几乎是“轻舟已过万重山”的新版本啊！

02

座机响了，是女儿打来的，只听外孙女在电话那头喊："外婆，跟外公说呀，我要吃红烧肉、炸土豆条！"

每月有一个周日，女儿、女婿都会带着外孙和外孙女来吃顿晚饭，团圆餐马上就要开始。这是每周最欢快的时光。我也把自己的思绪，从对书稿章节、细节的回顾，拉回到现实生活中来。外孙读初二，已经1米70的个头了，可还像一个长不大的孩子，整天跟比他小五岁的妹妹打打闹闹。可我，还真喜欢家里这种热闹的氛围。女儿和女婿理解我们的心思，生了两个孩子，让我们老夫妻打心眼里感到舒坦。他们一家子地来到，就将我和丈夫之间少有交流的状态打破了，让家里变得暖意融融的。

03

小学和中学时代，洋溢着单纯和快乐。有几张早年的照片还藏在家里，有时翻出来看，老师、同学，都是那样亲切，都能叫出他们的名姓，自己左臂上的白底红色的大队长"三道杠"，也清晰可见。近年来，不时有小学和中学的同学，开始联系建立微信群。我和梅园婚恋有了名气，他们也很方便地找到了我。在小学和中学群里，大家回忆青少年时代的很多往事，也交流着壮年和晚年的很多情况，都不约而同地将我视为成功的典范，作为可以向子女或邻里展示的骄傲。

在我们举办父母相亲会活动中，也有同学慕名找我，我帮助其中好几位的儿子或女儿找到了对象，让我的心里增添了很多慰藉和满足。

崇明堡镇红旗开关厂的旧址，至今仍在，但已然成了一片荒地。当地人说，早就听说有规划了，却一直未见有什么拆旧建新的动静。

那一年的春天，我和女儿专程到红旗开关厂。我们在厂区转了一圈，我虽面如静水，可心里仍翻腾起曾经的苦涩、甜蜜、绝望和期盼。我跟女儿重复昨天的故事，讲述生下她以后，用完了产假，第一次抱着她坐车、乘船到崇明上班的情景。

“那一次，我又要拿着行李，又要用斗篷兜着你这个毛毛头，抱着抱着，两双手臂实在撑不住，一个恍惚，差点让你从那头钻出去，掉到地上！”说到这里，我的心被狠狠揪了一下。时至今日，我仍会设想，如果当时少了这个上苍提示的激灵，马上蹲下来，让孩子免去一场灾祸，后果会怎样呢?不能设想，也不敢多想。

也许，这就是命运中必经的磕磕绊绊、兜兜转转、坎坎坷坷、风风雨雨和曲曲折折吧。

让我释怀和欣慰的是，女儿和外孙、外孙女，都记住了这一幕，也因此珍惜今天，珍惜母女情、祖孙情。

04

我是一个爱美的女人。我在梅园婚恋各个服务点巡回检查，或参加一些重大正式的活动，都会成为被关注的焦点。除了我的身份，还因为我的穿着，用别人的评价是——时髦、雅致、得体、合身、亮丽，青年的状态，比实际年龄要小很多。因此，很多记者喜欢将镜头对着我，使新闻图片平添艺术创作的色彩。

然而，就是这样一个爱美的我，在跟命运搏斗、向事业冲刺的时候，却是义无反顾的，敢于舍却对亮丽衣饰的追求，不怕吃大苦、耐大劳，一定要做成自己喜欢的事情。有时半夜醒来，我对自己的顽强和坚韧，既感到吃惊，也满是欣慰之情。

到外地展销卖服装，是很难忘的一部分经历。来回托运物品，在往返行程和展销售卖中，为了方便，也为了节省，我一直吃速泡面。直到今天，我看到速泡面就想吐。在拥挤的火车车厢里，没有地方睡觉休息，累得眼睛都睁不开。有几次，不知怎么就钻到座位底下去了，弄得满身灰尘污垢。这种场面真要放到今天，不能想象，也不堪回首啊。

创办“三弘”服装厂以后，“火鸟”电动车成了我的随身坐骑。那几年，日晒雨淋，本来白皙的皮肤，变得黑亮黑亮。尤其是在夏天，我穿着西装短裤在马路上奔驰，大腿上的皮，一次一次被晒得脱落，红黑相间，花花斑斑，回家洗澡，一是感到很疼，二是发现自己变丑啦。好多次碰到熟人，他们几乎认不出我了，反而说我找错了人。还有几次，我连人带火鸟电动车翻倒在路上，服装散了一地，自己还差点被公交车和其他大型车辆碾压……这些，都成了惊心动魄的往事，有时突然想起，还会冒出一身冷汗来。

05

这本书稿的第一阅读人、指导者，是《劳动报》肖老师，他希望增加一些大起大落的情节。其实，这类故事是有的，只是时间长了，常常被遗忘了，不去多想，也不愿多说。

楼老师很赞成肖老师的提议，想起了一件我差点忘了的事情：一天，我在工作时突然晕倒，幸亏被及时送往医院。医生说，再晚，就危险了！“什么病呢?”“过度疲劳。不要不当个事情噢！有时，这也是很致命的！”医生警告。可是，等出院回家，我并不肯遵照医嘱，在家没休养几天，就跑到梅园婚恋，一头扎到工作里去了。

算一下，那时还在鑫陇宾馆写字楼。小楼老师加入我们红娘队伍的时间也不长。作为曾经的医院护士长，她在这方面很有观察力，不久就发现，我的饭量很小，人也长得瘦，便认定我的胃肠不好。这正是我在体质上的一个“软肋”。其实，原因也很简单，这个病根，就是我在跟着个体商贩们往返苏、浙、皖、赣等地展销服装时落下的。梅园创办初期，人手少，工作量大，有时一忙，午饭和晚饭忘了吃，胃部就会隐隐作痛，跑出来“提醒”我。所以，我至今胖不起来。

这些年来，我整天沉浸于工作的习惯，始终没有改变。有时，我半夜三更还在跟单身青年微信对话，总想给寻缘择偶者更多的引导。这样，心里就会踏实许多。第二天上班，免不了面色灰暗，红娘老师们一看就猜到了，心疼地批评我又在熬夜，不希望看到我太拼甚至拼起来不要命。

后来，在女儿的陪同下，我也去看过中医。一个老中医给我搭脉，低头沉吟了一下，认真地告诉我：你确定太过疲劳了，身体也虚弱，必须注意保养。不过，你的身体和你的性格很合拍，怎么说呢，就是很有韧性，就像海滩上的芦苇，大风吹来会倒伏，风过了就会挺立起来。

06

到了2021年年底，梅园婚恋共有了12处服务点。其中，主要的有5处，就是南泉路总部、江宁路浦西梅园、中房金谊广场、人民广场和普罗娜商务广场服务点。很多人因此赞扬我，说我特别具有长远眼光、善于整体规划。我想特别声明，前一句我是接受的，我确实想得比较远，有立足百年的意图。但整体规划，则是后来的顺势而为，并非在一开始就有意识地全面布局。

梅园这些服务点的设置，有很多偶然的因素。如果一定要找出某种必然性，那只能说，我在捕捉商机上，比较敏锐，认准的事，也会坚持做下去。比如，控江社区要开设婚恋服务“窗口”，街道在网上招募时，我马上就给予支持；原《劳动报》朱老师退休后，我马上感觉到，她的加入，对梅园联手工会系统会有极大助力。

所以，楼老师老是讲，“红梅老师的眼睛尖，看得远，做起事来魄力大，总是能坚持到底”。此后，我们跟南东街道、临港新城、江苏大学校友会的合作，都跟我愿意创新、喜欢超前运作有很大关系。我还经常跟楼老师讲，不要怕失败，最多损失一点资金。可是，我们不去闯，就不会有发展。还有，出了问题也不要怕，我们主动跟各方面沟通，就能找到解决难题、消除障碍的途径。比如，浦西梅园开设以后，普陀区民政部门曾前来了解，提出疑问。我和楼老师马上找到浦东新区民政局施处长汇报。经施处长向市民政局婚管处咨询，又查阅有关文件，找到了婚恋机构跨区设点的依据。

我一直有这样几个信念：我们是做好事的。做好事、善事，就会处处得到帮助。天无绝人之路，前提条件是不怕烦、不怕苦、不怕累；更何况，苍天不负人，我们每一个点的开设，都是用轿车的轮子转出来的，用双腿跑出来的，用电话打出来的，用微信聊出来的，用意志和信念撑下来的。人生在世，创业不易，要想成功，就要像《孟子》里说的：“天将降大任于是人也，必先苦其心志，劳其筋骨，饿其体肤，空乏其身，行拂乱其所为，所以动心忍性，曾益其所不能。”除此之外，没有捷径。

当然，还有就是，这是一份我打下的基业，也是我精神世界得以丰足的一个源泉。

07

在自传第五章，我描述了我们这一代人的因缘际会，现在还是觉得没有说透。我的婚姻，并非“遇人不淑”。因为凭良心讲，我和丈夫都是好人。有时为了平复我的心情，拉近我和丈夫的关系，女儿常会当着她的一对儿女或亲友，先说她母亲创业的艰辛，再叙述她的爸爸的优点，重点讲她爸爸怎么对我好。

因此，我的纠结，不在于“他很坏”——我们都是好人——而在于我们这一对很少能够一起开心聊天。我老是想告诉青年人：如果一对夫妻在观念上不一致、理念上不合拍、性格上不对路、总是处于貌合神离——话说不到一块、事办不到一块，问题想不到一块，生活上就会缺少很多乐趣，精神上就会缺少共鸣，也会为未来的伉俪之路带来隐患。

我又想起一起跑展销的林妹妹、做服装下家的丽丽。林妹妹的丈夫不思进取、安于现状，眼光短浅，这些都让他的妻子难以接受。再说丽丽，当时已闹到想离婚的程度。可是儿子一声“你们离婚，我就没有妈妈了，我要妈妈……！”让她心如刀绞。就因为这样，丽丽和丈夫至今凑而不合，形同路人。

一次，偶尔看到视频上木匠干活，我才把我们这一代人的夫妻关系想清楚了：如果榫头和卯眼的尺寸不对号，打出来的家具就摆不平，质量就成问题，也肯定卖不出好价钱。也好比穿衣服，双方的第一个扣子没有扣好，结果穿着上必然高低不平，全部乱套。

也许，这就是人们常说“三观不合，志趣不投，性格不融”。进一步的理解就是，这是一种“结构性”矛盾，很难调和。

我坚守在婚恋服务的行业里，内心的呼唤，就是希望我们的子女后代、所有的青年人，在他们的婚姻匹配上，不要出现“榫不对卯、扣错衣扣”的失误。此类失误，从家庭生活考察，就会大概率产生痛苦。从社会的角度考察，就是离婚率的上升。

08

写到这里，自然而然归结到我创业时的初心和使命。又想到2022年元旦过后，《新民晚报》资深编辑龚老师曾来约稿的事。当时，他让我内容自定。按他的估计，2022年，应该是一个相亲的大年。

写什么呢?或者说，这么多年来，我们在干什么呢?概括起来，就是为寻缘择偶的青年人做婚配和撮合。我们之于他们，则是被托付了婚配的人，这个信任多大、责任多重啊！这其中的故事，也多得不可胜数，我和红娘们的酸甜苦辣，尽在其中。有的只见了一面，双方就因为眼缘对、情义合，就顺利地牵上了手，我们能不开心吗?有的见了十多个，拖到第二年，经红娘老师不断引导，才找到了情投意合的人，多少有点拖泥带水了。有一个大龄姑娘，被妈妈逼着来注了册。在半年里没有找到她认为合适的，就在家里跟妈妈吵翻了天。其母被搞得不能忍受，前来要求退款，闹出一场风波，真有点糟心呢！真是各种奇葩都有，我、楼老师、朱老师和其他红娘老师，几乎都有半夜时分跟男女会员调解误会、纠纷的经历……当然，让我们最感幸福的，是会员们领取结婚证，踏上红地毯，尤其是带着孩子们来看望我们！

总之，洋洋洒洒，写了好几页。初稿写成，经晚报社区版周老师修改，即刻发出。1月26日，题为《婚配的托付》的文章，在夜光杯版面刊登。我全文转载如下。

“红梅奶奶，我爸爸妈妈，是您介绍的吗？”这个6岁小男孩，被我们第一个称为“梅园宝宝”。一会儿，他又杀了个“回马枪”：“爸妈他们谈朋友时，为啥不带我来看您呢？”太好玩，太可爱了！

元旦前夕，我们举办了“缔结姻缘·共享美满”婚恋迎新交流会。活动结束前，全体合影，我抱着他坐在前排，心都暖化了。当时，似乎有无数个“梅园宝宝”在我眼前晃动——他们的父母，都是在我们这里牵手成功，结为伉俪的。

创办机构25年，最感重大的，是匹配的期盼；最用心防止的，是匹配的流失；最最开心的，是一对一对新人的匹配成功！一女生是国有大银行骨干，收入高，衣饰简，交往中不提苛刻要求。但就是忙，男生约她，老是吃软钉子，准备无奈放弃。我听到汇报，马上要求红娘老师了解情况，消除了误会。还有一对，已开始婚房装修。男生妈妈对厕所装饰提了看法，女生不高兴了。红娘老师马上出面与双方沟通，消除了危机。

不能不说，类似的“小火苗”不及时掐掉，就可能造成一拍两散。有段时间，分别有两起求助。某男生亲友聚餐，他请女友也去参加。因还未相互上门，遭对方反对。某女生奶奶病危，想请男友去看望。男生认为双方家长尚未见面，此事不妥。这两件事，异曲同工。我们会商后认为：有的青年心理脆弱，别人一有不同意见，就易炸锅；有的情商低，缺少双向思维。红娘及时引导，还做了父母们的工作，很快让警报一一解除。

元旦后，一个已婚多年的会员的妈妈来看望我，说：“等孙女长大了，也到你们这里找对象！”一席话，让我眼眶湿润。也有糟心的事。有个中年男士用微信诉说：他妹妹十多年前曾来过梅园，可父母不支持，还认为有女儿陪着蛮好。因此，既未让女儿注册，也不为其设法寻缘或加以催婚。最近，父亲脑梗瘫痪，单身的妹妹终因孤苦和压力过大，生病住院。他想等妹妹康复后，仍能前来“亡羊补牢”。我即让经理前往探望，并组织公众号推文，希望引发更多人对适龄婚恋和及时匹配的关注。

近日，那个张妈妈陪女儿来注册，并悄悄说：“我说服了女儿！”还有一位女士找我，想给侄女找个对象。十多年前，我为她找到了相亲相爱的丈夫，可这次，因我脸上的那颗痣开刀切除，她不敢相认，拉着侄女就要离开。一位红娘听明其意，马上将我的旧照、新照和视频资料给她细看，才让她重现笑容：“别气噢，红梅老师！婚配好不好、成不成，就看红娘啊！我就认您，认你们这块牌子！”

世上有一个艰难、光荣，造福数代人的托付，就是婚配——这个植入灵魂的情结，不仅属于我，也属于天下所有的父母和单身朋友。

此文刊登以后，反响蛮好，很多家长通过电话、微信等途径上门找我。发到朋友圈，点赞的也有一大批。对此，周老师也感慨连连，赶出一首与文章相同标题的诗——《婚配的托付》在朋友圈跟帖，为我站台。现在，我也转载于此，让大家共享。

如果，婚配是把金钥匙
可以打开幸福的大门
那么，婚配的托付
托上的是一颗心
付上的是信任
托付的分量
就如山重
似海深
托付的，甚至还有那
一家人代际之间的温馨
被托付者，以大爱与忠诚
用辛劳锻造不可变易的诚信
以纯金般的声誉和品行
始终献身于不可懈怠的使命
就像父亲，用肩膀背负起责任
就像母亲，用生命维护着子孙
我相信：完成婚配的被托付者
一定是上苍派驻于人间的使臣——
她们营造万家灯光最最璀璨的风景
她们注入美满姻缘促使民族常青
她们是千岁月老恩现代红娘情
她们手持红丝线去牵手缘分
她们就是塑造美好未来的
最热忱贴心的爱情之神

09

晚饭后，魔都的万家灯火次第亮起，一眨眼，就变成了一片灯海。我独自到阳台上观赏着，心里很开心、很畅亮。因为，在这无比的璀璨里，有很多新家庭居室里的灯光，是由我们梅园婚恋的红娘团队点亮的。还有一批批的单身青年，等着我们的服务，等着我们用母爱，点亮他们婚姻、点亮他们新婚居室的灯火呢！

透过窗前无边的灯火，我仿佛又看到了儿时的黄浦江，一艘艘帆船从江面驶向前方，驶向东海和太平洋。2022年上半年，上海经历了一场封控百天的抗疫斗争，全市的经济发展受到重创。但事后的情况说明，解封之后，上海的经济很快全面重启和复苏——总之，相信魔都，这个城市是有足够文明底蕴的、有足够韧性和无限活力的。在这个城市的奋斗者、奉献者，永远充满活力。

在半世人生的不懈前行中，我始终不渝地努力，现在又通过梅园婚恋的团队，进一步实现着自己的早年的夙愿——缔结更多美满姻缘，内心自然是达观和舒畅的。更何况，如今已进入了一马平川的境界。这一切，充满了李白放歌所洋溢的那种豪迈气概，正如我此时此刻的心情——

两岸猿声啼不住，

轻舟已过万重山……

2017年11月18日，我们举办梅园婚恋20年庆活动

在20年庆现场，我（左二）和市总工会老领导张立群，黄浦区总工会老领导马骋骐及朱老师合影

在20年庆现场，我和黄浦区半淞园路街道领导胡向明（中）、毛伟（左一）合影

我和浦东新区民政局专项事务管理处原处长施泉平在梅园婚恋20年庆活动上合影

我（右）和陆家嘴街道原妇联主席纪华春在梅园婚恋20年庆现场合影

我和市婚管行业协会会长徐天立在梅园婚恋20年庆活动现场合影

我（左二）和周老师、楼老师、朱老师在梅园婚恋20年庆活动上合影

我和上海鹊桥联谊汇成员单位领导在启动仪式上揭牌

我在退休俱乐部服务点成立
大会上致辞

楼老师带领红娘团队
在“双启动”活动上亮相

我（前排中）和楼老师在2021年迎新活动上与嘉宾们合影

我（左四）和浦东新区社会组织综合党委田书记、黄浦区外滩街道党委许书记，中远集团机关工会童主席等领导合影

《劳动报》原主编、市总工会原秘书长宋仲蓓考察梅园时，和我、楼老师合影

黄浦区南京东路街道领导（右边两位）疫情期间仍前来考察梅园人广点

我和楼老师，跟前来考察的浦东新区花木街道妇联主席李碧波（右二），黄浦区总工会老领导马骋骐（左一）等合影

我（中）和特邀歌手、成功会员家长在2022年迎新活动上合影

2019年9月，梅园婚恋被列入上海青春益友爱情成员单位，楼老师（右二）在现场接受证书

我（左一）和楼老师与电视台主持人施炎在电视台合影

楼老师（右二）在党支部召开的党员转正大会上

楼老师（右一）在电视台和主持人、其他嘉宾合影

我（前右三）和参加2021年1月21日鹊桥联谊汇第一次工作会议成员单位领导合影

梅园婚恋在2022年上海疫情中偕鹊桥联谊汇组织云上相亲会，楼老师在线上主持

我在2022年8月18日鹊桥联谊汇第二次工作会议上讲话

2022年6月后，梅园婚恋各服务点在疫后重启。图为楼老师和退休俱乐部工作人员合影

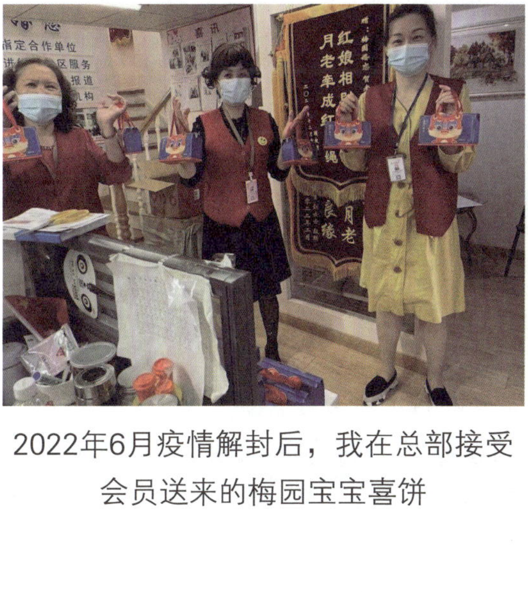

2022年6月疫情解封后，我在总部接受会员送来的梅园宝宝喜饼

我和楼老师在制作电视节目间隙合影

后记

红梅老师口述，我来整理和记述——这个过程是烦琐和辛苦的。现在书稿完成了，心还是放不下来。总觉得还应该有一个后记，表达执笔者对口述者的评价。不过，评价难于叙述，一时竟有被“卡”住的困顿。

不久前，在读到、看到有关三文鱼洄游的文章和视频时，才豁然开朗。

据资料记载，三文鱼的生长周期为4年，到了春天，幼鱼顺流而下进入河、湖，一年后再顺流从淡水区进入大海，沿太平洋环游。四年后，幼鱼在经历无数艰难险阻后，幸存下来的会长成3公斤左右成熟的大鱼。

秋季来临，三文鱼开始沿着它们的出海路线折返，开启生命中最重要的旅程：逆流而上，返回它们的出生地产卵，以使种群繁衍，后代延续。

三文鱼一旦洄游到淡水河、湖口，便会停止进食，仅靠身体中储存的脂肪和能量维护，成群结队，逆向穿过山涧、峡谷、急流和险滩，甚至拼命跳跃，冲过很高的障碍，进入安全的产卵区域。

那么，三文鱼的洄游，为什么被誉为地球上最悲壮凄美的故事？为什么世界不少三文鱼回溯的河、湖沿岸，会塑有许多纪念三文鱼的图腾？

有专家把这种源于基因传承、生命轮回、生存繁衍的义无反顾、一往无前和百折不挠，归纳为三个字——使命感。

这种“使命感”，我也在红梅老师身上看到了。

2022年春节前，国家民政部门发布了一则消息：2021年，我国出生人口和出生率双双创下1949年以来新低，并且出生率和死亡率很接近，总人口接近零增长。我跟红梅老师谈到这一串令人忧心的数据，她说：

其中一个重要原因，是结婚率的下降。所以，要改变上述状态，我们婚恋服务机构也要承担一份责任。

几乎是在同一时段，我又喜获一个信息：2021年，在梅园婚恋全年服务的会员中，有236对男女会员成功牵手，或敲定或领证或已办了结婚喜宴。这也就是说：申城有472户家庭因此变得喜气洋洋。当年，我女儿在梅园帮助下找到心仪对象时，我们两家的四个老人，也是如此开心的。

作为共和国的同龄人，红梅老师早该颐养天年，游历天下，享受孙辈绕膝之乐了。然而，她却仍勤奋工作于婚恋服务第一线，并且乐此不疲。

她跟我说：我们这一辈人的婚姻，配置低，凑合型的多，遗留的问题也多，降低了婚姻的质量和幸福指数。这种情况，不应在子孙后代身上重演。同时，由于多元思想观念的冲击，社会经济快速发展的影响，如今很多青年人的婚恋又呈现另一种复杂情况。比如有不少人，设置太高的标准，不能顺利“脱单”；陷入了不婚不育的迷思，滑向晚年孤苦或无子无后的窘境。还有人直接声称要当“丁克”，毫无长远的思虑。所有这些，都让父母和祖辈忧心忡忡。还有，青年人缺少交友相亲的途径。你看看专业机构不少，但由于路子不对，让人不敢往里走，也耽误了青年人的适龄婚恋。

“我们从事这份工作，最起码的，就是自己努力去改变一些，并唤起社会来共同改变这种状态，让适龄婚育去成就全社会的和美景象。只有将足量的美满婚姻注入人民群众的美好生活，才能成为助力家庭延续、国家兴旺和民族复兴的基础性力量！”

在红梅老师的表述中，你无疑会想到三个字——使命感。前期主要是母爱在起作用。随着事业发展和眼界开阔，她又更多地从社会角度审视现实，进而使自己的使命感增添了生命的意义。宛如洄游的三文鱼，为了延续种族，虽九死其犹未悔。

有人曾提出一个建议：凡通过梅园介绍择偶成功的，都请他们留一张合影。这样，每年可以出一本影集，留作纪念。可红梅老师说：最早，她也有过相似的念头，可后来放弃了。原因是，这涉及个人隐私。她说：“我很快就想通了。重要的是，我们帮助他们缔结了美满姻缘，为家庭的延续和生活的美好注入了活力。”

也许，“功成不必在我，功成必定有我”，就是这种境界。

还有一个细节，要记下来。红梅老师曾拟了一句话，贴在墙上：你们的成功，就是我们的幸福。不少记者、相关部门领导看到了，都曾提出：能否将“幸福”改成“追求”？一次，看到一篇回忆文章，说大年三十，母亲烧了一大桌菜，自己坐在桌外，满脸笑意地看着儿女孙辈欢声笑语，大快朵颐。我这才突然领悟到：红梅老师和那些母亲一样，在特定的情境中，感受的就是莫大的幸福。正像洄游的三文鱼，在繁衍子孙的目标里，享受它们认定的、不可更易的幸福和圆满。

周世忠

2023年3月8日

（作者为资深媒体人、本书执笔者）